나눔의집 **사회복지사1급**

강의로 복습하는

기출회독

6영역

사회복지정책론

사회복지교육연구센터 편저

사회복지 전문출판 **나눔의집**

사회복지사1급, 이보다 완벽한 기출문제 분석은 없다!

1회 시험부터 함께해온 도서출판 나눔의집에서는 22회 시험까지의 기출문제를 모두 분석, 그동안 출제된 키워드를 정리하여 키워드별로 복습할 수 있도록『기출회독』을 마련하였다.

최근 10년간 출제빈도를 중심으로 자주 출제된 키워드는 좀 더 집중력 있게 공부할 수 있도록 '**빈출**' 표시를 하였으며, 자주 출제되지는 않지만 언제든 출제될 가능성이 있는 키워드도 놓치지 않고 공부할 수 있도록 하였다.

10년간 출제되지 않았더라도 향후 출제가능성이 있다고 판단되거나 다른 키워드와 연계하여 봐둘 필요가 있다고 생각되는 경우에는 본 책에 포함하여 소개하였다.

기출문제를 풀어보는 것으로 그치는 것이 아니라 기출문제를 통해 23회 합격이 가능한 학습이 될 것이다.

키워드별 '3단계 복습'으로 효율적으로 공부하자!

『기출회독』은 키워드별 **3단계 복습** 과정을 제시하여 1회독만으로도 3회독의 효과를 누릴 수 있도록 구성하였다.

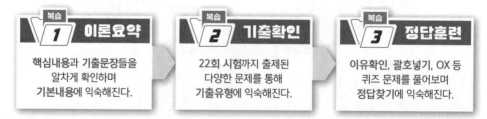

복습 **1** 이론요약
핵심내용과 기출문장들을 알차게 확인하며 기본내용에 익숙해진다.

복습 **2** 기출확인
22회 시험까지 출제된 다양한 문제를 통해 기출유형에 익숙해진다.

복습 **3** 정답훈련
이유확인, 괄호넣기, OX 등 퀴즈 문제를 풀어보며 정답찾기에 익숙해진다.

알림
- 이 책은 '나눔의집'에서 발간한 2025년 23회 대비『기본개념』(2024년 4월 15일 펴냄)을 바탕으로 한다.
- 8회 이전 기출문제는 공개되지 않은 관계로 당시 응시생들의 기억을 바탕으로 검수 과정을 거쳐 기출문제를 복원하였다.
- <사회복지법제론>을 비롯해 법·제도의 변화와 관련된 기출문제의 경우 현재의 법·제도 내용이 반영될 수 있도록 수정하였다.
- 이 책에서 발생할 수 있는 오류 및 정정사항은 아임패스 내 '정오표' 게시판을 통해 확인할 수 있도록 게시할 예정이다.

기출회독 차례

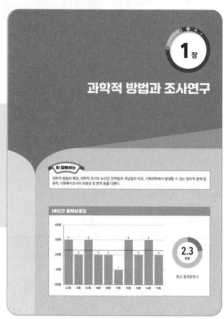

들어가기 전에

이 장에서는
각 장마다 학습할 내용을 간략히 소개하였다.

10년간 출제분포도
이 책에서 키워드에 따라 분석한 기출문제 중 10년간 출제문항 수를 그래프로 구성하여 각 장의 출제비중이 얼마나 되는지, 어떻게 변화하고 있는지 등을 확인할 수 있다.

기출 키워드 확인!

이 책은 기출 키워드에 따라 학습하도록 구성하였다. 특히 자주 출제된 키워드나 앞으로도 출제 가능성이 높은 키워드는 따로 '빈출' 표시를 하여 우선 배치하였다. 빈출 키워드는 전체 출제율과 최근 10개년간의 출제율을 중심으로 하되 내용 자체의 어려움, 다른 과목과의 연계성 등을 고려하여 선정하였다.

강의 QR코드
모바일을 통해 해당 키워드의 동영상 강의를 바로 볼 수 있다.

10년간 출제문항수
각 키워드에서 최근 10년간 출제된 문항수를 안내하여 출제빈도를 확인할 수 있도록 하였다.

복습 1. 이론요약

요약 내용과 기출문장을 함께 담아 이론을 정답으로 연결하도록 구성하였다.

이론요약
주요 내용을 간략히 정리하였으며 부족한 내용을 보충할 수 있도록 기본개념서의 쪽수를 표시하였다.

기출문장 CHECK
그동안 출제되었던 기출문제의 문장들 중 꼭 알아두어야 할 문장들을 선별하여 제시하였다.

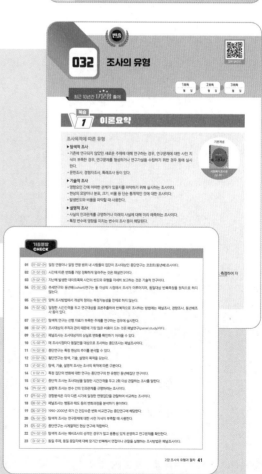

복습 2. 기출확인

바로 기출문제를 풀어보며 학습한 이론을 되짚어보도록 구성하였다.

기출문제 풀기
다양한 유형의 문제를 최대한 접해볼 수 있도록 선정하였다.

알짜확인!
해당 키워드에서 살펴봐야 할 내용들, 주의해야 할 사항들을 짚어 주었다.

난이도
정답률, 내용의 어려움, 출제빈도, 정답의 혼란 정도 등을 고려하여 3단계로 구분하였다.

응시생들의 선택
5개의 선택지에 대한 마킹률을 표시하여 응시생들이 어떤 선택지들을 헷갈려했는지 등을 참고해볼 수 있도록 하였다.

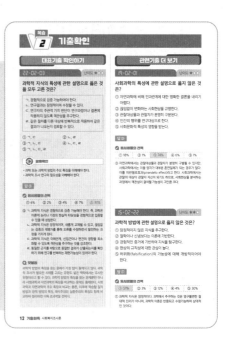

복습 3. 정답훈련

출제빈도와 난이도 등을 고려하여 정답찾기에 능숙해지도록 구성하였다.

이유확인 문제
제시된 문장에서 잘못된 부분을 확인함으로써 헷갈릴 수 있는 부분들을 짚어준다.

괄호넣기 문제
의외로 정답률이 낮게 나타나는 단답형 문제에 대비할 수 있다.

OX 문제
제시된 문장이 옳은 내용인지, 틀린 내용인지를 빠르게 판단해보는 훈련이다.

합격을 잡는 학습방법

기본개념 학습 과정

강의로 쌓는 기본개념

1단계

어떤 유형의, 어떤 난이도의 문제가 출제되더라도 답을 찾기 위해서는 기본적인 개념이 탄탄하게 잡혀있어야 한다. 기본개념서를 통해 2급 취득 후 잊어버리고 있던 개념들을 되살리고, 몰랐던 개념들과 애매했던 개념들을 정확하게 잡아보자. 한 번 봐서는 다 알 수 없고 다 기억할 수도 없지만 이제 1단계, 즉 이제 시작이다. '이렇게 공부해서 될까?'라는 의심 말고 '시작이 반이다'라는 마음으로 자신을 다독여보자.

기본개념 완성을 위한 학습자료

기본개념 강의, 기본쌓기 문제, ○X 퀴즈, 기출문제, 정오표, 묻고답하기, 지식창고, 보충자료 등을 아임패스를 통해 만나실 수 있습니다.

실전대비 과정

강의로 완성하는 FINAL 모의고사 (3회분)

4단계

그동안의 학습을 마무리하면서 합격에 대한 확신을 가져보자. 답안카드를 포함하고 있으므로 시험시간에 맞춰 풀어보기 바란다.

강의로 잡는 회차별 기출문제집

학습자가 자체적으로 모의고사처럼 시험시간에 맞춰 풀어볼 것을 추천한다.

기출문제 번호 보는 법

22 - 01 - 25
기출회차   영역   문제번호

'기출회차-영역-문제번호'의 순으로 기출문제의 번호 표기를 제시하여 어느 책에서든 쉽게 해당 문제를 찾아볼 수 있도록 하였다.

기출문제 풀이 과정

2단계

강의로 복습하는 기출회독

한 번을 복습하더라도 제대로 된 복습이 되어야 한다는 고민으로 만들어진 책이다. 기출 키워드 마다 다음 3단계 과정으로 학습해나간다. 기출회독의 반복훈련을 통해 내 것이 아닌 것 같던 개념들이 내 것이 되어감을 느낄 수 있을 것이다.
1. 기출분석을 통한 이론요약
2. 다양한 유형의 기출문제
3. 정답을 찾아내는 훈련 퀴즈

강의로 잡는 장별 기출문제집

기본개념서의 목차에 따라 편집하여 해당 장의 기출문제를 바로 풀어볼 수 있다.

요약정리 과정

예상문제 풀이 과정

3단계

강의로 끝내는 핵심요약집

8영역을 공부하다 보면 먼저 공부했던 영역은 잊어버리기 일쑤인데, 요약노트를 정리해 두면 어디서 어떤 내용을 공부했는지를 쉽게 찾아볼 수 있다.

강의로 풀이하는 합격예상문제집

내 것이 된 기본개념들로 문제의 답을 찾아보는 시간이다. 합격을 위한 필수문제부터 응용문제까지 다양한 문제를 수록하여 정답을 찾는 응용력을 키울 수 있다.

합격자 수
7,633 명

합격률
29.98 %

22회 시험 결과

22회 필기시험의 합격률은 지난 21회 40.70%보다 10%가량 떨어진 29.98%로 나타났다. 많은 수험생들이 3교시 과목을 어려워하는데, 이번 22회 시험의 3교시는 순간적으로 답을 찾기에 곤란할 만한 문제들이 더러 포진되어 있었고 그 결과가 합격률에 고란히 나타난 듯하다. 이번 시험에서 정답논란이 있었던 사회복지정책론 19번 문제는 최종적으로 '전항 정답' 처리되었다.

22회 기출 분석 및 23회 합격 대책

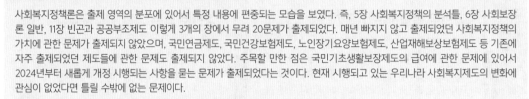

22회 기출 분석

사회복지정책론은 출제 영역의 분포에 있어서 특정 내용에 편중되는 모습을 보였다. 즉, 5장 사회복지정책의 분석틀, 6장 사회보장론 일반, 11장 빈곤과 공공부조제도 이렇게 3개의 장에서 무려 20문제가 출제되었다. 매년 빠지지 않고 출제되었던 사회복지정책의 가치에 관한 문제가 출제되지 않았으며, 국민연금제도, 국민건강보험제도, 노인장기요양보험제도, 산업재해보상보험제도 등 기존에 자주 출제되었던 제도들에 관한 문제도 출제되지 않았다. 주목할 만한 점은 국민기초생활보장제도의 급여에 관한 문제에 있어서 2024년부터 새롭게 개정 시행되는 사항을 묻는 문제가 출제되었다는 것이다. 현재 시행되고 있는 우리나라 사회복지제도의 변화에 관심이 없었다면 틀릴 수밖에 없는 문제이다.

23회 합격 대책

사회복지정책론은 최근 시험에서 지역사회복지론, 사회복지행정론, 사회복지법제론 등에서 다룬 내용과 함께 출제되는 등 기존의 출제영역에 한정되지 않는 모습을 보이고 있기 때문에 관련 과목과 연계하여 학습하는 것이 필요하다. 또한 최근 우리나라의 사회복지 흐름, 시행되고 있는 사회복지 관련 제도들의 세부 내용 및 최신 개정 사항 등도 출제되고 있으므로 이에 대비해야 한다. 사회복지정책론만의 특성인 특정 내용의 편중된 출제분포를 전략적으로 활용하여 3장 사회복지정책 관련 이론과 사상, 5장 사회복지정책의 분석틀, 6장 사회보장론 일반, 11장 빈곤과 공공부조제도의 내용을 집중적으로 꼼꼼하게 학습해야 한다.

22회 출제 문항수 및 키워드

장	22회	키워드
1	1	국가의 사회복지 제공에 대한 필요성
2	1	영국 사회복지정책의 역사
3	3	사회복지의 잔여적 개념과 제도적 개념, 사회복지정책의 발달이론, 에스핑-앤더슨의 복지국가 유형화
4	0	–
5	8	복지다원주의(복지혼합), 사회복지정책의 급여, 보편주의와 선별주의, 사회복지정책의 재원, 사회복지 전달체계 재구조화 전략
6	5	소득재분배, 사회보장기본법상 사회서비스, 우리나라의 사회보험제도, 사회보장의 특성
7	0	–
8	0	–
9	0	–
10	0	–
11	7	빈곤과 소득불평등의 측정, 사회적 배제, 미국의 빈곤가족한시지원(TANF), 국민기초생활보장제도, 우리나라의 공공부조제도, 긴급복지지원제도, 근로장려세제(EITC)

1장

사회복지정책 개요

이 장에서는

사회복지정책의 특성, 사회복지정책의 가치, 사회복지에 대한 국가개입의 필요성, 사회복지정책의 기능과 효과 등을 다룬다.

10년간 출제분포도

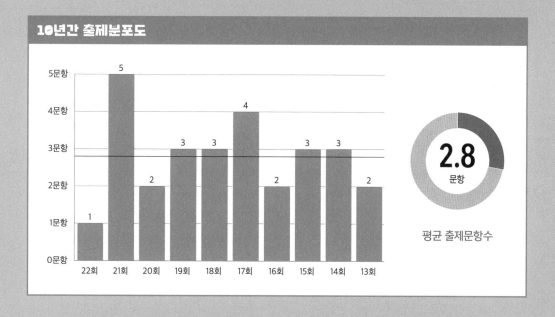

평균 출제문항수

163 사회복지정책의 가치

강의 QR코드

1회독	2회독	3회독
월 일	월 일	월 일

최근 10년간 **13문항** 출제 ★★★

복습 1 이론요약

평등

기본개념

사회복지정책론
pp.24~

- 수량적 평등, 결과의 평등: <u>모든 사람을 똑같이 취급</u>하여 사람들의 욕구나 능력의 차이와 상관없이 사회적 자원을 똑같이 분배하는 것이다.
- 비례적 평등, 공평, 형평: <u>개인의 욕구, 노력, 능력 및 기여에 따라</u> 사회적 자원을 상이하게 배분하는 것이다.
- 기회의 평등: <u>개인을 동등한 출발선</u>에 서도록 하지만 이후에 발생하는 결과의 불평등은 정당화될 수 있다고 본다.

효율성

- 수단으로서의 효율성: 여러 가치를 추구하는 여러 정책 중의 하나를 선택할 때 상대적으로 효율적인 수단을 선택하는 것이 바람직하다는 것을 의미한다.
- 목표로서의 효율성: 사회복지정책이 추구하는 목표인 배분적 효율을 의미하는데, 여기서 배분적 효율이란 사회 전체의 효용만족감을 높일 수 있도록 사회적 자원을 배분하는 것을 의미한다.

사회적 적절성

- 인간다운 생활을 할 수 있도록 적절한 수준의 급여를 제공하는 것을 의미한다.
- 사회적 적절성과 비례적 평등의 가치는 상충할 수도 있다.

자유

- 소극적 자유: <u>강제가 없을 때 경험하는 자유</u>를 말하며, 타인이나 사회 또는 국가로부터 간섭을 받지 않을 수 있는 자유를 의미한다.
- 적극적 자유: <u>스스로 원하는 혹은 바람직하다고 생각하는 어떤 목적이나 행위를 추구할 수 있을 때 경험하는 자유</u>를 의미한다.

01 (21-06-03) 롤스(J. Rawls)의 정의론에서 제1원칙은 기본적 자유에 대한 동등한 권리이다.

02 (21-06-23) 사회복지정책 급여의 적절성이란 인간다운 생활을 할 수 있는 수준의 급여를 제공하는 것을 말한다.

03 (20-06-02) 적절성은 일정한 수준의 신체적 · 정신적 복리를 제공하는 것을 의미한다.

04 (19-06-07) 비례적 평등은 개인의 능력, 업적, 공헌에 따라 사회적 자원을 분배하는 것을 의미한다.

05 (18-06-02) 적극적 자유의 관점에서 자유의 침해는 개인에게 필요한 자원이나 기회를 박탈당한 것을 의미한다.

06 (17-06-06) 보험료 수준에 따라 급여를 차등하는 것은 비례적 평등으로 볼 수 있다.

07 (17-06-21) 파레토 개선이란 다른 사람들의 효용을 감소시키지 않으면서 어떤 사람들의 효용을 증가시키는 것이다.

08 (16-06-01) 여성고용 할당은 기회의 평등 가치를 추구한다.

09 (14-06-09) 보험수리원칙은 개인적 형평성을 추구한다.

10 (14-06-10) 비례적 평등(proportional equality)은 형평 또는 공평(equity)이라고도 불린다.

11 (13-06-09) 열등처우의 원칙은 형평의 가치를 반영한 것이다.

12 (12-06-13) 빈곤대책의 교육프로그램은 기회의 평등 가치를 추구한다.

13 (11-06-13) 결과의 평등 추구는 부자들의 소극적 자유를 침해할 가능성이 높다.

14 (10-06-04) 비례적 평등 가치를 실현하려면 자원배분 기준이 먼저 정해져야 한다.

15 (09-06-11) 형평은 결과의 평등에 비해 소극적인 재분배 개념이다.

16 (08-06-02) 평등, 생존권 보장, 사회적 적절성, 사회적 연대의식 등은 사회복지정책의 가치이다.

17 (08-06-12) 기회의 평등은 결과를 얻는 과정상의 기회만을 똑같이 주는 것이다.

18 (07-06-01) 드림스타트 프로그램은 기회의 평등을 추구한다.

19 (06-06-02) 사회복지정책의 기본 가치에는 삶의 질 향상, 균등한 기회보장, 사회적 적절성, 인간다운 생활보장 등이 있다.

20 (06-06-03) 사회복지정책을 통해서 빈곤한 사람들이 원하는 바를 할 수 있는 능력을 갖게 하는 것은 적극적인 자유를 의미한다.

21 (05-06-03) 수량적 평등은 재분배를 강조한다.

22 (04-06-02) 수량적 평등은 결과의 평등 또는 절대적 평등이다.

23 (04-06-04) 서비스 부문의 낮은 생산성, 소비자 선택권의 왜곡 등은 평등을 추구하는 사회복지정책의 효율을 저해하는 요인이다.

24 (03-06-02) 국민연금, 산재보험, 고용보험, 건강보험은 공평의 가치가 적용된다.

25 (02-06-01) 연대성, 사회적 형평, 인간의 존엄성, 평등은 사회복지정책이 추구하는 가치이다.

26 (02-06-02) 퇴역군인 우대, 소득비례에 의한 연금 등의 배분은 사회복지정책의 가치 중 공평성에 해당한다.

20-06-02 난이도 ★★☆

사회복지정책의 가치에 관한 설명으로 옳지 않은 것은?

① 소극적 자유는 자신이 원하는 것을 할 수 있는 자유를 강조한다.
② 평등을 추구하는 사회복지정책은 선택의 자유를 제한한다는 비판이 있다.
③ 형평성이 신빈민법의 열등처우원칙에 적용되었다.
④ 적절성은 일정한 수준의 신체적·정신적 복리를 제공하는 것을 의미한다.
⑤ 기회의 평등의 예로 사회적으로 취약한 아동을 위한 적극적 교육지원을 들 수 있다.

 알짜확인

• 사회복지정책의 주요 가치를 이해해야 한다.
• 사회복지정책의 가치가 적용된 사회복지제도에는 어떠한 것이 있는지 파악해야 한다.

답 ①

✓ **응시생들의 선택**

① 55%	② 16%	③ 8%	④ 18%	⑤ 3%

① 소극적 자유는 타인이나 사회 또는 국가로부터 간섭을 받지 않을 수 있는 자유(무엇으로부터의 자유)를 강조한다. 즉, 강제가 없을 때 경험하는 자유를 의미한다. 반면, 적극적 자유는 자신이 원하는 혹은 바람직하다고 생각하는 어떤 목적이나 행위를 추구할 수 있을 때 경험하는 자유(무엇을 할 수 있는 자유)를 강조한다.

➕ **덧붙임**
사회복지정책의 가치와 관련된 문제는 매년 반드시 출제되는 영역 중 하나이다. 다양한 평등 개념을 묻는 문제, 평등과 자유, 사회적 적절 등의 가치 전반에 대한 이해를 묻는 문제가 주로 출제되고 있다. 가치에 대한 개념적 내용에 대한 이해뿐만 아니라 각 가치와 이를 구현하는 정책 프로그램을 연결해서 이해할 필요가 있다.

19-06-07 난이도 ★★☆

사회복지정책의 가치에 관한 설명으로 옳은 것은?

① 비례적 평등은 개인의 능력, 업적, 공헌에 따라 사회적 자원을 분배하는 것을 의미한다.
② 적극적 자유는 타인의 간섭 혹은 의지로부터의 자유를 의미한다.
③ 결과의 평등을 달성하기 위해 부자들의 소득을 재분배하더라도 소극적 자유를 침해하지 않는다.
④ 결과가 평등하다면 과정의 불평등은 상관없다는 것이 기회의 평등이다.
⑤ 기회의 평등은 적극적인 평등의 개념이다.

답 ①

✓ **응시생들의 선택**

① 66%	② 9%	③ 5%	④ 3%	⑤ 17%

② 타인의 간섭 혹은 의지로부터의 자유는 소극적 자유이다. 적극적 자유는 스스로 원하는 혹은 바람직하다고 생각하는 어떤 목적이나 행위를 추구할 수 있을 때 경험하는 자유를 의미한다(무엇을 할 수 있는 자유).
③ 결과의 평등 추구를 위해 불평등한 소득분배구조를 개선하고 빈자들에게 더 많은 자원을 배분하기 위해서 누진적인 세금을 확대한다면 이는 빈자들의 적극적 자유를 증진시키는 의미가 있다. 반면에 국가로부터의 개입과 간섭이 증가하므로 부자들의 소극적 자유를 침해할 수 있다.
④ 과정상의 기회만 평등하다면 그로 인한 결과의 불평등은 상관없다는 것이 기회의 평등이다.
⑤ 결과의 평등은 적극적인 평등의 개념이다.

사회복지의 가치 중 '자유'에 관한 설명으로 옳은 것은?

① 자유지상주의 관점에서는 적극적 자유를 옹호한다.
② 소극적 자유 보장을 위해서는 국가의 역할이 많을수록 좋다.
③ 적극적 자유의 관점에서 자유의 침해는 개인에게 필요한 자원이나 기회를 박탈당한 것을 의미한다.
④ 적극적 자유의 관점에서는 임차인의 주거 안정을 위해 임대인의 자유를 제약할 수 없다.
⑤ 개인의 행동에 대한 외적 강제가 없는 상태는 적극적 자유의 핵심이다.

답 ③

✅ 응시생들의 선택

① 17%	② 7%	③ 50%	④ 13%	⑤ 13%

① 자유지상주의 관점에서는 소극적 자유를 옹호한다.
② 소극적 자유 보장을 위해서는 국가의 역할과 개입이 최소한의 상태로 억제되어야 한다.
④ 소극적 자유의 관점에서는 임차인의 주거 안정을 위해 임대인의 자유를 제약할 수 없다.
⑤ 개인의 행동에 대한 외적 강제가 없는 상태는 소극적 자유의 핵심이다.

평등에 관한 설명으로 옳지 않은 것은?

① 보험료 수준에 따라 급여를 차등하는 것은 비례적 평등으로 볼 수 있다.
② 드림스타트(Dream Start) 사업은 기회의 평등을 반영하는 것으로 볼 수 있다.
③ 공공부조의 급여는 산술적 평등을, 열등처우의 원칙은 비례적 평등을 반영하는 것이다.
④ 모든 사람에게 동등한 의료서비스를 제공하는 영국의 국민보건서비스(NHS)는 결과의 평등을 반영하는 것으로 볼 수 있다.
⑤ 비례적 평등은 결과의 평등이다.

답 ⑤

✅ 응시생들의 선택

① 4%	② 2%	③ 15%	④ 12%	⑤ 67%

⑤ 비례적 평등과 결과의 평등은 다르다. 비례적 평등은 개인의 욕구, 노력, 능력, 기여에 따라 사회적 자원을 상이하게 배분하는 것으로, 공평 또는 형평성이라 한다. 반면, 결과의 평등은 수량적 평등 또는 산술적 평등이라고 하며, 모든 사람을 똑같이 취급하여 사회적 자원을 재분배하는 것이다.

사회복지정책이 추구하는 목표와 추진 방법을 연결한 것으로 옳지 않은 것은?

① 형평 – 실업급여
② 적절성 – 최저임금
③ 기회의 평등 – 여성고용할당
④ 적극적 자유 – 최저생활 보장
⑤ 결과의 평등 – 드림스타트(Dream Start)

답 ⑤

✅ 응시생들의 선택

① 8%	② 3%	③ 3%	④ 16%	⑤ 70%

⑤ 아동기의 빈곤이 이후 전 생애의 빈곤으로 이어지는 빈곤의 대물림을 방지하고 아동의 공평한 출발 기회를 보장하기 위해 실시되고 있는 드림스타트 프로그램은 기회의 평등 가치가 반영된 정책이라고 할 수 있다.

사회복지정책의 가치에 관한 설명으로 옳은 것은?

① 결과의 평등 정책보다 기회의 평등 정책은 빈자(貧者)들의 적극적 자유를 증진하는 데 유리하다.
② 적극적 자유는 타인의 간섭이나 구속으로 부터의 자유를 의미한다.
③ 결과의 평등 정책은 부자들의 소극적 자유는 침해하지 않는다.
④ 열등처우의 원칙은 형평의 가치를 반영한 것이다.
⑤ 긍정적 차별(positive discrimination)은 형평의 가치를 저해한다.

답 ④

✅ 응시생들의 선택

① 23%	② 16%	③ 7%	④ 42%	⑤ 12%

① 적극적 자유란 스스로 원하는 혹은 바람직하다고 생각하는 어떤 목적이나 행위를 추구할 수 있을 때 경험하는 자유를 의미한다. 기회의 평등 정책보다 결과의 평등 정책이 빈자(貧者)들의 적극적 자유를 증진하는데 유리하다.
② 타인의 간섭이나 구속으로부터의 자유는 소극적 자유의 개념에 해당한다.
③ 결과의 평등 정책은 부자들의 소극적 자유를 침해할 수 있다. 예를 들어 결과의 평등 추구를 위해 불평등한 소득분배구조를 개선하고 빈자들에게 더 많은 자원을 배분하기 위해서 누진적인 세금을 확대한다면 국가의 개입과 간섭이 증가하므로 부자들의 소극적 자유를 침해할 수 있다.
⑤ 긍정적 차별(positive discrimination)은 기회의 평등 혹은 형평의 가치를 반영한 정책사례라고 볼 수 있다.

사회복지정책의 가치에 관한 설명으로 옳은 것은?

① 형평(equity)은 결과의 평등을 강조하는 수량적 평등 개념이다.
② 긍정적 차별(positive discrimination)은 평등의 가치를 저해한다.
③ 기회의 평등은 결과의 평등보다 재분배에 적극적이다.
④ 결과의 평등 추구는 부자들의 소극적 자유를 침해할 가능성이 높다.
⑤ 기회의 평등 추구는 빈자들의 적극적 자유를 증진할 수 없다.

답 ④

✓ 응시생들의 선택

① 14%	② 5%	③ 24%	④ 47%	⑤ 11%

① 형평(equity) 혹은 공평은 개인의 욕구, 능력, 기여에 따라 사회적 자원을 상이하게 배분하는 비례적 평등개념이다.
② 긍정적 차별(positive discrimination)은 장애인, 여성, 특정 인종집단 등의 부정적 차별을 시정하기 위한 것으로 일반적으로 기회의 평등 가치를 반영하고 있다.
③ 기회의 평등보다 결과의 평등 개념이 재분배에 적극적인 특성이 있다.
⑤ 적극적 자유란 무엇을 할 수 있는 자유로 복지국가의 발전은 적극적 자유의 개념을 확장시킬 수 있는 기회가 되기도 했다. 차별과 불평등을 교정하여 동등한 출발선을 부여하기 위한 기회의 평등이 적극적 자유를 증진하는 데 기여할 수 있다.

사회복지정책의 가치에 관한 설명으로 옳은 것은?

① 가치는 사회복지정책의 목표가 아니라 수단이다.
② 비례적 평등 가치를 실현하려면 자원배분 기준이 먼저 정해져야 한다.
③ 보험수리원칙은 결과의 평등 가치를 반영한다.
④ 열등처우원칙은 수량적 평등 가치를 반영한다.
⑤ 적극적 자유는 타인의 간섭이나 구속으로부터의 자유를 뜻한다.

답 ②

✓ 응시생들의 선택

① 22%	② 50%	③ 8%	④ 10%	⑤ 10%

① 사회복지정책의 가치는 정책이 추구해야 할 목표이다.
③ 보험수리원칙은 비례적 평등 가치를 반영한 것이다.
④ 열등처우원칙은 비례적 평등 가치를 반영한 것이다.
⑤ 타인이나 사회 또는 국가의 간섭이나 구속으로부터의 자유는 소극적 자유의 개념에 해당한다.

다음 중 자유와 평등에 대한 설명으로 옳지 않은 것은?

① 개인들이 자유로운 선택의 기회를 가지는 것은 소극적 자유에 해당한다.
② 자유권은 어떠한 경우에도 제한할 수 없다.
③ 기회의 평등은 가장 소극적인 평등의 개념이다.
④ 사회보험의 소득비례원칙은 공평(equity)을 반영한다.
⑤ 사회복지정책을 통해서 빈곤한 사람들이 원하는 바를 할 수 있는 능력을 갖게 하는 것은 적극적인 자유를 의미한다.

답 ②

✓ 응시생들의 선택

① 8%	② 51%	③ 14%	④ 19%	⑤ 8%

② 헌법 제37조에서는 자유권 제한의 근거를 제시하고 있다.

사회복지정책에서 추구하는 가치에 대한 설명으로 틀린 것은?

① 수량적 평등은 재분배를 강조한다.
② 열등처우의 원칙은 형평의 가치에 중점을 둔다.
③ 형평은 공정한 처우를 의미한다.
④ 기회의 평등은 과정상의 기회의 평등을 의미한다.
⑤ 효과성은 최소 자원으로 최대 성과를 내는 것을 의미한다.

답 ⑤

✓ 응시생들의 선택

① 8%	② 6%	③ 2%	④ 6%	⑤ 78%

⑤ 최소 자원으로 최대 성과를 내는 것을 의미하는 가치는 효율성이다.

다음 내용이 왜 틀렸는지를 확인해보자

01 **비례적 평등** 가치는 재분배를 통한 불평등 완화, 복지국가의 확대라는 전략으로 나타나기도 한다.

> 결과의 평등 가치는 재분배를 통한 불평등 완화, 복지국가의 확대라는 전략으로 나타나기도 한다.

02 불평등의 완화를 위하여 시행하는 재분배 정책은 **결과의 평등보다는 기회의 평등을 추구**하는 것이 바람직하다.

> 불평등의 완화를 위하여 시행하는 재분배 정책은 기회의 평등보다는 결과의 평등을 추구하는 것이 바람직하다.

03 여성 고용할당제는 **결과의 평등**에 해당한다.

> 여성 고용할당제는 여성에게 고용의 기회를 일정 부분 할당하는 것으로 기회의 평등에 해당한다.

`14-06-10`

04 **형평성**은 인간다운 생활을 할 수 있도록 적절한 급여가 제공되어야 한다는 것이다.

> 인간다운 생활을 할 수 있도록 적절한 급여가 제공되어야 한다는 것은 사회적 적절성이다.

`13-06-09`

05 빈곤대책의 교육프로그램은 **결과의 평등**의 가치를 반영한 것이다.

> 빈곤대책의 교육프로그램은 기회의 평등의 가치를 반영한 것이다.

`10-06-04`

06 **적극적 자유**는 타인의 간섭이나 구속으로부터의 자유를 뜻한다.

> 타인의 간섭이나 구속으로부터의 자유는 소극적 자유로서 강제가 없을 때 경험하는 자유를 의미한다. 이런 소극적 자유의 개념은 국가의 역할과 개입을 최소한의 상태로 억제하는 것을 강조한다. 반면 적극적 자유는 스스로 원하는 혹은 바람직하다고 생각하는 어떤 목적이나 행위를 추구할 수 있을 때 경험하는 자유를 의미한다.

빈칸에 들어갈 알맞은 말을 채워보자

20-06-02
01 신빈민법의 '열등처우의 원칙'은 (   )의 가치를 반영하고 있다.

17-06-06
02 드림스타트(Dream Start) 사업은 (   )을/를 반영하는 것으로 볼 수 있다.

14-06-10
03 보험수리원칙은 개인적 (   )의 가치를 반영한다.

11-06-13
04 (   )은/는 개인의 욕구, 능력, 기여에 따라 사회적 자원을 상이하게 배분하는 비례적 평등개념이다.

05 (   )은/는 사회 전체의 효용을 높일 수 있도록 사회적 자원을 배분(분배)하는 것으로써 파레토 효율이라고도 한다.

06 (   )을/를 강조하는 사람들은 개인주의적 차원에서 자유를 바라보는 것을 비판하면서 사회적, 집단적 측면에서 자유를 바라볼 것을 주장하며, 국가의 적극적인 개입을 요구하기도 한다.

07 모든 사람을 똑같이 취급하여 사람들의 욕구나 능력의 차이와 상관없이 사회적 자원을 똑같이 분배하는 것을 (   )(이)라고 한다.

08 한국의 대표적인 공공부조제도인 국민기초생활보장제도의 급여기준도 (   )의 가치에 근거한다.

 답 **01** 비례적 평등　**02** 기회의 평등　**03** 형평성　**04** 형평　**05** 배분적 효율성　**06** 적극적 자유　**07** 결과의 평등　**08** 사회적 적절성

다음 내용이 옳은지 그른지 판단해보자

19-06-07
01 결과가 평등하다면 과정의 불평등은 상관없다는 것이 기회의 평등이다. ◎ ⓧ

13-06-10
02 롤스의 사회정의론은 개인의 자유를 중시한다는 점에서 자유주의적 전통에 속한다. ◎ ⓧ

03 소극적 자유는 신자유주의자들이 강조하는 가치이다. ◎ ⓧ

04 한국의 사회보험제도는 적절성의 가치만을 반영하고 있다. ◎ ⓧ

05 수량적 평등을 위해서는 삶에서의 성공이 운과 출생에 의해서가 아니라 스스로의 재능과 노력에 의해 이루어지게끔 공교육체계를 도입할 수 있다. ◎ ⓧ

06 인간다운 생활을 할 수 있는 정도의 급여수준이라는 측면에서 비교하면 공공부조에 비해 사회보험이 사회적 적절성의 실현 정도가 상대적으로 높다고 볼 수 있다. ◎ ⓧ

07 롤스의 사회정의론에서 최소극대화 원칙은 합의 당사자들이 선택할 수 있는 가능한 대안들의 결과 중 최악의 것 중에서 최선을 보장하는 대안을 선택한다는 것이다. ◎ ⓧ

06-06-03
08 기회의 평등은 가장 소극적인 평등의 개념이다. ◎ ⓧ

09 파레토 개선은 다른 사람의 효용을 줄이지 않으면서 특정 사람의 효용을 높이는 것을 의미한다. ◎ ⓧ

10 비례적 평등의 가치를 실현하기 위해서는 자원배분의 기준이 우선 정해져야 한다. ◎ ⓧ

답 01 × 02 ○ 03 ○ 04 × 05 × 06 ○ 07 ○ 08 ○ 09 ○ 10 ○

해설 **01** 과정상의 기회만 평등하다면 그로 인한 결과의 불평등은 상관없다는 것이 기회의 평등이다.
04 한국의 사회보험제도는 적절성의 가치 외에도 다양한 가치를 동시에 반영하고 있다.
05 기회의 평등을 위해서는 삶에서의 성공이 운과 출생에 의해서가 아니라 스스로의 재능과 노력에 의해 이루어지게끔 공교육체계를 도입할 수 있다.

164 사회복지정책의 특성

1회독	2회독	3회독
월 일	월 일	월 일

최근 10년간 **16문항** 출제 ★ ★ ★

복습 1 이론요약

사회복지정책의 정의 및 범위

- 사회생활을 영위해 나가는 데 필요한 인간의 기본적 욕구를 충족시키거나 사회문제를 해결하기 위한 목적으로 사회복지제도 및 프로그램을 만들고, 가치를 권위적으로 배분하는 활동을 의미한다.
- 사람들의 삶의 질을 향상시키기 위한 정부의 지침이나 계획 혹은 과정과 관련된 것으로 좁게는 사회적 약자들에게 필요한 소득이나 서비스를 지원하는 것이며, 넓게는 사회적 약자뿐 아니라 모든 사람들의 삶의 질에 영향을 미치는 주택, 교육, 조세제도, 노동정책까지 포함하는 포괄적 개념으로 볼 수 있다.

기본개념

사회복지정책론
pp.38~

사회복지정책의 일반적 기능

- **사회를 통합**시키며 정치적으로 안정을 기한다.
- 사회문제 해결과 **사회적 욕구를 충족**시킨다.
- 급여 수급자의 자기결정권과 다양한 소득보장을 통해 개인의 자립과 성장, 재생산을 보장한다.
- 사회구성원 상호 간 삶의 기회가 재분배되는 **사회화의 기능**이 있다.
- 시장에서 배분된 **소득을 다양한 방향으로 재분배**한다.

사회복지정책의 경제성장 촉진 효과

- 노동력의 질을 향상시킴으로써 노동생산성을 제고할 수 있다.
- 빈곤층의 소득과 소비 수준을 높여줌으로써 자신의 노동력의 질을 향상시키기 위해 투자할 수 있는 기회를 넓혀준다.
- 노동공급을 증가시킴으로써 경제성장에 기여할 수 있다.

사회복지정책의 역기능

- 대상자 선정, 전달체계의 수립 등에 드는 과다한 운영비용으로 인한 비효율성이 발생한다.
- 사회복지급여에 의존하여 근로의욕을 상실하고 빈곤에 머무르는 빈곤함정 현상이 발생한다.
- 실업급여 수준이 노동시장에서 받을 수 있는 임금보다 높음으로 인해 일하지 않고 급여를 받는 등 구직동기나 노동동기가 약화될 수 있다.

분배와 성장의 관계에 대한 관점의 차이

▶ **(신)자유주의자**

• 국가에 의한 지나친 개입, 즉 각종 (재)분배 정책과 제도가 시장의 자율적 조정기능을 방해하여 결국 경제성장을 저해하는 부정적 요소로 작동하고 있다고 본다.
• 국가경제가 성장하면 자연스럽게 국민에게 돌아가는 전체 분배의 몫이 확대되므로 경제성장정책을 우선시해야 한다는 선성장 후분배 논리를 주장한다.
• 복지국가에 부정적이며, 국가의 역할이 작은 '최소한의 정부'를 옹호한다.

▶ **사회민주주의자**

• 소득의 재분배가 경제성장을 저해하지 않으며 오히려 성장을 촉진하는 촉매제 역할을 한다고 본다.
• 복지제도를 통해 빈곤과 불평등이 완화되어 국민의 삶의 질이 향상되면 사회적 비용이 줄어들고, 노동조건이 개선되고 노사 간의 합의를 통해 노사문제가 해결되면 노동자들의 근로동기와 업무 효율성이 향상되어 결국 경제성장에 유리하게 작동한다고 주장한다.
• 성장과 더불어 분배정책을 중시하는 복지국가를 적극적으로 지지한다.

기출문장 CHECK

01 (21-06-04) 국민의 생존권 보장, 사회통합의 증진, 개인의 자립성 증진 등을 위해 사회복지정책이 필요하다.

02 (19-06-01) 사회복지정책은 사회통합과 정치적 안정화 기능을 한다.

03 (18-06-06) 4차 산업혁명, 일자리 감소, 소득 양극화 심화 등의 이슈는 '기본소득' 도입의 필요성과 관련되어 있다.

04 (17-06-03) 국가와 지방자치단체는 국가 및 지방자치단체의 사회복지사업과 민간부문의 사회복지 증진활동이 원활하게 연계될 수 있도록 노력하여야 한다.

05 (16-06-15) 사회복지정책은 경제의 자동안정장치(built-in-stabilizer) 기능을 수행한다.

06 (15-06-10) 최근 20년간 우리나라 사회복지정책의 환경변화에 있어서 고용안정성에 대한 정책적 대응의 필요성이 높아졌다.

07 (15-06-17) 최근 10년간 우리나라 사회복지정책의 변화에 있어서 지방자치단체의 자체적인 복지사업이 증가하는 추세에 있다.

08 (15-06-18) 경제정책과 사회복지정책은 서로 상생적인 역할을 할 수 있다.

09 (14-06-01) 개인의 잠재능력 향상, 사회통합은 소득재분배와 함께 사회복지정책의 주된 기능이다.

10 (13-06-04) 사회복지정책의 기능으로 사회통합, 최저생활 유지, 개인의 잠재능력 향상, 소득재분배 등이 있다.

11 (12-06-18) 사회보장제도가 국민경제에 미치는 효과에 있어서 공적 연금이 은퇴준비 필요성을 인식시켜 자발적 저축을 증가시키는 효과가 발생할 수 있다.

12 (10-06-22) 사회복지제도의 본인 부담은 도덕적 해이를 감소시킬 수 있으나 이용자의 서비스 이용을 제한할 수 있다.

13 (09-06-01) 사회복지정책은 국민최저수준을 보장한다.

14 (08-06-01) 사회복지정책의 기능에는 사회통합과 정치적 안정이 있다.

15 (05-06-01) 사회복지정책은 소득재분배를 통한 평등 가치를 실현한다.

16 (05-06-07) 최근 우리나라 사회복지제도 환경의 변화에 있어서 민간 비영리조직의 역할이 증대하고 있다.

17 (04-06-01) 사회복지정책의 일반적 기능으로서 사회통합, 사회정의 확립, 최저생활의 보장, 사회문제의 해결 등이 있다.

18 (02-06-03) 사회복지정책은 인간의 존엄성을 기반으로 한다.

대표기출 확인하기

21-06-04
난이도 ★☆☆

다음 중 사회복지정책이 필요한 이유를 모두 고른 것은?

> ㄱ. 국민의 생존권 보장
> ㄴ. 사회통합의 증진
> ㄷ. 개인의 자립성 증진
> ㄹ. 능력에 따른 분배

① ㄱ, ㄴ　　　　② ㄴ, ㄷ
③ ㄴ, ㄹ　　　　④ ㄱ, ㄴ, ㄷ
⑤ ㄱ, ㄷ, ㄹ

▶ 알짜확인

- 사회복지정책의 주요 기능에 대해 이해해야 한다.
- 사회복지정책의 경제적 효과에 대해 이해해야 한다.
- 사회복지정책의 역기능에 대해 이해해야 한다.

답 ④

✔ 응시생들의 선택

① 15%	② 1%	③ 3%	④ 74%	⑤ 7%

④ ㄹ. 능력에 따른 분배는 사회적 자원이 능력에 따라 상이하게 배분되므로 자본주의 시장에 의한 분배라고 볼 수 있다. 사회복지정책은 시장에서 배분된 소득(일차적 분배)을 다양한 방향으로 재분배하는 기능을 수행한다.

➕ 덧붙임

사회복지정책과 관련된 전반적인 사항을 다룬다. 가장 빈번하게 출제되는 내용은 사회복지의 기능에 관한 것이며, 최근 시험에서는 우리나라의 사회복지정책과 관련된 현 상황과 변화에 대한 내용도 다루어지고 있으므로 이에 대비해야 한다.

관련기출 더 보기

19-06-01
난이도 ★☆☆

사회복지정책의 원칙과 기능에 관한 설명으로 옳지 않은 것은?

① 능력에 비례한 배분을 원칙으로 한다.
② 소득을 재분배하는 기능을 한다.
③ 경제의 자동안정화 기능을 한다.
④ 국민의 최저생활을 보장하는 기능을 한다.
⑤ 사회통합과 정치적 안정화 기능을 한다.

답 ①

✔ 응시생들의 선택

① 81%	② 2%	③ 11%	④ 1%	⑤ 5%

① 능력에 비례한 배분은 비례적 평등이라 할 수 있으며, 이는 사회복지정책의 가치 중 하나로서 사회복지정책의 원칙이라고 볼 수는 없다.

18-06-06
난이도 ★★☆

최근 논의되는 사회복지정책 이슈들에 관한 설명으로 옳지 않은 것은?

① 생태주의 관점에서는 복지국가의 '성장' 패러다임을 옹호한다.
② 4차 산업혁명, 일자리 감소, 소득 양극화 심화 등의 이슈는 '기본소득' 도입의 필요성과 관련되어 있다.
③ 민달팽이유니온, 복지국가청년네트워크 등은 청년세대운동 조직이 출현한 사례에 해당한다.
④ '마을만들기' 사업은 주민참여형 복지라고 할 수 있다.
⑤ '커뮤니티 케어'는 탈시설화와 관련되어 있다.

답 ①

✔ 응시생들의 선택

① 43%	② 37%	③ 5%	④ 1%	⑤ 14%

① 최근 논의되는 사회복지정책의 방향성은 정치경제적 관점에서 복지국가의 '소득주도 성장' 패러다임을 옹호한다.

민간의 사회복지에 대한 우리나라 사회복지정책의 내용이 아닌 것은?

① 국가와 지방자치단체는 국가 및 지방자치단체의 사회복지사업과 민간부문의 사회복지 증진활동이 원활하게 연계될 수 있도록 노력하여야 한다.
② 국가와 지방자치단체는 사회복지를 필요로 하는 사람의 인권이 충분히 존중되는 방식으로 사회복지서비스를 제공하여야 한다.
③ 보건복지부장관은 사회복지시설에서 제공하는 사회복지서비스의 최저기준을 마련하여야 한다.
④ 국가나 지방자치단체가 설치한 사회복지시설은 사회복지법인이나 비영리법인에 위탁하여 운영하게 할 수 있다.
⑤ 국가나 지방자치단체는 사회복지법인에 우선하여 사회복지시설을 설치·운영할 수 없다.

답 ⑤

✔ **응시생들의 선택**

① 0%	② 1%	③ 6%	④ 2%	⑤ 91%

⑤ 국가나 지방자치단체는 사회복지시설을 설치·운영할 수 있으며, 국가 또는 지방자치단체 외의 자가 시설을 설치·운영하려는 경우에는 보건복지부령으로 정하는 바에 따라 시장·군수·구청장에게 신고하여야 한다. 즉, 국가나 지방자치단체는 사회복지법인에 우선하여 사회복지시설을 설치·운영할 수 있다.

사회복지정책의 특성에 관한 설명으로 옳지 않은 것은?

① 가치판단적 특성을 가진다.
② 국민의 최저생활을 보장한다.
③ 개인의 자립성을 증진시킨다.
④ 능력에 비례한 배분을 원칙으로 한다.
⑤ 경제의 자동안정장치(built-in-stabilizer) 기능을 수행한다.

답 ④

✔ **응시생들의 선택**

① 18%	② 2%	③ 9%	④ 66%	⑤ 5%

④ 능력에 비례한 배분을 원칙으로 하는 것은 자본주의의 분배 원리 중에 하나라고 볼 수 있다. 자본주의의 능력, 업적, 성과에 따른 분배는 자유 경쟁을 강조한다.

사회복지정책과 경제정책의 관계에 관한 설명으로 옳은 것을 모두 고른 것은?

> ㄱ. 경제정책은 사회복지정책에 영향을 준다.
> ㄴ. 사회복지정책은 경제에 영향을 준다.
> ㄷ. 경제정책과 사회복지정책은 서로 상생적인 역할을 할 수 있다.
> ㄹ. 자본주의 경제체제 유지를 위하여 사회복지정책이 필요하다고 설명하기도 한다.

① ㄱ
② ㄱ, ㄷ
③ ㄴ, ㄹ
④ ㄴ, ㄷ, ㄹ
⑤ ㄱ, ㄴ, ㄷ, ㄹ

답 ⑤

✔ **응시생들의 선택**

① 3%	② 7%	③ 1%	④ 1%	⑤ 88%

⑤ 사회복지정책과 경제정책의 관계에 대해서는 상반된 주장들이 있다. 일부 경제학자, 신자유주의자들은 사회복지가 (재)분배를 강조함으로써 전반적으로 경제성장을 저해한다고 주장한다. 하지만 사회복지정책이 항상 경제에 부정적인 영향을 미치는 것은 아니며, 오히려 자동안정화 기능과 자본축적 기능을 통해 경제성장에 긍정적 영향을 미칠 수 있다는 주장도 있다.

사회복지정책에 관한 설명으로 옳지 않은 것은?

① 사회복지정책은 국민의 복지 증진을 위해 복지국가가 사용하는 수단이다.
② 개인의 잠재능력 향상, 사회통합은 소득재분배와 함께 사회복지정책의 주된 기능이다.
③ 사회복지정책은 사회구성원의 기본욕구를 해결하기 위한 정책이므로 가치중립적이어야 한다.
④ 북유럽국가들의 사회복지정책은 영미권 국가들의 사회복지정책에 비해 보편주의·연대주의적 성격이 강하다.
⑤ 사회복지정책을 통한 결과의 평등 지향은 일부 사회구성원의 소극적 자유를 침해하는 결과를 가져올 수도 있다.

답 ③

✔ **응시생들의 선택**

① 3%	② 10%	③ 58%	④ 9%	⑤ 20%

③ 사회복지정책은 자유, 평등, 사회통합, 삶의 질 향상 등의 가치를 추구한다는 점에서 가치지향적, 가치판단적인 특성을 갖는다.

　　　　난이도 ★★★

사회보장제도가 국민경제에 미치는 효과에 관한 설명으로 옳은 것을 모두 고른 것은?

> ㄱ. 자동안정장치의 기능을 통해 경기 불안정을 조정한다.
> ㄴ. 공적 연금이 은퇴준비 필요성을 인식시켜 자발적 저축을 증가시키는 효과가 발생할 수 있다.
> ㄷ. 공적 연금이 미래자산으로 인식되어 자발적 저축을 감소시키는 효과가 발생할 수 있다.
> ㄹ. 부과방식 공적 연금의 경우 자본축적 효과를 발생시킨다.

① ㄱ, ㄴ, ㄷ　　　　② ㄱ, ㄷ
③ ㄴ, ㄹ　　　　　　④ ㄹ
⑤ ㄱ, ㄴ, ㄷ, ㄹ

답 ①

✓ 응시생들의 선택

① 14%	② 56%	③ 17%	④ 5%	⑤ 8%

① ㄹ. 부과방식은 적립방식과는 달리 기금을 적립하지 않기 때문에 자본축적 효과를 발생시키지 않는다. 재정운영방식이 적립방식인 공적 연금의 경우에는 기금의 적립을 통해 자본축적 효과가 발생한다.

　　　　난이도 ★★★

사회복지정책의 특징에 관한 설명으로 옳지 않은 것은?

① 국민최저수준을 보장한다.
② 가치중립적이다.
③ 시장의 실패를 시정하여 자원배분의 효율화 기능을 수행한다.
④ 사회연대의식에 기초하고 있다.
⑤ 개인의 자립성 증진을 목적으로 한다.

답 ②

✓ 응시생들의 선택

① 2%	② 90%	③ 4%	④ 1%	⑤ 3%

② 사회복지정책은 근거하고 있는 가치에 따라 내용이나 관점이 달라질 수 있으므로 가치중립적이기 어려운 특징을 갖는다.

　　　　난이도 ★☆☆

사회복지정책에 관한 설명으로 옳지 않은 것은?

① 사회복지정책은 자유방임주의에 기초한다.
② 사회복지정책의 기능에는 사회통합과 정치적 안정이 있다.
③ 티트머스(Titmuss)는 조세정책을 사회복지정책의 영역에 포함했다.
④ 사회복지정책이 경제에 미치는 영향으로서 자동안정화 효과가 있다.
⑤ 사회복지정책은 시장에서 배분된 소득을 재분배하는 기능이 있다.

답 ①

✓ 응시생들의 선택

① 74%	② 2%	③ 16%	④ 4%	⑤ 4%

① 사회복지정책은 자유방임주의가 아닌 국가개입주의에 기반하고 있다.

　　　　난이도 ★☆☆

사회복지정책의 특징으로 볼 수 없는 것은?

① 사회정의 실현
② 사회적 욕구의 해결
③ 정부실패에 기반
④ 공동체 의식의 증진과 사회통합
⑤ 소득재분배를 통한 평등 가치의 실현

답 ③

✓ 응시생들의 선택

① 3%	② 7%	③ 82%	④ 4%	⑤ 4%

③ 사회복지정책은 시장실패에 따른 국가개입을 기반으로 발전하였다.

다음 내용이 왜 틀렸는지를 확인해보자

21-06-04

01 사회복지정책은 **국민의 생존권 보장, 사회통합의 증진, 개인의 자립성 증진, 능력에 따른 분배**를 위해 필요하다.

> 사회복지정책은 능력에 따른 분배가 아닌 시장에서 배분된 소득(일차적 분배)을 다양한 방향으로 재분배한다.

---

02 신자유주의자들은 사회복지정책이 **근로유인과 저축동기를 높인다**고 보았다.

> 신자유주의자들은 사회복지정책이 근로유인과 저축동기를 약화시킨다고 보았다. 신자유주의자들은 국가에 의한 지나친 개입, 즉 각종 (재)분배 정책과 제도가 시장의 자율적 조정기능을 방해하여 결국 경제성장을 저해하는 부정적 요소로 작동하고 있다고 본다.

15-06-17

03 최근 우리나라는 **복지정책 대상의 초점이 극빈층으로 변화**하고 있다.

> 최근 우리나라는 복지정책 대상을 극빈층에서 전 국민으로 그 범위를 점점 확대하고 있다.

15-06-18

04 사회복지정책은 **항상 경제정책에 부정적인 영향을 미치며, 사회복지정책과 경제정책은 서로 상생하는 것이 불가능**하다.

> 사회복지정책이 항상 경제에 부정적인 영향을 미치는 것은 아니며, 오히려 자동안정화 기능과 자본축적 기능을 통해 경제성장에 긍정적 영향을 미칠 수 있다. 사회복지정책과 경제정책은 서로 상생적인 역할을 할 수 있다.

---

05 사회복지정책은 **소득재분배 기능이 약하다**는 비판을 받는다.

> 사회복지정책은 시장에서 배분된 소득(일차적 분배)을 다양한 방향으로 재분배하는 기능을 수행한다.

14-06-01

06 사회복지정책은 사회구성원의 기본욕구를 해결하기 위한 정책이므로 **가치중립적**이어야 한다.

> 사회복지정책은 자유, 평등, 사회통합, 삶의 질 향상 등의 가치를 추구한다는 점에서 가치지향적, 가치판단적인 특성을 갖는다.

빈칸에 들어갈 알맞은 말을 채워보자

12-06-18
01 사회복지정책은 (   )의 기능을 통해 경기 불안정을 조정한다.

09-06-01
02 사회복지정책은 국민의 (   )을/를 보장한다.

03 사회복지정책의 역기능으로 (   )이 있는데, 이는 사회복지 급여에 의존하여 근로의욕을 상실하고 빈곤에 머무르는 현상을 말한다.

02-06-03
04 경기 후퇴 시 실업자 수가 증가하여 사회복지 지출이 (   )한다.

05 사회복지정책은 사회문제 해결과 (   )을/를 충족시킨다.

 01 자동안정장치 **02** 최저수준 **03** 빈곤함정(빈곤의 덫) **04** 증가 **05** 사회적 욕구

다음 내용이 옳은지 그른지 판단해보자

12-06-18
01 공적 연금이 은퇴준비 필요성을 인식시켜 자발적 저축을 증가시키는 효과가 발생할 수 있다.

02 사회보장제도는 과도한 경기변동을 억제시켜 경제주체들이 안정적인 경제생활을 수행할 수 있도록 한다.

03 사회복지정책의 기능인 소득재분배는 사회계층 구조의 흐름에 따라 수직적 재분배와 수평적 재분배로 구분한다.

04 사회복지정책은 빈곤함정과 실업함정을 확산시키는 긍정적 기능을 한다.

05 사회민주주의자들은 소득의 재분배가 경제성장을 저해하지 않으며 오히려 성장을 촉진하는 촉매제 역할을 한다고 본다. ⊚⊗

(답) **01** ○ **02** ○ **03** ○ **04** × **05** ○

(해설) **04** 빈곤함정과 실업함정의 확산은 사회복지정책의 역기능에 해당한다.

165 사회복지의 국가 개입

1회독	2회독	3회독
월 일	월 일	월 일

최근 10년간 **6문항** 출제 ★★★

1 이론요약

시장 실패

- **공공재 공급의 실패**: 공공재는 어떤 재화와 서비스가 소비에 있어서 비경합성(비경쟁성)과 비배제성(비배타성)이라는 특성을 갖는 경우를 말한다. 공공재의 경우에는 무임승차자(free-rider)들로 인해 시장을 통해서 적절한 수준의 공급이 이루어지지 않는 경우가 많이 발생한다. 따라서 사회 전체적으로 필요한 공공재 공급에 있어서 국가가 개입할 필요성이 존재한다.

- **외부효과**: 특정 재화나 서비스가 제3자에게 의도하지 않은 혜택이나 손해를 가져다주면서도 이에 대한 대가를 받지도 지불하지도 않는 상태이다. 긍정적 외부효과와 부정적 외부효과로 구분한다.

- **정보의 비대칭성과 역 선택**: 시장에 참여한 거래당사자 간에 쌍방이 동일한 양의 정보를 가지기보다는 어느 한 쪽이 더 많은 정보를 가지기 쉽다는 것이 정보의 비대칭성이다. 이러한 경우 정보가 적은 사람이 손해를 볼 수밖에 없다. 역선택은 보험가입자와 보험회사 간의 정보의 비대칭성으로 인해 민간보험 시장에서 바람직하지 않은 결과가 초래되는 현상을 의미한다. 이러한 정보의 비대칭성과 역 선택이라는 시장 실패 현상 때문에 국가가 운영하는 사회보험의 필요성이 제기된다.

- **도덕적 해이**: 일반적으로 보험회사가 가입자의 행태를 완벽하게 감시·감독할 수 없으므로 가입자는 보험회사가 생각할 때 최상이라고 생각하는 만큼의 노력을 기울이지 않는 현상을 말한다. 즉 보험가입자가 위험발생을 예방·회피하는 행위를 적게 하여 위험발생이 높아지는 현상이다.

- **규모의 경제**: 생산량(생산규모)이 커질수록 단위당 생산비용이 적게 드는 현상을 의미한다. 상품생산시장에서 규모의 경제는 긍정적 기능을 수행하기도 하지만 독과점으로 이어질 경우 국민경제에 오히려 해가 될 수 있기 때문에 규제의 대상이 된다. 하지만, 사회복지 재화나 서비스와 같은 공공재의 경우 공공부문이 제공하면 국민경제에 해가 되기보다는 오히려 규모의 경제의 장점을 살릴 수도 있다.

소득분배의 불평등

민간 영역에서의 재분배는 사회 전체의 불평등이 심화되는 상황에서 큰 효과를 갖지 못하므로 정부 차원에서 조세정책이나 공공부조정책 등을 통해서 <u>소득분배의 불평등을 완화하기 위해</u> 정책적으로 개입할 필요성이 제기된다.

01 (22-06-14) 국가가 주도적으로 사회복지를 제공해야 할 필요성으로는 역 선택, 도덕적 해이, 규모의 경제, 정보의 비대칭 등이 있다.

02 (21-06-19) 정보의 비대칭성이 강한 영역은 정부가 개입하는 것이 바람직하다.

03 (20-06-12) 질병의 위험에 대한 보험방식의 역 선택 문제를 해결하기 위해 사회복지 재화나 서비스는 국가가 제공해야 한다.

04 (19-06-02) 공공재는 비경합적이고 비배제적인 성격을 지니고 있기 때문에 구성원이 각각 생산에 기여했는지 여부에 관계없이 모든 구성원이 활용할 수 있는 재화를 말한다.

05 (18-06-12) 실업보험을 민간시장에서 제공하면 가입자의 도덕적 해이가 발생할 가능성이 크다.

06 (17-06-25) 국가의 시장개입 필요성에는 '시장 실패, 외부효과(긍정적/부정적), 정보의 비대칭성과 역 선택, 도덕적 해이, 규모의 경제' 등이 있다.

07 (12-06-21) 의료서비스는 가치재(merit goods)의 성격을 갖기 때문에 국가가 주도적으로 실시해야 한다.

08 (11-06-01) 사회복지 재화나 서비스를 국가가 제공해야 하는 이유에는 '긍정적인 외부효과, 정보의 비대칭성 문제 해결, 역 선택(adverse selection)의 문제 해결' 등이 있다.

09 (10-06-11) 사회복지에 대한 국가 개입 근거에는 '사회복지의 공공재적 성격, 민간보험에서 나타나는 역 선택 문제, 사회적 안정 증진, 소득재분배를 통한 불평등 완화' 등이 있다.

10 (08-06-24) 국가가 의료서비스를 제공해야 하는 근거에는 '의료서비스에 대한 정보의 불균형, 의료서비스의 독과점, 의료서비스의 인본주의적 성격, 의료서비스의 가치재적 성격' 등이 있다.

11 (06-06-01) 국가에 의한 복지정책이 필요한 이유에는 '공공재적 성격, 역 선택, 긍정적 외부효과, 규모의 경제' 등이 있다.

12 (05-06-02) 국가에 의하여 사회복지정책을 실시하는 이유에는 '규모의 경제, 외부경제 발생, 선거영향력 증대, 역 선택의 문제' 등이 있다.

13 (01-06-01) 시장 실패의 원인에는 '공공재, 역의 선택, 불완전한 정보, 외부효과' 등이 있다.

대표기출 확인하기

난이도 ★★☆

국가가 주도적으로 사회복지를 제공해야 할 필요성으로 옳지 않은 것은?

① 역 선택
② 도덕적 해이
③ 규모의 경제
④ 능력에 따른 분배
⑤ 정보의 비대칭

 알짜확인

• 사회복지에 대한 국가 개입의 근거와 관련된 내용을 파악해야 한다.

답 ④

✅ **응시생들의 선택**

① 6%	② 12%	③ 9%	④ 69%	⑤ 4%

④ 시장 실패의 대표적인 유형으로는 공공재 공급의 실패, 외부효과, 정보의 비대칭성, 역 선택, 도덕적 해이, 규모의 경제 등이 있다. 이러한 시장 실패 현상은 사회복지에 있어서 국가 개입의 필요성과 근거로 제시된다. 능력에 따른 분배는 사회적 자원이 능력에 따라 상이하게 배분되므로 자본주의 시장에 의한 분배이다.

➕ **덧붙임**

사회복지에 대한 국가 개입의 근거와 관련해서 시장 실패의 유형을 고르는 형태로도 출제되고, 의료서비스와 관련해서 국가가 주도적으로 제공해야 하는 이유를 고르는 형태로도 출제되고 있다.

관련기출 더 보기

난이도 ★★☆

사회복지정책의 주체 및 그 역할에 관한 설명으로 옳지 않은 것은?

① 긍정적 외부효과가 큰 영역은 민간부문이 담당하는 것이 바람직하다.
② 사회복지정책의 주체는 국가, 지방자치단체, 공공복지기관 등 다양하다.
③ 공공재적 성격이 강한 재화나 서비스는 공공부문이 개입하는 것이 바람직하다.
④ 정보의 비대칭성이 강한 영역은 정부가 개입하는 것이 바람직하다.
⑤ 민간복지기관은 정부 및 공공기관에 의하여 권한을 위임받은 경우 사회복지정책의 주체가 될 수 있다.

답 ①

✅ **응시생들의 선택**

① 73%	② 7%	③ 2%	④ 8%	⑤ 10%

① 특정 재화나 서비스 행위가 제3자에게 의도하지 않은 혜택이나 손해를 가져다주면서도 이에 대한 대가를 받지도 지불하지도 않는 상태를 외부효과라고 한다. 외부효과는 공공재와 유사한 개념이라고 볼 수 있다. 외부효과에는 다른 사람에게 의도하지 않은 혜택을 주면서 이에 대한 보상을 받지 못하는 긍정적 외부효과, 다른 사람에게 의도하지 않은 손해를 입히고도 이에 대한 대가를 지불하지 않는 부정적 외부효과가 있다. 사회복지 재화나 서비스를 국가가 제공하면 이러한 재화나 서비스들이 긍정적인 외부효과를 많이 만들어내지만, 민간부문(시장기제)을 통하여 재화나 서비스를 제공하게 되면 사회적으로 바람직한 수준의 공급이 이루어지지 않는다.

다음 설명에 해당하는 것은?

> 비경합적이고 비배제적인 성격을 지니고 있기 때문에 구성원이 각각 생산에 기여했는지 여부에 관계없이 모든 구성원이 활용할 수 있는 재화를 말한다.

① 비대칭적 정보
② 공공재
③ 외부효과
④ 도덕적 해이
⑤ 역 선택

답 ②

✅ 응시생들의 선택

① 1%	② 97%	③ 1%	④ 1%	⑤ 0%

② 공공재는 어떤 재화와 서비스가 소비에 있어서 비경합성(비경쟁성)과 비배제성(비배타성)이라는 특성을 갖는 경우를 말한다. 여기서 비경합성(비경쟁성)이란 소비에 참여하는 사람의 수가 아무리 많아도 경쟁적인 관계가 나타나지 않는 특성을 말하며, 비배제성(비배타성)은 재화와 서비스에 대해 대가를 치르지 않고 이를 소비하려고 하는 사람의 경우에도 소비를 못하게 할 수 없는 특성을 말한다.

실업보험을 민간시장에서 제공할 때 발생할 수 있는 문제점을 모두 고른 것은?

> ㄱ. 역의 선택(adverse selection)이 나타난다.
> ㄴ. 가입자의 도덕적 해이가 발생할 가능성이 크다.
> ㄷ. 위험발생이 상호의존적이기 때문에 보험료율 계산이 어렵다.
> ㄹ. 무임승차자 문제가 발생한다.

① ㄹ
② ㄱ, ㄷ
③ ㄴ, ㄹ
④ ㄱ, ㄴ, ㄷ
⑤ ㄱ, ㄴ, ㄷ, ㄹ

답 ④

✅ 응시생들의 선택

① 2%	② 14%	③ 9%	④ 33%	⑤ 42%

④ ㄹ. 무임승차자는 비용 부담을 지지 않으면서 그 혜택을 누리는 사람을 말한다. 무임승차자의 문제를 야기하는 것은 민간시장이 아닌 국가가 제공하는 공공재에서 발생한다.

국가가 시장에 개입하는 근거로 옳은 것을 모두 고른 것은?

> ㄱ. 긍정적 외부효과
> ㄴ. 부정적 외부효과
> ㄷ. 비대칭적 정보
> ㄹ. 역 선택

① ㄱ, ㄷ
② ㄴ, ㄹ
③ ㄱ, ㄷ, ㄹ
④ ㄴ, ㄷ, ㄹ
⑤ ㄱ, ㄴ, ㄷ, ㄹ

답 ⑤

✅ 응시생들의 선택

① 6%	② 3%	③ 31%	④ 24%	⑤ 36%

⑤ 국가의 시장개입 필요성에는 '공공재 공급 실패, 외부효과(긍정적/부정적), 정보의 비대칭성과 역 선택, 도덕적 해이, 규모의 경제' 등이 있다.

의료서비스를 국가가 주도적으로 실시해야 한다고 주장하는 근거로 옳지 않은 것은?

① 의료서비스는 가치재(merit goods)의 성격을 갖는다.
② 수요자와 공급자 간의 정보의 비대칭성이 존재한다.
③ 역 선택(adverse selection) 문제가 발생할 수 있다.
④ 도덕적 해이 현상이 발생할 수 있다.
⑤ 위험 발생이 상호 독립적이다.

답 ⑤

✅ 응시생들의 선택

① 14%	② 2%	③ 4%	④ 16%	⑤ 64%

⑤ 위험 발생이 상호 독립적이라면, 위험에 공동으로 대처하거나 위험을 분산시킬 이유가 희박해진다. 따라서 국가의 개입 근거가 될 수 없다. 일반적으로 국가에 의한 사회보험제도는 위험 발생이 상호 연관되어 있으며, 위험을 사회적으로 공동 부담하고 분산하는 것이 필요하다는 것을 근거로 한다.

3 정답훈련

다음 내용이 왜 틀렸는지를 확인해보자

21-06-19

01 정보의 비대칭성이 강한 영역은 **정부의 개입을 최소화하고 민간영역에서 주도적으로 실시**하는 것이 바람직하다.

> 정보의 비대칭성이 강한 영역은 정부가 개입하는 것이 바람직하다.

11-06-01

02 **근로 및 저축동기를 강화하기 위해서** 사회복지 재화나 서비스는 반드시 국가가 제공해야 한다.

> 근로 및 저축동기 강화는 사회복지에 대한 국가 개입의 근거라고 보기는 어렵다. 오히려 신자유주의자들처럼 국가의 사회복지정책이 근로유인과 저축동기를 약화시킨다고 보는 측면도 있다.

03 건강이나 질병과 관련한 현상은 수요가 불확실하기 때문에 **시장을 통한 효율적 자원 배분이 가능**하다.

> 건강이나 질병과 관련한 현상은 수요가 불확실하기 때문에 시장을 통한 효율적 자원 배분이 어렵다.

04 사회복지 재화나 서비스와 같은 **공공재의 경우 공공부문이 제공하면 국민경제에 해가 된다.**

> 사회복지 재화나 서비스와 같은 공공재의 경우 공공부문이 제공하면 국민경제에 해가 되기보다는 오히려 규모의 경제의 장점을 살릴 수도 있다.

05 사회복지를 국가가 제공하면 국민들의 자유가 보장되어 **완전경쟁시장을 달성**할 수 있다.

> 완전경쟁시장에서는 누구나 시장에 자유롭게 진입할 수 있지만 그에 따른 결과는 누구에게나 평등하지 않다. 이러한 시장실패를 교정하기 위해 국가 개입의 필요성이 제기된 것이다.

06 정보의 비대칭성과 역 선택 현상으로 인해 **민간보험의 필요성이 제기**된다.

> 정보의 비대칭성과 역 선택이라는 시장실패 현상 때문에 국가가 운영하는 사회보험의 필요성이 제기된다.

빈칸에 들어갈 알맞은 말을 채워보자

19-06-02
01 (   )은/는 어떤 재화와 서비스가 소비에 있어서 비경합적이고 비배제적인 성격을 지니는 경우를 말한다.

18-06-12
02 공공재에서 발생하는 문제로서 (   )은/는 비용 부담을 지지 않으면서 그 혜택을 누리는 사람을 말한다.

03 특정 재화나 서비스 행위가 제3자에게 의도하지 않은 혜택이나 손해를 가져다주면서도 이에 대한 대가를 받지도 지불하지도 않는 상태를 (   )(이)라고 한다.

06-06-01
04 (   )은/는 생산량이 증가함에 따라 제품의 평균 생산비용이 하락하는 현상을 말한다.

05 (   )(이)란 시장에 대한 정부개입이 자원의 최적 배분 등 본래 의도한 결과를 가져오지 못하거나 기존의 상태를 오히려 악화시키는 것이다.

 답 **01** 공공재 **02** 무임승차자 **03** 외부효과 **04** 규모의 경제 **05** 정부 실패

다음 내용이 옳은지 그른지 판단해보자

20-06-12
01 경제성장의 낙수효과 발생을 위해 사회복지 재화나 서비스는 국가가 제공해야 한다.

18-06-12
02 실업보험을 민간시장에서 제공하면 위험발생이 상호의존적이기 때문에 보험료율 계산이 어렵다.

17-06-25
03 외부효과에는 긍정적 외부효과와 부정적 외부효과가 있다.

12-06-21
04 의료서비스는 가치재(merit goods)의 성격을 갖고 있기 때문에 국가가 주도적으로 실시해야 한다.

05 활발한 경쟁은 시장 실패의 원인이다.

답 **01**× **02**○ **03**○ **04**○ **05**×

(해설) **01** 경제성장의 낙수효과 발생은 국가의 사회복지 제공의 필요성이라고 볼 수 없다.
05 활발한 경쟁은 시장 실패의 원인이라기보다는 시장의 장점이라고 할 수 있다.

2장

사회복지정책의 역사적 전개

이 장에서는

주요 국가의 사회복지정책 발달, 복지국가의 팽창기, 복지국가의 위기와 재편기 등을 다룬다.

10년간 출제분포도

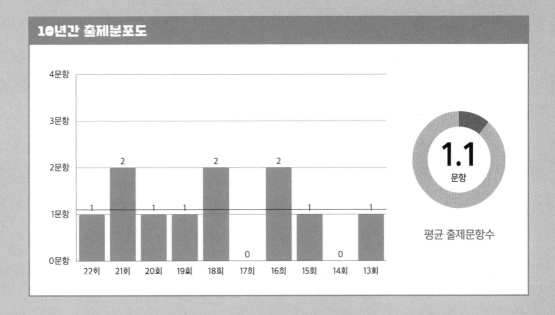

1.1
문항

평균 출제문항수

166 영국 사회복지정책의 역사

강의 QR코드

최근 10년간 **9문항** ★★★ 출제

복습 1 이론요약

영국 구빈제도의 발달

기본개념

사회복지정책론
pp.47~

▶ **엘리자베스 빈민법(1601)**

• 교구 내의 자선에 의한 구빈에는 한계가 있다고 판단하여 **빈민구제의 책임을 교회가 아닌 국가(지방정부)가 최초로** 지게 되었다.

• 빈민구제 업무의 전국적 행정구조를 수립하였고, 지방행정의 책임을 강화하였다.

• 구빈 행정을 담당하는 행정기관을 수립하였으며, 목적세의 성격을 갖는 별도의 세금 (구빈세)을 활용하였다.

• 빈민을 **노동능력자, 노동무능력자 및 빈곤아동(요보호아동)으로 분류**하여 서로 다른 처우를 하였다.

• 모든 교구에 구빈감독관을 임명하여 구빈행정과 지방세(=구빈세) 징수업무를 관장하도록 했다.

▶ **정주법(1662)**

• 빈민의 자유로운 이동을 금지하기 위해, 즉 **거주지를 제한하기 위해 교구와 귀족들의 압력으로 제정된 법**이다.

• 낮은 임금으로 일을 시킬 노동력이 필요한 농업자본가의 이익을 대변한 법이며, 빈민의 주거선택과 이전의 자유를 침해한 것으로서 비판을 받게 되었다.

▶ **작업장법(1722)**

• 작업장을 통한 빈민들의 노동력 활용으로 **구빈세 납부자들의 재정부담을 줄이고 국가 경제에 기여하는 효과**를 기대하였다.

• 빈민의 노동력 활용을 위해 작업장을 적극 활용하고 이를 위해 연합구의 공동작업장을 설치할 수 있도록 하였다.

▶ **길버트법(1782)**

• 작업장에서의 빈민의 비참한 생활과 착취를 개선할 목적으로 제정된 **새로운 인도주의적 구빈제도라고 평가**된다.

• 노동능력이 있는 빈민과 실업자에 대해서는 일자리 또는 구제가 제공되었고(무제한의 원외구제 제공), 노동능력이 없는 빈민에 대해서는 현금급여를 제공하였으며, 그리고 나태한 자에 대해서는 교정을 원칙으로 하였다.

• 교구연합을 허용하였으며 **최초로 유급 구빈사무원(오늘날의 사회복지사)을 채용**했다.

▶ **스핀햄랜드법(1795)**

• 이 법은 전국적으로 실시되었는데, 생계비(빵 가격)와 부양가족 수를 고려하여 빈곤한 저임금 노동자의 임금을 보충하

는 제도였다. 재원은 교구의 구빈세 재원을 활용하였다.

- 스스로 삶을 영위할 수 없는 자와 도움이 필요한 자를 적절히 구분하는 데 있어서 **최초로 대가족(가족 수)을 고려했다는 점**에서 의의를 가지며, 또한 경제적 불황기에 노동자의 보호권리를 인정했다는 점에서도 중요성을 갖는다.
- 고용주들이 낮은 임금을 지불할 유인을 제공하여 임금상승을 억제하고, 임금상승 대신 생계비 지원을 통해 메우려 했다는 비판을 받았다.
- 노동자들도 태만하게 되는 유인이 되어 악순환이 반복되고, 구빈세 부담을 증가시켰다는 비판도 받았다.

▶ 공장법(1833)

- 공장에서 비인도적인 처우를 받는 아동을 위해 만들어진 법으로서, **아동의 노동조건과 작업환경을 개선하기 위한 목적**을 갖는다.
- 아동의 야간노동 금지, 노동시간 제한 등의 노동조건을 개선하기 위한 조치와 일정 연령 이하의 아동 고용을 금지하는 조치를 포함하였다.

▶ 신빈민법(1834)

- 스핀햄랜드법의 임금보조제도를 철폐하였으며, 노동이 가능한 자는 작업장에 배치하였다.
- 병자나 노인, 허약자 및 아동을 거느린 과부에게만 **원외구제를 허용**하였고, 교구 단위의 구호행정을 구빈법 조합으로 통합하였다.
- 지방구빈행정을 감독하고 관리할 **중앙기구를 둘 것을 제안**하였다.
- 주요 원칙으로는 **전국 균일처우의 원칙, 열등처우의 원칙, 작업장 활용의 원칙**이 있다.

베버리지 보고서

- **영국의 사회문제를 5대 사회악, 즉 궁핍(want), 질병(disease), 무지(ignorance), 불결(squalor), 나태(idleness)로 규정**하고, 이를 해결하기 위해 사회보험 및 관련서비스의 필요성을 주장했다.
- 사회보험의 성공을 위한 전제로서 **완전고용, 포괄적 보건의료서비스, 가족(아동)수당의 필요성을 강조**했다.
- 사회보험 운영의 기본원칙(6대 원칙): 행정의 통합화, 적용범위의 포괄화, 정액보험료, 정액급여, 급여의 적절화, 대상의 분류화

01 (22-06-12) 베버리지 보고서를 근거로 하여 가족수당법, 국민부조법 등이 제정되었다.

02 (21-06-01) 1942년 베버리지 보고서에서는 영국의 사회문제를 5대악, 즉 결핍(궁핍), 질병, 무지, 불결, 나태로 규정하였다.

03 (21-06-06) 1662년 정주법은 부랑자들의 자유로운 이동을 금지하였다.

04 (20-06-14) 길버트법은 작업장 노동의 비인도적인 문제에 대응하여 원외구제를 실시하였다.

05 (19-06-04) 신빈민법(New Poor Law)은 국가의 도움을 받는 사람의 처우는 스스로 벌어서 생활하는 최하위 노동자의 생활수준보다 높지 않아야 한다는 원칙을 내용으로 하고 있다.

06 (18-06-01) 길버트법(1782)은 원외구제를 허용하였다.

07 (18-06-11) 베버리지는 사회보험의 성공을 위한 전제조건으로 완전고용, 포괄적 보건의료서비스, 아동(가족)수당을 제시하였다.

08 (16-06-25) 영국의 신빈민법(1834)과 우리나라의 현재 국민기초생활보장제도에서 공통으로 나타나는 원칙은 열등처우의 원칙이다.

09 (15-06-03) 1942년 베버리지 보고서에서 구상한 복지국가 모형은 노령, 장애, 실업, 질병 등과 같은 사회적 위험들을 하나의 국민보험에서 통합적으로 운영한다.

10 (12-06-01) 1834년 신구빈법은 전국적으로 구빈 행정 구조를 통일하였다.

11 (12-06-05) 베버리지 보고서에 나타난 사회보험체계의 내용에 의하면 재정은 피보험자, 고용주, 국가 3자가 부담해야 한다.

12 (11-06-02) 열등처우의 원칙이 적용된 최초의 법은 신구빈법(1834년)이다.

13 (11-06-06) 베버리지는 강제적인 사회보험을 국민최저선 달성을 위해 가장 중요한 제도로 보았다.

14 (10-06-02) 베버리지(Beveridge) 보고서는 사회보장의 본질을 소득보장으로 보고, 포괄적 보건의료서비스는 사회보장 전제조건의 하나로 보았다.

15 (10-06-19) 엘리자베스 구빈법은 빈민을 노동능력 있는 빈민, 노동능력 없는 빈민, 요보호아동으로 구분하였다.

16 (09-06-02) 1834년 신구빈법은 전국 어디서나 빈민들이 동일한 처우를 받도록 하였다.

17 (09-06-05) 베버리지가 제시한 사회보장체계는 모든 사람이 동일한 액수의 보험료를 부담한다.

18 (08-06-03) 스핀햄랜드법은 빈민에 대한 임금보조제도이다.

19 (07-06-02) 영국의 신빈민법(1834년)은 열등처우의 원칙을 적용하였다.

20 (06-06-04) 엘리자베스 구빈법은 빈민통제의 목적을 갖고 있다.

21 (06-06-05) 신구빈법의 제정배경에는 구빈비용의 증가, 산업화의 가속화, 노동력의 상품화 확대 등이 있다.

22 (06-06-07) 베버리지 보고서는 정액급여 원칙, 행정책임 및 행정통합의 원칙을 제시하였다.

23 (02-06-04) 신빈민법은 개인적 빈곤을 강조하였다.

24 (02-06-05) 베버리지 보고서는 아동수당, 포괄적 의료서비스, 고용의 증가 등을 사회보험의 전제조건으로 제시하고 있다.

25 (01-06-02) 베버리지가 언급한 5대 사회악은 결핍(빈곤), 질병, 무지, 불결, 나태이다.

26 (01-06-03) '열등처우의 원칙'은 형평의 원리에 부합된다.

기출확인

대표기출 확인하기

22-06-12 난이도 ★★★

영국 사회복지정책의 역사에 관한 설명으로 옳은 것을 모두 고른 것은?

> ㄱ. 길버트법은 빈민의 비참한 생활과 착취를 개선하기 위해 원외구제를 허용했다.
> ㄴ. 스핀햄랜드법은 빈민의 임금을 보충하기 위해 가족수에 따라 보조금을 지급할 수 있게 했다.
> ㄷ. 신빈민법은 열등처우의 원칙을 적용하였고 원내구제를 금지했다.
> ㄹ. 왕립빈민법위원회의 소수파보고서는 구빈법의 폐지보다는 개혁을 주장했다.
> ㅁ. 베버리지 보고서를 근거로 하여 가족수당법, 국민부조법 등이 제정되었다.

① ㄱ, ㄷ   ② ㄷ, ㅁ
③ ㄱ, ㄴ, ㅁ   ④ ㄴ, ㄷ, ㄹ
⑤ ㄴ, ㄹ, ㅁ

▶ **알짜확인**

• 영국 사회복지정책의 역사적 전개 과정을 파악해야 한다.

답 ③

✅ **응시생들의 선택**

① 6%	② 5%	③ 77%	④ 5%	⑤ 7%

③ ㄷ. 신빈민법은 열등처우의 원칙을 적용하였으며, 노약자, 병자 등 예외적인 경우에만 원외구제를 허용하고 원칙적으로 원내구제를 실시하는 원내구제의 원칙(작업장 활용의 원칙)을 적용하였다.
　ㄹ. 왕립빈민법위원회의 소수파보고서는 빈곤의 원인을 사회구조로 보았기 때문에 구빈법의 폐지를 주장하였다.

➕ **덧붙임**

영국 사회복지정책의 역사는 거의 매년 빠짐없이 출제되고 있는데, 엘리자베스 빈민법, 스핀햄랜드법, 신빈민법 등 주요 구빈제도의 내용부터 베버리지 보고서, 대처 정부의 복지 축소, 블레어 정부의 제3의 길까지의 내용을 역사적 배경과 함께 파악해두어야 한다. 영국의 구빈제도의 변화와 관련해서는 제도적 의의와 특징, 역사적 배경, 순서 등을 함께 비교해서 이해할 필요가 있다.

관련기출 더 보기

21-06-06 난이도 ★★☆

영국 구빈제도의 역사에 관한 설명으로 옳지 않은 것은?

① 1601년 엘리자베스 빈민법은 빈민을 노동능력 있는 빈민, 노동능력 없는 빈민, 빈곤아동으로 분류하였다.
② 1662년 정주법은 부랑자들의 자유로운 이동을 금지하였다.
③ 1782년 길버트법은 원외구제를 허용하였다.
④ 1795년 스핀햄랜드법은 열등처우의 원칙을 명문화하였다.
⑤ 1834년 신빈민법은 노동능력이 있는 빈민에 대한 원외구제를 폐지하였다.

답 ④

✅ **응시생들의 선택**

① 5%	② 7%	③ 7%	④ 63%	⑤ 18%

④ 열등처우의 원칙을 최초로 명문화한 것은 1834년 신빈민법(개정빈민법)이다.

19-06-04 난이도 ★★☆

신빈민법(New Poor Law)에 관한 설명으로 옳지 않은 것은?

① 1832년 왕립위원회(Royal Commission)의 조사를 토대로 1834년에 제정되었다.
② 국가의 도움을 받는 사람의 처우는 스스로 벌어서 생활하는 최하위 노동자의 생활수준보다 높지 않아야 한다는 원칙을 내용으로 하고 있다.
③ 원외구제를 인정하였다.
④ 구빈행정체계를 통일시키고자 하였다.
⑤ 빈민을 가치 있는 빈민과 가치 없는 빈민으로 분류하였다.

답 ③

✅ **응시생들의 선택**

① 6%	② 4%	③ 46%	④ 7%	⑤ 37%

③ 신빈민법은 작업장 활용의 원칙(원내구제의 원칙)을 적용하였다. 노약자, 병자 등 예외적인 경우에만 원외구제를 허용하고 원칙적으로 원내구제를 실시하였다.

1942년 베버리지 보고서에서 구상한 복지국가 모형의 특징이 아닌 것은?

① 빈곤계층을 대상으로 하는 선별적 복지를 강조한다.
② 정액부담과 정액급여의 원리를 바탕으로 한다.
③ 베버리지는 결핍(궁핍), 질병, 무지, 불결, 나태를 5대악으로 규정한다.
④ 정액부담의 원칙은 보험료의 징수와 관련한 행정비용을 절감할 수 있는 효과가 있다.
⑤ 노령, 장애, 실업, 질병 등과 같은 사회적 위험들을 하나의 국민보험에서 통합적으로 운영한다.

답 ①

✔ 응시생들의 선택

① 63%	② 4%	③ 2%	④ 9%	⑤ 22%

① 베버리지 보고서는 포괄성의 원리로서 사회보험 대상의 위험을 포괄하고 사회보험의 조직 형태를 일원화하는 것과 함께 이를 모든 국민에게 적용하는 보편주의를 강조한다. 사회보험으로 해결되지 않는 부분은 국가 부조가 담당해야 한다고 본다. 즉, 국가가 '요람에서 무덤까지' 국민의 전 생애에 걸쳐 건강과 생활에 대하여 책임을 진다는 내용을 담고 있다.

영국의 복지국가 발달과정에 관한 설명으로 옳지 않은 것은?

① 1930년대 경제공황으로 경제문제에 대한 국가개입의 필요성이 증대되었다.
② 베버리지는 강제적인 사회보험을 국민최저선 달성을 위해 가장 중요한 제도로 보았다.
③ 1950년대와 1960년대는 복지국가의 황금기에 해당된다.
④ 베버리지는 결핍(궁핍), 질병, 무지, 불결, 나태를 5대악으로 규정하였다.
⑤ 영국의 구빈법이 공식적으로 폐지된 것은 1차 대전 이전의 일이다.

답 ⑤

✔ 응시생들의 선택

① 16%	② 13%	③ 16%	④ 3%	⑤ 52%

⑤ 공식적으로 구빈법이 폐지된 것은 1948년 국민부조법이 도입되면서였다.

영국 사회복지 역사에 관한 설명으로 옳은 것을 모두 고른 것은?

> ㄱ. 스핀햄랜드법은 가족수당제도의 시초로 불린다.
> ㄴ. 공장법은 아동의 노동 여건을 개선하였다.
> ㄷ. 1834년 신구빈법은 전국적으로 구빈 행정 구조를 통일하였다.
> ㄹ. 1911년 국민보험법은 건강보험과 실업보험으로 구성되었다.

① ㄱ, ㄴ, ㄷ   ② ㄱ, ㄷ
③ ㄴ, ㄹ   ④ ㄹ
⑤ ㄱ, ㄴ, ㄷ, ㄹ

답 ⑤

✔ 응시생들의 선택

① 46%	② 26%	③ 5%	④ 2%	⑤ 21%

⑤ 모두 영국의 사회복지 역사에 관한 내용으로 옳은 내용이다.

베버리지(Beveridge) 보고서에 관한 설명으로 옳지 않은 것은?

① 사회보장의 본질을 소득보장으로 보고, 포괄적 보건의료 서비스는 사회보장 전제조건의 하나로 보았다.
② 국민 최저선 보장을 위해 사회보장에서 공공부조가 가장 중요하다고 보았다.
③ 5대악 중 궁핍을 제거하기 위한 것이 사회보장이라고 보았다.
④ 완전고용을 사회보장 전제조건의 하나로 보았다.
⑤ 가족수당을 사회보장 전제조건의 하나로 보았다.

답 ②

✔ 응시생들의 선택

① 10%	② 39%	③ 20%	④ 6%	⑤ 25%

② 베버리지 보고서는 1942년 포괄적이고 통합적인 사회보험 시스템 설계를 제안하였다. 국민연대성에 기반을 둔 국민 최저선의 보장을 기초로 하는 사회보장의 원칙을 제시하면서 사회보험 및 관련 서비스의 필요성을 주장했다.

3 정답훈련

다음 내용이 **왜 틀렸는지**를 확인해보자

`18-06-11`

01 베버리지는 사회보험의 성공을 위한 3대 전제로서 **차별적 고용, 선별적 보건의료서비스, 최저임금의 필요성을** 강조했다.

> 베버리지는 사회보험의 성공을 위한 3대 전제로서 완전고용, 포괄적 보건의료서비스, 아동(가족)수당의 필요성을 강조했다.

`16-06-25`

02 **개별성의 원칙**은 영국의 신빈민법과 우리나라의 국민기초생활보장제도에서 공통으로 나타나는 원칙이다.

> 영국의 신빈민법과 우리나라의 국민기초생활보장제도에서 공통으로 나타나는 원칙은 열등처우의 원칙이다.

`10-06-19`

03 **길버트법**은 빈민을 노동능력 있는 빈민, 노동능력 없는 빈민, 요보호아동으로 구분하였다.

> 빈민을 노동능력 있는 빈민, 노동능력 없는 빈민, 요보호아동으로 구분한 것은 엘리자베스 구빈법이다.

---

04 **작업장법**은 빈민의 자유로운 이동을 금지하기 위해, 즉 거주지를 제한하기 위해 교구와 귀족들의 압력으로 제정된 법이다.

> 빈민의 자유로운 이동을 금지하기 위해, 즉 거주지를 제한하기 위해 교구와 귀족들의 압력으로 제정된 법은 정주법이다.

`09-06-05`

05 베버리지가 제시한 사회보장체계는 욕구에 따른 **차등급여를 원칙**으로 한다.

> 베버리지는 소득의 높고 낮음에 상관없이 모든 사람들에게 동일한 급여 제공을 원칙으로 했다.

빈칸에 들어갈 알맞은 말을 채워보자

12-06-05
01 (   )의 내용에는 일반적인 사회적 위험을 모두 포함해야 하며, 재정은 피보험자, 고용주, 국가 3자가 부담해야 한다고 언급되어 있다.

02 (   )은/는 스스로 삶을 영위할 수 없는 자와 도움이 필요한 자를 적절히 구분하는 데 있어서 최초로 대가족(가족 수)을 고려했다는 점에서 의의를 가진다.

11-06-02
03 열등처우의 원칙이 적용된 최초의 법은 (   )이다.

04 신빈민법의 (   )은/는 노약자, 병자 등 예외적인 경우에만 원외구제를 허용하고 원칙적으로 원내구제를 실시한다는 것이다.

06-06-04
05 엘리자베스 구빈법은 빈민구제 비용으로 (   )을/를 활용하였다.

06 (   )은/는 공장에서 비인도적인 처우를 받는 아동을 위해 만들어진 법으로서, 아동의 노동조건과 작업환경을 개선하기 위한 목적을 갖는다.

07 (   )은/는 노동능력이 있는 빈민들은 작업장에 들어가길 꺼려 구호를 신청하지 않는 경우도 많았으며 경제성이 떨어진다는 지적도 있었다.

08 (   )은/는 국가의 도움을 받는 사람의 처우는 스스로 벌어서 생활하는 최하위 노동자의 생활보다 더 높지 않아야 한다는 원칙이다.

답 **01** 베버리지 보고서   **02** 스핀햄랜드법   **03** 신빈민법   **04** 작업장 활용의 원칙(원내구제의 원칙)   **05** 구빈세   **06** 공장법
07 작업장법   **08** 열등처우의 원칙

다음 내용이 옳은지 그른지 판단해보자

01 `21-06-01`
베버리지는 결핍(궁핍), 질병, 무지, 불결, 나태를 5대 사회악으로 규정한다.　　◎ ⊗

02 `20-06-14`
신빈민법은 전국 균일처우의 원칙, 열등처우의 원칙, 작업장 활용의 원칙 등을 내세웠다.　　◎ ⊗

03 엘리자베스 빈민법은 빈민구제의 책임을 교회가 아닌 국가(지방정부)가 최초로 지게되었다는 점에서 의의가 있다.　　◎ ⊗

04 `12-06-01`
1834년 신구빈법은 전국적으로 구빈 행정 구조를 통일하였다.　　◎ ⊗

05 작업장법은 빈민의 주거선택과 이전의 자유를 침해하였다는 비판을 받았다.　　◎ ⊗

06 `11-06-06`
베버리지는 강제적인 사회보험을 국민최저선 달성을 위해 가장 중요한 제도로 보았다.　　◎ ⊗

07 길버트법은 노동능력이 없는 빈민에 대해서는 현금급여를 제공하였으며, 나태한 자에 대해서는 교정을 원칙으로 하였다.　　◎ ⊗

08 엘리자베스 빈민법은 빈곤아동을 고아 또는 기아로서 위탁가정에 보내거나 장인에게 봉사를 하는 도제생활을 하게 하였다.　　◎ ⊗

09 길버트법은 원외구제에서 원내구제로 전환하였다.　　◎ ⊗

10 영국에서 집권한 자유당은 1908년에는 노령연금법, 1911년에는 건강(의료)보험과 실업보험으로 구성된 국민보험법을 도입하였다.　　◎ ⊗

답 01○ 02○ 03○ 04○ 05× 06○ 07○ 08○ 09× 10○

해설 **05** 정주법은 낮은 임금으로 일을 시킬 노동력이 필요한 농업자본가의 이익을 대변한 법이며, 빈민의 주거선택과 이전의 자유를 침해한 것으로서 비판을 받게 되었다.
09 길버트법은 원내구제에서 원외구제로 전환하였다.

1회독	2회독	3회독
월 일	월 일	월 일

최근 10년간 **2문항** 출제

이론요약

독일 사회복지정책의 역사

▶ **독일 사회보험제도의 도입**

- 자유주의자와 보수주의자들은 사회보험의 강제성을 받아들일 수 없었고 국가의 권력 강화와 관료화를 초래할 것이라며 우려를 나타냈다. 사회주의자들은 사회보험이 노동자들을 국가복지의 노예로 만들 수 있으며 근본적인 개혁을 가로막는다는 점에서 도입에 반대하였다.

- 1883년 제정된 질병(건강)보험은 세계 최초의 사회보험이며 육체노동자와 저임금 화이트칼라 노동자를 대상으로 하였다.

- 1884년 산재보험은 사용자만의 보험료 부담으로 운영되었다.

- 1889년 노령폐질연금이 육체노동자와 저임금 화이트칼라 노동자를 대상으로 시행되었으며 노동자와 사용자가 동일한 보험료를 지불하였다.

▶ **독일 사회보험 도입의 의의**

- 비상사태에 처한 빈민들을 임시적·응급적으로 지원하고자 한 빈민법적 구제와는 달리 사회보험은 제도화된 일상적 수단을 통해 빈곤을 예방하는 데 초점을 둔다.

- 사회보험은 특정의 위기가 발생했을 때 가입자의 소득을 보장하는 데 중점을 둔다.

- 여성과 아동들이 과거의 빈민구제의 주요 수혜자였던 것과는 달리 사회보험의 주요 수혜자는 취업한 남성 노동자들이다.

미국 사회복지정책의 역사

▶ **뉴딜정책**

- 루즈벨트는 전문 자문단(Brain Trust)을 조직하여 구제(Relief), 부흥(Recovery) 및 개혁(Reform)의 과업(3R)을 목적으로 하는 뉴딜정책을 발표하였다.

- 뉴딜정책은 자유방임주의가 아닌 적극적인 국가개입을 주장하였다. 대규모 공공사업을 통하여 일자리를 확충하고 실업을 줄이며, 소득과 소비를 확대시키기 위한 뉴딜정책은 케인스주의를 사상적 배경으로 한다.

기본개념

강의로 보는 **기본개념**

사회복지정책론
pp.56~

▶ 사회보장법(1935)

• **미국의 사회보장법(1935)은 최초로 사회보장(Social Security)이라는 용어를 공식화**했다는 데에 의의가 있다.

• 사회보장법은 연방정부가 재정과 운영을 담당하는 노령연금과 주정부가 운영하고 연방정부가 재정을 지원하는 실업보험, 그리고 주정부가 운영하고 연방정부가 재정을 지원하는 공공부조와 사회복지서비스로 구성되었다.

• 빈곤에 대한 국가 책임이 명시되었으며 국민의 생활을 보장하는 데 있어서 연방정부의 책임을 규정하였다.

기출문장 CHECK

01 (12-06-02) 독일의 비스마르크 사회보험은 세계 최초의 사회보험제도이다.

02 (12-06-06) 1935년 미국의 사회보장법에 의하면 노령연금은 연방정부가 재정과 운영을 담당하였다.

03 (11-06-03) 독일 사회민주당은 비스마르크의 사회보험 도입에 비판적인 입장이었으며, 실질적으로 비스마르크에 의해 주도되었다.

04 (09-06-07) 미국의 1935년 사회보장법(Social Security Act)에서는 사회보장이라는 용어가 최초로 사용되었다.

05 (04-06-06) 독일 비스마르크 집권기에 도입된 보험에는 질병보험, 산재보험, 노령(폐질)연금 등이 있다.

06 (02-06-06) 사회보험 제도를 가장 먼저 도입한 국가는 독일이다.

07 (02-06-07) 최근의 미국 복지개혁에서 TANF는 AFDC를 개편한 공공부조제도이다.

08 (01-06-04) 미국의 사회보장법이 최초로 제정된 해는 1935년이다.

12-06-02
난이도 ★★★

독일의 비스마르크 사회보험에 관한 설명으로 옳지 않은 것은?

① 세계 최초로 사회보험제도를 도입하였다.
② 상호부조 조직인 공제조합을 기원으로 하였다.
③ '자조'의 원칙을 강조한 자유주의자의 주도로 입법되었다.
④ 사회주의자는 노동자를 국가복지의 노예로 만드는 것으로 보아 산재보험 도입을 반대하였다.
⑤ 노동자의 충성심을 국가로 유도하기 위해 기획되었다.

 알짜확인

• 독일 사회복지정책의 역사적 전개 과정을 파악해야 한다.
• 미국 사회복지정책의 역사적 전개 과정을 파악해야 한다.

답 ③

✔ 응시생들의 선택

① 10%	② 9%	③ 34%	④ 39%	⑤ 8%

③ 자조나 사적 자선을 강조하는 자유주의자와 보수주의자들은 사회보험의 강제성을 받아들일 수 없었고, 사회주의자들은 사회보험이 노동자들을 국가복지의 노예로 만들 수 있으며 근본적인 개혁을 가로 막는다는 점에서 도입에 반대하였다.

➕ 덧붙임

독일 사회복지정책의 역사에서는 주로 사회보험의 도입 배경과 비스마르크 사회보험의 주요 내용에 관한 문제가 출제되고 있다. 미국 사회복지정책의 역사에서는 사회보장법에 관한 문제가 주로 출제되고 있다. 독일과 미국 사회복지정책의 역사에 관한 문제는 최근 시험에서 단독 문제로 출제되고 있지는 않지만, 영국 사회복지정책의 역사와 함께 전반적인 사회복지정책의 역사를 묻는 문제에서 선택지로 자주 다뤄지므로 반드시 꼼꼼하게 정리해야 한다.

12-06-06
난이도 ★★☆

1935년 미국의 사회보장법에 관한 설명으로 옳지 않은 것은?

① 빈곤의 사회구조적 원인에 관한 인식 증가
② 실업보험은 주정부가 운영
③ 노령연금은 연방정부가 재정과 운영을 담당
④ 사회주의 이념 확산에 따른 노동자 통제 목적
⑤ 공공부조에 대한 연방정부의 재정 지원

답 ④

✔ 응시생들의 선택

① 2%	② 37%	③ 7%	④ 49%	⑤ 5%

④ 사회주의 세력이 미약했던 당시 미국의 상황을 고려할 때 적절하지 않은 설명이다.

11-06-03
난이도 ★☆☆

독일 비스마르크의 사회입법에 관한 설명으로 옳은 것은?

① 1883년 제정된 질병(건강)보험은 세계 최초의 사회보험이다.
② 1884년 산재보험의 재원은 노사가 반씩 부담하였다.
③ 1889년 노령폐질연금이 전 국민을 대상으로 시행되었다.
④ 사회민주당이 사회보험 입법을 주도하였다.
⑤ 질병(건강)보험은 전국적으로 일원화된 통합적 조직에 의하여 운영되었다.

답 ①

✔ 응시생들의 선택

① 72%	② 4%	③ 6%	④ 11%	⑤ 7%

② 노동자는 보험료를 내지 않고, 사용자만의 보험료 부담으로 운영되었다.
③ 육체노동자와 저임금 화이트칼라 노동자를 대상으로 하였다.
④ 사회민주당은 비스마르크의 사회보험 도입에 비판적인 입장이었으며, 실질적으로 비스마르크에 의해 주도되었다.
⑤ 다양한 공제조합이 토대가 되었으며, 기존의 임의조직, 자조조직을 활용하여 국가적인 감독 하에 운영되었다.

다음 내용이 왜 틀렸는지를 확인해보자

01 미국의 루즈벨트는 **구제(Relief), 혁명(Revolution), 개혁(Reform)의 과업(3R)을 목적으로 하는 뉴딜정책을 발표**하였다.

> 루즈벨트는 전문 자문단을 조직하여 구제(Relief), 부흥(Recovery), 개혁(Reform)의 과업(3R)을 목적으로 하는 뉴딜정책을 발표하였다.

11-06-03
02 1893년 독일에서 제정된 질병(건강)보험은 세계 최초의 사회보험이다.

> 1883년 제정된 질병(건강)보험은 세계 최초의 사회보험이며, 육체노동자와 저임금 화이트칼라 노동자를 대상으로 하였다.

03 독일 비스마르크 사회보험은 **자조를 강조하는 자유주의자들의 주도로 입법**되었다.

> 자조와 사적 자선을 강조하는 자유주의자들과 보수주의자들은 사회보험의 강제성에 대해 격렬히 반대했다.

04 1884년 독일의 산재보험은 **노동자와 사용자가 동일한 보험료를 지불**하였다.

> 산재보험은 사용자만의 보험료 부담으로 운영되었다.

05 독일 사회보험의 주요 수혜자는 **여성과 아동들**이다.

> 사회보험의 주요 수혜자는 취업한 남성 노동자들이다.

06 미국의 사회보장법은 **연방정부가 노령연금 및 실업보험에 관한 재정과 운영을 담당**하도록 규정했다.

> 노령연금은 연방정부가 재정과 운영을 담당하고, 실업보험은 연방정부의 재정 지원으로 주정부가 운영하였다.

빈칸에 들어갈 알맞은 말을 채워보자

01 독일의 사회보험 도입에 결정적으로 중요한 역할을 했던 사람은 (   )이다.

`12-06-02`

02 독일의 (   )은/는 사회보험이 노동자들을 국가복지의 노예로 만들 수 있으며 근본적인 개혁을 가로막는다는 점에서 도입에 반대하였다.

---

03 (   )이 강한 독일 비스마르크의 사회보험은 국가 주도하에 역사상 처음으로 실시한 것이다.

`09-06-07`

04 1935년 미국의 (   )은/는 최초로 사회보장(Social Security)이라는 용어를 공식화했다는 데에 의의가 있다.

---

05 대규모 공공사업을 통하여 일자리를 확충하고 실업을 줄이며, 소득과 소비를 확대시키기 위한 미국의 뉴딜정책은 (   )을/를 사상적 배경으로 한다.

`02-06-07`

06 미국 사회복지정책 중 (   )은/는 AFDC를 개편한 공공부조제도이다.

 답 **01** 비스마르크 **02** 사회주의자들 **03** 공제조합적 성격 **04** 사회보장법 **05** 케인스주의 **06** TANF

다음 내용이 옳은지 그른지 판단해보자

01 독일 비스마르크 사회보험은 노동자의 충성심을 국가로 유도하기 위해 기획되었다. ◎ ✕

02 독일에서는 1889년 노령폐질연금이 전 국민을 대상으로 시행되었다. ◎ ✕

03 독일의 사회보험은 자선이 아니라 권리로서의 복지개념에 더 잘 부합한다는 의의가 있다. ◎ ✕

04 미국의 뉴딜정책은 자유방임주의가 아닌 적극적인 국가개입을 주장하였다. ◎ ✕

05 미국의 사회보장법에서 명시한 공공부조 프로그램은 노령부조, 요보호맹인부조, 요보호아동부조 등을 포함하는 3개 집단을 위한 프로그램으로 연방의 지원을 받는 제도이다. ◎ ✕

06 미국의 사회보장법 제정으로 도입된 사회보험은 실업보험과 건강보험이다. ◎ ✕

07 미국의 사회보장법은 빈곤에 대한 국가의 책임이 명시되어 있다. ◎ ✕

08 1889년 독일의 노령폐질연금의 보험료는 사용자가 전액 지불하였다. ◎ ✕

답 01 ○ 02 ✕ 03 ○ 04 ○ 05 ○ 06 ✕ 07 ○ 08 ✕

해설 02 1889년 노령폐질연금은 육체노동자와 저임금 화이트칼라 노동자를 대상으로 하였다.
06 미국의 사회보장법 제정 당시 도입된 사회보험은 노령연금과 실업보험이다.
08 1889년 노령폐질연금은 노동자와 사용자가 동일한 보험료를 지불하였다.

강의 QR코드

★★★ 최근 10년간 **3문항** 출제

이론요약

복지국가의 팽창기(1945~1970년대 중반)

- 1945~1970년대 중반은 국가–자본–노동 간에 형성된 화해구도와 복지국가 정착기 동안 구축된 다양한 복지제도가 빠르게 정비 및 발전된 시기이다.
- 복지국가 발전의 개념: 복지혜택의 포괄성, 적용범위의 보편성, 복지혜택의 적절성, 복지혜택의 재분배 효과

기본개념

강의로 쌓는
기본개념

사회복지정책론
pp.63~

복지국가의 위기와 재편기(1970년대 중반~현재)

▶ **복지국가의 위기**

- 경제적 측면: <u>경제 상황이 악화되었고, 재정수입이 감소</u>하면서 복지국가의 재정 위기가 초래하였다.
- 사회적 측면: <u>인구와 가족, 그리고 노동시장의 구조변화</u>와 함께 복지수요가 크게 증대하였다.
- 정치적 측면: 전통적으로 복지국가를 지지해온 대표적인 집단인 <u>노동자계급의 구성이 다양화</u>되었으며, 노동조합과 사민주의 정당으로 대표되는 <u>복지국가의 정치적 기반이 약화</u>되었다.

▶ **복지국가의 재편**

- 1970년대 중반 이후의 변화: 수급요건이 강화되고, 급여수준이 하향되었으며, 급여기간이 단축되었다.
- 베버리지·케인지언 복지체제(완전고용과 수요관리정책, 대량생산 대량소비, 기여기반 보험원칙, 시민권에 기초한 소득이전, 집합적 소비형태 강조)에서 슘페테리언 워크페어 체제(혁신과 경쟁, 노동과 복지를 연계, 복지의 생산적 역할 강조, 노동비용 축소)로 변화하였다.

01 (16-06-08) 서구 복지국가의 위기 이후 계층 간 소득불평등은 심화되었다.

02 (13-06-06) 복지국가 위기의 원인으로는 경기침체와 국가재정위기, 관료 및 행정기구의 팽창과 비효율성, 포디즘적 생산방식의 비효율성, 독점자본주의의 축적과 정당화 간의 모순 등이 있다.

03 (09-06-06) 신자유(보수)주의 이념이 확산되면서 복지국가 위기론이 등장하게 되었다.

04 (08-06-09) 복지국가 위기 이후 복지와 노동의 연계가 강조되었다.

05 (08-06-10) 복지국가 위기 이후 복지공급 주체가 다원화되었다.

06 (07-06-05) 근대 복지국가의 발전은 시민적 권리의식의 확대에 의해 영향을 받았다.

07 (06-06-06) 서구 복지국가 위기의 이유로는 실업률 상승, 산업구조 변화, 낮은 경제성장률, 재정 적자의 증가 등이다.

08 (05-06-04) 복지국가 확대기에는 민주주의 확산, 자본주의 산업화의 성장 등을 배경으로 하고 있다.

09 (05-06-05) 최근 복지국가는 복지공급 주체의 다양화, 권리와 의무의 조화를 강조하고 있다.

10 (04-06-05) 복지국가의 성장으로 나타날 수 있는 긍정적인 영향으로는 사회통합 증진, 시민권 보장 등이 있다.

11 (02-06-08) 복지국가 발달의 계기에는 시민권 확대, 인구의 고령화, 노동자 계급의 정치적 영향력 증가 등이 있다.

대표기출 확인하기

13-06-06
난이도 ★☆☆

복지국가 위기의 원인으로 옳지 않은 것은?

① 경기침체와 국가재정위기
② 관료 및 행정기구의 팽창과 비효율성
③ 포디즘적 생산방식의 비효율성
④ 독점자본주의의 축적과 정당화 간의 모순
⑤ 복지혼합(welfare mix)을 통한 정부와 민간의 역할 조정

 알짜확인

• 복지국가 전개의 시대적 흐름과 변화를 파악해야 한다.

답 ⑤

✅ **응시생들의 선택**

① 0%	② 3%	③ 6%	④ 8%	⑤ 83%

⑤ 복지혼합은 복지국가 위기의 원인이라기보다는 복지국가 위기 이후 국가의 역할이 상대적으로 후퇴되고, 민간기업과 비영리 조직의 역할이 부각되면서 확산된 개념이다.

➕ **덧붙임**

복지국가의 전개와 관련해서는 시대적 변화의 흐름을 이해하는 것이 중요하다. 복지국가의 팽창기, 복지국가의 위기와 재편기 등 시대적 변화의 흐름에 따른 주요 사건들과 내용을 파악해야 한다.

관련기출 더 보기

09-06-06
난이도 ★☆☆

복지국가 위기론이 등장하게 된 사회경제적 배경으로 볼 수 없는 것은?

① 신자유(보수)주의 이념의 확산
② 냉전체제의 붕괴
③ 국가 – 자본 – 노동 간의 화해적 정치구조 균열
④ 스태그플레이션의 심화
⑤ 소품종 대량생산 체계의 약화

답 ②

✅ **응시생들의 선택**

① 2%	② 88%	③ 3%	④ 3%	⑤ 4%

② 냉전체제는 2차 세계대전 이후 사회주의 진영과 자본주의 진영 간의 대립과 갈등을 의미하는 것으로, 1990년 독일의 통일, 1991년 소련의 붕괴로 해체되었다고 할 수 있다. 이것은 복지국가 위기론이 등장한 이후에 일어난 사건들이다.

08-06-09
난이도 ★☆☆

복지국가에 대한 설명으로 옳은 것은?

① 산업화와 관련이 없다.
② 복지국가의 황금기는 1970년대 중반 이후이다.
③ 복지국가 위기 이후 국가개입이 강화되었다.
④ 복지국가 위기 이후 복지와 노동의 연계가 강조되었다.
⑤ 미쉬라는 복지국가를 적극적 국가, 사회보장국가, 사회복지국가로 분류하였다.

답 ④

✅ **응시생들의 선택**

① 1%	② 6%	③ 4%	④ 81%	⑤ 8%

① 산업화, 경제공황 등으로 발생한 사회문제들은 사회복지제도의 등장과 복지국가 성립의 기반이 되었다.
② 복지국가의 황금기는 1945년 이후부터 1970년대 중반까지이다.
③ 복지국가의 위기 이후 국가개입 및 복지를 축소하자는 목소리가 높아졌다.
⑤ 미쉬라는 복지국가를 분화된 복지국가와 통합된 복지국가로 구분하였다.

다음 내용이 왜 틀렸는지를 확인해보자

`16-06-08`

01 서구 복지국가의 위기 이후 **계층 간 소득불평등은 완화**되었다.

> 서구 복지국가의 위기 이후 계층 간 소득불평등은 심화되었다. 복지국가 위기 이후 신자유주의가 대두되면서 복지지출이 감축되었고 이는 자연스럽게 계층 간 소득불평등을 심화시켰다.

`08-06-10`

02 복지국가 위기 이후 국가개입 및 복지 축소를 주장하는 **사회민주주의가 등장**하였다.

> 복지국가 위기 이후 국가개입 및 복지 축소를 주장하는 신자유주의가 등장하였다. 이들은 국가의 개입을 비판하고 복지국가의 해체를 통해 자유시장 체제를 확고히 하려는 이데올로기적 공세를 전개했다.

---

03 우리나라는 복지재편 방식으로서 **현금급여를 확대하는 데 초점**을 두고 있다.

> 우리나라는 복지재편 방식으로서 현금급여의 확대가 아닌 서비스 영역의 확대에 초점을 둔다.

---

04 우리나라의 복지재편 방향은 **복지제도의 전국적 통일성을 기하기 위해 중앙집권화를 강조**하고 있다.

> 지방분권화와 함께 복지제도 역시 각 지역의 특성에 맞는 서비스 개발이 강조되고 있다.

---

05 **실용주의적 관점**에서 복지국가의 위기는 국가의 사회복지 프로그램에 대한 지나친 지출에서 위기를 초래했다고 본다.

> 신보수주의적 관점에서 복지국가의 위기는 국가의 사회복지 프로그램에 대한 지나친 지출에서 위기를 초래했다고 본다.

빈칸에 들어갈 알맞은 말을 채워보자

01 우리나라의 복지재편 방식으로서 생산적 복지국가와 (　　　　　　　)을/를 강조하고 있는데, 가장 대표적인 정책으로는 자활사업과 근로장려세제가 있다.

02 1973년의 유가폭등을 불러온 (　　　　　　)은/는 제2차 세계대전 이후 30년간 지속되어 온 복지국가의 안정체제를 뒤흔드는 결정적인 계기가 되었다.

`13-06-06`
03 (　　　　　　)의 비효율성은 복지국가 위기의 원인이 되었다.

 01 근로연계복지　**02** 오일쇼크　**03** 포디즘적 생산방식

다음 내용이 옳은지 그른지 판단해보자

01 1980년대 이후 복지국가의 위기를 극복하기 위하여 복지공급 주체가 다양화되고 있다.　

02 신마르크스주의자들은 축적과 정당화라는 모순적 기능에서 복지국가 위기의 원인을 찾는다.　

`07-06-05`
03 근대 복지국가의 발전은 시민적 권리의식의 확대에 의해 영향을 받았다.　

 01 ○　**02** ○　**03** ○

3장

사회복지정책 관련
이론과 사상

이 장에서는

사회복지제도의 발달 관련 이론, 사회복지와 복지국가를 유형화하는 이론, 복지국가 분석에 관한 이론, 사회복지정책과 관련된 이데올로기와 사상적 조류 등을 다룬다.

10년간 출제분포도

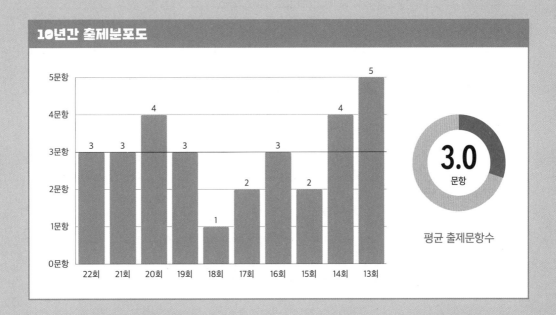

평균 출제문항수

169 사회복지정책 발달이론 및 복지국가 분석이론

강의 QR코드

 1회독 월 일
 2회독 월 일
 3회독 월 일

최근 10년간 **9문항** 출제 ★★★

이론요약

사회복지정책 발달이론

기본개념

사회복지정책론
pp.76~

▶ 사회양심론

- 각 개인이 가지고 있는 타인에 대한 사랑, 사회적 의무감 등이 국민들의 지식 향상에 의해 점차 증대되면서 사회정책이 발전되었다고 보는 이론이다.
- 인도주의에 기초하며, **사회복지정책을 국가의 자선활동**으로 간주한다.

▶ 산업화이론

- 산업화 과정에서 사회경제적 변화를 통해 새로운 욕구와 사회문제가 생겨났고, 산업화가 촉진한 경제성장을 통해 사회복지재원이 증가하게 되면서 <u>산업화로 인한 사회문제 및 사회적 욕구에 대응하기 위해 사회복지제도가 확대</u>된다.
- 산업화는 경제성장을 가져와 문제해결에 동원할 수 있는 자원을 마련해 주며, 높은 수준의 노동력을 필요로 한다는 점에서 사회복지정책의 필요성도 가지고 있다.
- 대표적인 학자로는 윌렌스키(Wilensky)와 르보(Lebeaux)가 있다.

▶ 시민권론

- 시민권은 한 사회의 구성원에게 부여되는 지위로 그 지위를 지니는 모든 이들은 그것이 부여하는 권리와 의무의 측면에서 동등하다고 본다.
- 시민권을 공민권, 참정권과 같은 정치권, 복지권과 같은 사회권으로 발전하는 진화적인 과정으로 설명한다.
- 불평등한 계급구조와 평등주의적 시민권이 양립할 수 있다고 본다.

▶ 음모이론

- 사회복지정책의 주목적이 인도주의나 양심의 실현이 아니라 **사회안정 및 사회질서의 유지와 사회통제**라는 관점의 이론이다.
- 사회양심론과 정반대의 입장이다.

▶ 근대화론(확산이론)

- 근대화론(확산이론)은 근대 국가들이 발전하면서 그 발전이 확산되어 전통적 국가들에게 영향을 미친다고 보았다.
- 서구사회의 발전모형을 기초로 근대화를 사회발전의 가장 중요한 요소로 강조하며, 진화론적인 입장을 취한다.
- <u>서로 지리상으로 인접한 국가나 긴밀한 관계에 있는 국가 간에 정책이 확산</u>되어 간다는 이론이다.

- 복합적이고 다양한 세계적 차원의 요인들이 어떻게 특정한 한 국가의 사회복지정책의 도입과 발전 과정에 영향을 미치는지를 제대로 설명하지 못한다는 비판이 있다.

▶ **종속이론**
- 세계경제의 중심부 국가(선진 자본주의 국가)의 발전과 주변부 국가(제3세계 저개발 국가, 특히 라틴 아메리카)의 저발전 사이의 관계를 분석하고 저발전의 원인을 설명하려고 시도한다.
- 제3세계의 저발전과 빈곤은 국가 내부의 문제라기보다는 **중심부 국가들과의 불균등 교환이나 착취 관계에 기인한 것**으로 보고 종속관계의 단절을 주장한다.

▶ **엘리트이론**
- **사회는 소수의 엘리트 집단을 정점으로 한 피라미드 구조**로 이루어져 있으며, 정책은 엘리트로부터 대중에게 일방적·하향적으로 전달되고 집행될 뿐 대중들의 요구와 비판은 수용되지 않는다는 입장의 이론이다.
- 탁월한 능력의 정책결정자들의 선호·가치에 따라 제도를 결정한다.

▶ **독점자본이론**
- 전통적인 마르크스주의에 이론적 뿌리를 두고 있으며, <u>고도화된 독점자본주의에 대한 분석을 통해 복지국가의 발전을 설명</u>하고 있다.
- 독점자본이론은 도구주의적 관점, 구조주의적 관점, 계급투쟁의 관점으로 구분할 수 있다.

복지국가 분석이론

▶ **신마르크스주의 이론**
- 복지국가 발전을 독점자본주의의 속성과 관련시켜 분석한다.
- 복지정책은 **자본축적의 위기나 정치적 도전을 수정하기 위한 수단**으로 본다.
- **독점자본의 필요성에 의해 복지국가가 등장하고 발전**했다고 보는 이론이다.
- 자본축적과 정당화라는 동시에 추구되기 힘든 두 가지 기능의 모순에 의해 복지국가의 위기가 발생한다.

▶ **조합주의 이론**
- **자본-노동-국가 3자가 협력**하여 국가와 사회경제정책을 결정한다.
- 자본가는 높은 임금을, 국가는 복지 혜택을 제공하는 대신 노동자로부터 산업평화를 보장받는 협동적 정책을 추구한다.

▶ **사회민주주의 이론**
- 복지국가는 자본과 노동의 계급투쟁에서 **노동자 계급이 얻어낸 성과물**이라고 본다.
- 복지국가의 발전을 노동자계급의 정치적 권력이 확대된 결과로 본다.
- 복지국가의 발전 요인으로 좌파정당, 노동조합의 성장 등 정치적 변수에 주목한다.
- 사회민주주의 이론 중에서 특히 복지국가의 발전을 설명하는 데 중요한 흐름을 차지하고 있는 것은 **권력자원이론**(power resource theory)이다. 복지국가의 발전을 노동자계급의 정치적 권력이 확대된 결과로 본다. 자본과 노동의 계급 갈등에 초점을 맞추며, 복지국가의 발전 요인으로 좌파정당, 노동조합의 성장 등 정치적 변수에 주목한다.

▶ **국가중심이론**
- 사회복지의 수요 증대에 초점을 맞춘 이론들과 달리, **사회복지의 공급 측면에 초점**을 두고 복지국가 발전을 설명하는 이론이다.
- 국가 자체의 독특한 내적 논리나 구조를 더 강조하거나 국가 자체를 독특한 이해관계를 가진 행위자로 보는 입장이다.

▶ **이익집단 정치이론**
- 복지국가의 발달이 **다양한 이익집단들의 이익추구 과정**에서 나타났다고 보는 입장이다.
- 민주주의 제도가 발달되지 않았거나 이익집단보다 계급의 힘이 중요한 국가들의 경우에는 적합하지 않은 단점이 있다.

01 (20-06-23) 마샬(T. H. Marshall)에 따르면 시민권은 공민권, 참정권, 사회권 순서로 발전하였고, 사회복지정책은 사회권이 발달한 결과이다.

02 (19-06-03) 사회양심론은 인도주의에 기초하고 있다.

03 (18-06-04) 구조기능주의론에 의하면 사회복지는 산업화, 도시화에 따른 사회문제에 대한 적응의 결과이다.

04 (16-06-03) 음모이론은 사회복지정책에 대해 사회 안정과 질서 유지를 위한 하나의 수단으로 보았다.

05 (14-06-08) 산업화이론에 의하면 산업화는 가족구조의 변화를 초래하여 복지에 대한 국가의 역할을 증대시킨다.

06 (13-06-07) 산업화이론에 의하면 복지국가 발전은 산업화로 인한 경제성장과 함께 이루어진다.

07 (13-06-08) 신마르크스주의(Neo-Marxism) 이론은 전통적 마르크스주의에 이론적 기초를 둔 갈등주의적 시각이다.

08 (12-06-04) 확산이론은 한 나라의 사회복지정책이 다른 나라에 미치는 영향을 강조한다.

09 (11-06-08) 사회복지의 확대에 있어 좌파정당과 노동조합의 영향력을 강조한 이론은 권력자원이론이다.

10 (11-06-09) 확산이론에 의하면 사회복지정책의 확대 과정은 국제적인 모방의 과정이다.

11 (10-06-01) 사회복지 발달을 18세기 공민권, 19세기 정치권, 20세기 사회권 등 시민권의 확대과정으로 설명한 학자는 마샬(T. H. Marshall)이다.

12 (09-06-08) 국가중심주의 이론은 국가 관료들의 자기이익 추구행위가 복지국가 발전을 가져온다고 본다.

13 (08-06-05) 시민권이론은 시민권의 분화현상과 사회권 확립이라는 진화과정을 강조한다.

14 (07-06-03) 엘리트이론은 실질적인 정책결정이 소수의 권력가에 의해 이뤄진다고 본다.

15 (07-06-04) 이익집단 정치이론은 민주주의제도가 발달하지 않은 국가에는 적합하지 않다.

16 (06-06-09) 사회양심론은 사회복지정책을 국가의 자선활동으로 간주한다.

17 (06-06-10) 마샬의 이론에 의하면 시민권은 공동체의 구성원으로서의 지위의 평등과 관련된다.

18 (05-06-09) 사민주의 이론에서는 노동조합의 정치적 영향력 증가가 복지국가 발전의 중요한 원동력이 되었다고 설명한다.

19 (05-06-12) 산업화이론은 자본주의가 발달함에 따른 문제해결을 위해 사회복지가 발달함을 설명한다.

20 (04-06-12) 수렴이론은 산업화에 따른 문제와 욕구의 증가를 중요시한다.

21 (03-06-08) 독점자본주의 이론은 마르크스주의에 이론적 뿌리를 두고 있다.

22 (02-06-09) 사회양심론은 사회전체의 선의의 집합적 표현이다.

대표기출 확인하기

22-06-09 난이도 ★★☆

사회복지정책의 발달을 설명하는 이론으로 옳은 것을 모두 고른 것은?

ㄱ. 시민권이론은 정치권, 공민권, 사회권의 순서로 발달한 것으로 본다.
ㄴ. 권력자원이론은 노동조합의 중앙집중화 정도, 좌파정당의 집권을 복지국가 발달의 변수로 본다.
ㄷ. 이익집단이론은 다양한 이익집단들의 정치적 활동을 통해 복지국가가 발달한 것으로 본다.
ㄹ. 국가중심이론은 국가 엘리트들과 고용주들의 의지와 능력에 의해 결정된다고 본다.
ㅁ. 수렴이론은 그 사회의 기술수준과 산업화 정도에 따라 사회복지의 발달이 수렴된다고 본다.

① ㄱ, ㄴ, ㄹ
② ㄱ, ㄷ, ㅁ
③ ㄴ, ㄷ, ㄹ
④ ㄴ, ㄷ, ㅁ
⑤ ㄷ, ㄹ, ㅁ

 알짜확인

• 사회복지정책의 발달 및 복지국가 분석 이론의 주요 특징을 파악해야 한다.

답 ④

✅ **응시생들의 선택**

① 3%	② 10%	③ 4%	④ 68%	⑤ 15%

④ ㄱ. 마샬은 시민권을 개인의 자유와 법 앞에서의 평등과 같은 공민권 → 참정권과 같은 정치권 → 복지권과 같은 사회권으로 발전하는 진화적인 과정으로 설명하였다.
　ㄹ. 엘리트들과 고용주들의 의지와 능력에 의해 정책이 결정된다고 보는 것은 엘리트이론이다. 국가중심이론은 사회복지의 수요(사회문제의 발생이나 노동자계급의 요구 등) 측면보다 사회복지를 제공하는 공급자로서의 국가 역할을 더 강조하는 이론으로서 사회복지의 공급 측면에 초점을 두고 복지국가 발전을 설명하는 이론이다.

➕ **덧붙임**

사회복지정책 발달이론과 복지국가 분석이론은 이론적 개념을 쉽게 이해하기 위하여 구분해서 학습하지만, 실제 시험에서는 특별한 구분 없이 사회복지정책 발달에 관한 이론이라 칭하여 출제되기도 한다. 주로 각각의 이론이 선택지로 구성되어 옳은 것 또는 옳지 않은 것을 찾는 문제 형태로 출제된다.

관련기출 더 보기

20-06-23 난이도 ★★☆

사회복지정책의 발달이론에 관한 설명으로 옳지 않은 것은?

① 산업화론: 농경사회에서 산업사회로 변화하면서 사회문제가 발생하였고, 그 대책으로 사회복지정책이 발달하였다.
② 권력자원론: 복지국가 발전의 중요 변수들은 노동조합의 중앙집중화 정도, 노동자 정당의 영향력 등이다.
③ 수렴이론: 사회적 양심과 이타주의의 확대에 따라 모든 국가는 복지국가로 수렴한다.
④ 시민권론: 마샬(T. H. Marshall)에 따르면 시민권은 공민권, 참정권, 사회권 순서로 발전하였고, 사회복지정책은 사회권이 발달한 결과이다.
⑤ 국가중심적 이론: 적극적 행위자로서 국가를 강조하고 사회복지정책의 발전을 국가 관료제의 영향으로 설명한다.

답 ③

✅ **응시생들의 선택**

① 2%	② 31%	③ 50%	④ 10%	⑤ 7%

③ 사회적 양심과 이타주의의 확대에 따라 모든 국가는 복지국가로 수렴한다고 보는 것은 사회양심론이다. 수렴이론은 경제발전 수준과 사회복지지출 수준 간에 강한 상관관계가 존재한다고 보며(경제성장의 수준이 유사하면 사회복지의 수준도 비슷하다고 봄), 복지국가 간 차이점보다는 유사성을 강조한다.

사회복지 발달이론에 관한 설명으로 옳지 않은 것은?

① 사회양심이론: 사회복지는 이타주의가 제도화된 것임
② 수렴이론: 산업화를 이룬 나라들은 사회복지제도를 도입하게 됨
③ 시민권론: 마샬(T. H. Marshall)은 사회권(social right)을 복지권(welfare right)이라 함
④ 권력자원론: 사회복지정책은 권력 엘리트의 산물임
⑤ 구조기능주의론: 사회복지는 산업화, 도시화에 따른 사회문제에 대한 적응의 결과임

답 ④

✔ 응시생들의 선택

① 8%	② 17%	③ 14%	④ 35%	⑤ 26%

④ 사회복지정책은 권력 엘리트의 산물이라고 보는 것은 엘리트이론이다. 권력자원론은 복지국가의 발전을 노동자계급의 정치적 권력이 확대된 결과로 본다. 자본과 노동의 계급 갈등에 초점을 맞추며, 복지국가의 발전요인으로 좌파정당, 노동조합의 성장 등 정치적 변수에 주목한다.

사회복지정책의 발달이론에 관한 설명으로 옳지 않은 것은?

① 확산이론: 한 국가의 제도나 기술 혁신이 인근 국가에 영향을 준다.
② 음모이론: 사회복지정책에 대해 사회 안정과 질서 유지를 위한 하나의 수단으로 보았다.
③ 독점자본이론: 경제발전이 상당 수준에 이르면 사회복지 발전정도가 유사하게 나타난다.
④ 이익집단이론: 현대사회에서 귀속적 차이 등에 따른 집단들 간의 정치적 행위가 커지고 있다.
⑤ 사회양심이론: 인도주의에 입각한 사회적 의무감이 사회복지정책을 확대할 수 있다.

답 ③

✔ 응시생들의 선택

① 1%	② 17%	③ 75%	④ 6%	⑤ 1%

③ 경제발전이 상당 수준에 이르면 사회복지 발전정도가 유사하게 나타난다고 보는 것은 수렴이론이다.

신마르크스주의(Neo-Marxism) 이론에 관한 설명으로 옳지 않은 것은?

① 전통적 마르크스주의에 이론적 기초를 둔 갈등주의적 시각이다.
② 다양한 비계급적 집단들의 이해의 조정을 통해 복지국가가 발전하였다고 본다.
③ 복지국가 발전을 독점자본주의의 속성과 관련시켜 분석하였다.
④ 복지정책은 자본축적의 위기나 정치적 도전을 수정하기 위한 수단으로 본다.
⑤ 국가의 자율적 역할 정도에 따라 도구주의 관점과 구조주의 관점으로 대별된다.

답 ②

✔ 응시생들의 선택

① 20%	② 32%	③ 12%	④ 12%	⑤ 24%

② 다양한 비계급적 집단들의 이해의 조정을 통해 복지국가가 발전하였다고 보는 것은 이익집단이론에 해당하는 설명이다.

사회복지정책의 발달 관련 이론에 관한 설명으로 옳지 않은 것은?

① 수렴이론은 산업화와 이로 인한 인구사회 구조변화에 주목한다.
② 확산이론은 한 나라의 사회복지정책이 다른 나라에 미치는 영향을 강조한다.
③ 시민권론은 정치권의 실현을 통해서 완전한 시민권의 실현이 가능하다고 본다.
④ 이익집단론은 노인복지의 확대를 설명하는 데 유용하다.
⑤ 사회양심이론은 인도주의에 입각한 사회적 의무감이 복지정책을 확대할 수 있다고 본다.

답 ③

✔ 응시생들의 선택

① 9%	② 3%	③ 42%	④ 40%	⑤ 6%

③ 시민권론의 대표적인 학자인 마샬에 따르면, 역사적으로 시민권은 세 가지 요소인 공민권, 정치권, 사회권으로 발전해왔으며, 그중에서도 20세기에 등장한 사회권을 복지국가의 핵심 개념을 구성하는 가장 중요한 요소로 보았다. 이런 점에서 정치권의 실현이 완전한 시민권의 실현을 가능하게 만든다는 설명은 적절하지 않다.

사회복지 발달을 18세기 공민권, 19세기 정치권, 20세기 사회권 등 시민권의 확대과정으로 설명한 학자는?

① 마샬(T. H. Marshall)
② 케인스(J. M. Keynes)
③ 스미스(A. Smith)
④ 티트머스(R. Titmuss)
⑤ 폴라니(K. Polanyi)

답 ①

✅ 응시생들의 선택

① 92%	② 4%	③ 1%	④ 3%	⑤ 0%

① 마샬(T. H. Marshall)에 따르면, 시민권은 한 사회의 구성원에게 부여되는 지위로 그 지위를 지니는 모든 이들은 그것이 부여하는 권리와 의무의 측면에서 동등하다고 보았다. 그는 시민권을 개인의 자유와 법 앞에서의 평등과 같은 공민권(civil right) – 참정권과 같은 정치권(political right) – 복지권과 같은 사회권(social right)으로 발전하는 진화적인 과정으로 설명하였다.

복지국가 발달이론에 관한 설명으로 옳지 않은 것은?

① 국가중심주의이론은 국가관료들의 자기이익 추구행위가 복지국가 발전을 가져온다고 본다.
② 사회양심이론은 사회복지정책을 국가의 자선활동으로 본다.
③ 확산이론은 사회복지의 발달이 국가의 지리적 위치와 관계가 있다고 본다.
④ 수렴이론은 산업화로 인해 발생된 사회문제 해결을 위해 사회복지가 발달한다고 본다.
⑤ 시민권론은 불평등한 계급구조와 평등주의적 시민권이 양립할 수 없다고 본다.

답 ⑤

✅ 응시생들의 선택

① 3%	② 7%	③ 4%	④ 4%	⑤ 82%

⑤ 마샬(T. H. Marshall)은 자본주의 사회는 불평등한 체제이지만, 시민권이 확대되면서 이러한 불평등이 완화될 수 있다고 보았다. 즉, 불평등한 계급구조와 평등주의적 시민권이 양립할 수 있다고 보았다.

이익집단 정치이론에 대한 설명으로 틀린 것은?

① 민주주의제도가 발달하지 않은 국가에는 적합하지 않다.
② 노인복지정책에 대한 노인단체의 로비활동이 좋은 예이다.
③ 정당은 이익집단의 행동을 반영한다.
④ 전통적인 계급의 역할이 중요하다.
⑤ 사회민주주의 정당도 이익집단의 행동을 반영한다.

답 ④

✅ 응시생들의 선택

① 6%	② 7%	③ 11%	④ 69%	⑤ 7%

④ 이익집단 정치이론은 전통적인 계급의 차이에 따른 정치적 구분이 약해지고, 대신 다양한 이익집단들의 정치적 행위가 증가하면서 복지국가가 발달하였다고 본다.

사민주의적 관점에서 복지국가 발달을 설명하는 것으로 옳지 않은 것은?

① 노동자 계급 정당의 발전
② 지속적 경제 성장
③ 노동계급에게 선거권 확대
④ 노동조합 운동의 영향력 강화
⑤ 다양한 이익집단의 등장

답 ⑤

✅ 응시생들의 선택

① 3%	② 12%	③ 4%	④ 14%	⑤ 67%

⑤ 사민주의 이론에서는 노동조합의 정치적 영향력 증가가 복지국가 발전의 중요한 원동력이 되었다고 설명한다. 사민주의적 관점에 의하면 자본주의는 개량된다면 위기 없이 성장이 가능하며 또한 사회 진보는 경제성장의 지속적인 증대를 통하여 가장 잘 성취될 수 있다고 본다.

다음 내용이 왜 틀렸는지를 확인해보자

`16-06-03`

01 **독점자본이론**은 경제발전이 상당 수준에 이르면 사회복지 발전정도가 유사하게 나타난다고 보았다.

> 경제발전이 상당 수준에 이르면 사회복지 발전정도가 유사하게 나타난다고 보는 것은 수렴이론이다. 수렴이론은 복지국가 간 차이점보다는 유사성을 강조한다.

`13-06-08`

02 **신마르크스주의 이론**은 다양한 비계급적 집단들의 이해의 조정을 통해 복지국가가 발전하였다고 본다.

> 다양한 비계급적 집단들의 이해의 조정을 통해 복지국가가 발전하였다고 보는 것은 이익집단이론이다.

`09-06-08`

03 **종속이론**의 예로 독일에서 처음 도입된 사회보험이 빠른 시일 내에 유럽의 인접 국가로 퍼져나간 경우를 들 수 있다.

> 확산이론의 예에 해당한다. 확산이론은 서로 지리상으로 인접한 국가나 긴밀한 관계에 있는 국가 간에 정책이 확산되어 간다는 이론이다.

`06-06-10`

04 마샬의 시민권은 **참정권 – 공민권 – 사회권**의 순서로 발달해왔다.

> 마샬의 시민권은 공민권(자유권) – 참정권(정치권) – 사회권의 순서로 발달하였다.

---

05 국가중심이론은 사회복지를 제공하는 공급자로서의 국가 역할보다는 사회문제의 발생이나 노동자계급의 요구 등 <u>사회복지의 수요 측면을 더 강조하는 이론</u>이다.

> 국가중심이론은 사회복지의 수요(사회문제의 발생이나 노동자계급의 요구 등) 측면보다는 사회복지를 제공하는 공급자로서의 국가 역할을 더 강조하는 이론이다.

---

06 **사회민주주의이론**에서는 주로 국가가 특정 거대 이익집단을 적절히 통제하는 동시에 정치적인 결합관계를 형성하여 국가의 지배체제를 이끌어간다고 주장한다.

> 조합주의이론에서는 주로 국가가 특정 거대 이익집단을 적절히 통제하는 동시에 정치적인 결합관계를 형성하여 국가의 지배체제를 이끌어간다고 주장한다.

빈칸에 들어갈 알맞은 말을 채워보자

14-06-08
01 (　　　　　　)은/는 산업화가 가족구조의 변화를 초래하여 복지에 대한 국가의 역할을 증대시킨다고 보았다.

02 (　　　　　　)은/는 서구사회의 발전모형을 기초로 근대화를 사회발전의 가장 중요한 요소로 강조하며, 진화론적인 입장을 취한다.

03 독점자본이론은 전통적인 (　　　　　)주의에 이론적 뿌리를 두고 있다.

04 (　　　　　　)은/는 국가가 통치력을 강화하기 위해 강제적으로 편성한 이익대표 체계이다.

13-06-08
05 신마르크스주의 이론은 전통적 마르크스주의에 이론적 기초를 둔 (　　　　) 시각이다.

11-06-08
06 (　　　　　　)은/는 복지국가의 발전을 노동자계급의 정치적 권력이 확대된 결과로 본다.

06-06-09
07 (　　　　　　)은/는 사회복지정책을 국가의 자선활동으로 간주하며, 이타심을 중요한 요인으로 고려한다.

08 (　　　　　　)은/는 제3세계의 저발전과 빈곤은 국가 내부의 문제라기보다는 중심부 국가들과의 불균등 교환이나 착취 관계에 기인한 것으로 보고 종속관계의 단절을 주장한다.

---

 01 산업화이론　**02** 근대화론　**03** 마르크스　**04** 국가 조합주의　**05** 갈등주의적　**06** 권력자원이론　**07** 사회양심론
08 종속이론

다음 내용이 옳은지 그른지 판단해보자

01 산업화이론은 산업화 정도와 복지국가의 다양한 제도 형태의 연계성을 잘 설명해준다. ⭕❌

02 수렴이론은 복지국가 간 차이점보다 유사성을 강조한다. ⭕❌

03 시민권이론은 시민권의 분화현상과 사회권 확립이라는 진화과정을 강조한다. ⭕❌

04 음모이론은 숨은 목표를 주요 동기로 제시한다. ⭕❌

05 사회양심론은 인도주의에 기초하고 있다. ⭕❌

06 사회민주주의 이론에 따르면 복지국가는 자본과 노동의 계급투쟁에서 자본가들이 얻어낸 성과물이라고 볼 수 있다. ⭕❌

07 국가중심이론은 복지국가의 발전을 설명하는 데 있어서 국가조직의 형태, 정치인들의 개혁성, 정책 형성 과정 등 국가와 관련된 변수들을 중시한다. ⭕❌

08 신마르크스주의는 복지국가의 자본축적과 정당화라는 모순적인 기능으로 인해 복지국가의 재정위기가 초래되었다고 주장한다. ⭕❌

답 01 ✕ 02 ⭕ 03 ⭕ 04 ⭕ 05 ⭕ 06 ✕ 07 ⭕ 08 ⭕

해설 01 산업화이론은 유사한 산업화 정도와 경제수준을 나타내는 국가들에서도 다양한 형태의 복지제도와 내용이 나타난다는 점을 제대로 설명하지 못하는 한계가 있다.
06 사회민주주의 이론에 따르면 복지국가는 자본과 노동의 계급투쟁에서 노동자 계급이 얻어낸 성과물이라고 볼 수 있다.

170 복지국가 유형화이론

강의 QR코드

1회독	2회독	3회독
월 일	월 일	월 일

★★★
최근 10년간 **12문항** 출제

복습
1 이론요약

윌렌스키와 르보의 2분 모형

▶ **잔여적(보충적 · 선별적) 모형**
• 잔여적 모형에서 사회복지는 제1차 집단(가족, 교회, 공동체 등)이 제 기능을 발휘하지 못하는 경우에 활동한다고 본다.
• 빈민과 같은 요보호 대상자를 대상으로 하여 사회적으로 최저한의 급부를 주는 역할만을 수행한다.

기본개념

사회복지정책론
pp.81~

▶ **제도적(보편적) 모형**
• 제1차 집단(가족, 교회, 공동체)이 사회적 위험에 처한 구성원들을 보호하거나, 사회를 재생산하는 데 있어서 담당했던 기능과 역할을 국가의 사회적 개입을 통해서 해결한다고 본다.

티트머스의 3분 모형

▶ **보충적(잔여적) 모형**
• 시장과 가족이 붕괴되었을 때에만 사회복지 제도가 활동을 시작하게 되지만 어디까지나 잠정적인 역할에 그친다.
• 공공부조 프로그램을 강조한다.

▶ **산업(업적)성취 모형**
• 시장경제 원리에서의 생산성을 중심으로 한 사회구성(업적, 신분향상, 작업수행 등)을 목표로 한다.
• 동기, 노력, 보수 및 계급의 형성과 집단의 충성 등에 관심을 두는 다양한 경제적 · 심리적 이론 등에서 도출된다.
• 사회보험이 주요 프로그램이다.

▶ **제도적 재분배 모형**
• 주로 보편적 욕구 충족을 기반으로 하여 시장경제 메커니즘 밖에서 보편적 서비스를 제공하는 기본적이고 종합적인 제도이다.
• 보편적 프로그램을 강조한다.

퍼니스와 틸톤의 모형
• 적극적 국가, 사회보장국가, 사회복지국가로 구분하였다.

- 사회복지를 경제적 효율성이라는 원칙에 종속시키면서 사회보험제도를 위주로 하는 '적극적 국가', 경제성장과 완전고용을 위한 경제정책과 사회보험 및 공공부조를 제공하는 사회복지정책을 결합하여 전 국민에게 최저한의 생활을 보장하는 '사회보장국가', 그리고 보편적 복지서비스를 제공하며 평등을 확대하는 국가를 '사회복지국가'로 규정하고 있다.

미쉬라의 모형
경제정책과 사회복지정책이 분리되어 있으며 사회복지정책은 잔여적인 역할에 국한되는 '**분화된 복지국가**'와 경제정책과 사회복지정책이 결합되어 있으며 국가, 사용자, 노동자 간에 협력과 합의를 토대로 이루어지는 '**통합된 복지국가**'로 구분하였다.

에스핑-앤더슨의 복지국가 유형화

▶ 유형화의 기준
- **탈상품화**: 노동자가 자신의 노동력을 상품으로 시장에 내다 팔지 않고도 살 수 있는 정도, 즉 자신이 노동시장에서 일을 할 수 없는 여러 가지 상황에 처했을 때 국가가 어느 정도 수준의 급여를 제공해주는가의 정도를 의미한다. 탈상품화가 높을수록 복지선진국이라고 할 수 있다.
- **계층화**: 계급과 신분을 분열시키고 계층구조를 유지·강화시킨다는 의미이다. 복지국가의 사회정책이 이 계층화에 영향을 미칠 수 있다.

▶ 자유주의 복지국가
- **공공부조 프로그램을 강조**하며, 탈상품화 효과와 복지의 재분배 효과가 미약하다.
- 급여는 **저소득층에 초점**을 두며, 자격기준은 까다롭고 엄격하여 낙인을 부여하는 방식이다.
- 공공부문의 사회복지서비스의 역할은 미미한 편이며, **민간부문의 역할을 강조**한다.
- 미국, 캐나다, 호주 등이 해당된다.

▶ 조합주의(보수주의) 복지국가
- 주로 **사회보험 프로그램을 강조**하는데, 사회보험 프로그램은 직업별로 분리되어 직업에 따라 급여수준의 차이가 크기 때문에 재분배 효과가 낮다.
- 전통적으로 가부장제가 강하며, **남성생계부양자 모형**에 속한다.
- 노동시장 참여율이 낮은 상황에서 복지재정이 악화되는 상황이 발생한다.
- 오스트리아, 프랑스, 독일 등 유럽 대륙의 국가들이 해당된다.

▶ 사회민주주의 복지국가
- 보편주의적 원칙과 사회권을 통한 **탈상품화 효과가 가장 크고** 새로운 중산층까지 확대되는 국가이다.
- 사회민주주의적 복지국가에서는 보편주의 원칙을 통하여 탈상품화 효과가 극대화되며, 복지급여는 **취약계층뿐만 아니라 중간계급까지 주요 대상으로** 포섭한다.
- 복지의 재분배적 기능이 강력하며, 이들 국가에서는 최소한의 생활수준 보장을 넘어 **평등을 추구**한다.
- 스웨덴, 덴마크, 핀란드, 노르웨이 등 주로 스칸디나비아 국가들이 해당된다.

01 (22-06-15) 보수주의 복지국가의 예로는 오스트리아, 프랑스, 독일 등 유럽 대륙의 국가들이 해당된다.

02 (21-06-08) 에스핑-앤더슨(G. Esping-Anderson)의 복지국가 유형 중 보수주의 복지국가에서의 사회보험은 직업집단 등에 따라 분절적으로 운영된다.

03 (20-06-11) 에스핑-앤더슨(G. Esping-Anderson)의 세 가지 복지체제에서 자유주의 복지체제 국가의 사회보장급여는 잔여적 특성이 강하다.

04 (19-06-05) 에스핑-앤더슨(Esping-Anderson)은 복지국가 유형을 탈상품화, 계층화 등을 기준으로 분류하였다.

05 (16-06-04) 경제집단의 상호의존성을 인식하여 사회적 협력형태로 제도화를 추구하는 것은 미쉬라의 통합적 복지국가에 해당한다.

06 (16-06-05) 에스핑-앤더슨(G. Esping-Anderson)의 복지국가 유형 중 자유주의 복지국가는 시장의 효율성을 중시한다.

07 (15-06-07) 에스핑-앤더슨(G. Esping-Anderson)의 복지국가 유형 중 조합주의 복지국가는 조합단위의 제도로 인하여 위험분산의 효과가 상대적으로 낮게 발생한다.

08 (14-06-06) 에스핑-앤더슨(G. Esping-Anderson)의 복지국가 유형 중 조합주의 복지국가에는 오스트리아, 프랑스, 독일 등이 속한다.

09 (13-06-03) 에스핑-앤더슨(G. Esping-Anderson)의 복지국가 유형 중 사민주의 복지국가는 공공부문의 고용확대로 복지국가 위기 타개를 모색하고 있다.

10 (13-06-05) 미쉬라(R. Mishra)는 '분화된 복지국가'와 '통합된 복지국가'로 구분하였다.

11 (12-06-08) 에스핑-앤더슨(Esping-Anderson)의 복지국가 유형 중 자유주의적 복지국가는 상대적으로 낮은 탈상품화 효과를 보인다.

12 (11-06-05) 에스핑-앤더슨(Esping-Andersen)이 분류한 사회민주주의 복지체제의 대표적인 국가는 스웨덴, 덴마크, 노르웨이 등이다.

13 (10-06-27) 스웨덴은 사회민주주의, 미국은 자유주의, 독일은 보수주의 복지국가의 대표적인 예이다.

14 (08-06-08) 에스핑-앤더슨은 탈상품화와 사회계층화라는 개념을 기준으로 복지국가 유형을 구분하였다.

15 (06-06-11) 사회민주주의적 복지국가는 탈상품화 효과가 높은 편이다.

16 (05-06-11) 사회민주주의 복지국가는 성장과 복지의 균형을 추구한다.

17 (04-06-09) 에스핑-앤더슨의 복지국가 유형 중 자유주의 복지국가는 공공부조 프로그램을 강조한다.

대표기출 확인하기

에스핑-앤더슨(G. Esping-Andersen)의 복지국가 유형에 관한 설명으로 옳은 것은?

① 복지국가 유형을 탈상품화, 계층화 등을 기준으로 분류하였다.
② 보수주의 복지국가는 탈가족주의와 통합적 사회보험을 강조한다.
③ 자유주의 복지국가는 공공부조의 비중과 탈상품화 수준이 낮은 편이다.
④ 사회민주주의 복지국가는 국가의 책임을 최소화하고 시장을 통해 문제해결을 한다.
⑤ 보수주의 복지국가의 예로는 프랑스, 영국, 미국을 들 수 있다.

▶ 알짜확인

• 복지국가 유형화 관련 이론들의 주요 특징을 파악해야 한다.

답 ①

✔ 응시생들의 선택

① 75%	② 5%	③ 9%	④ 8%	⑤ 3%

② 탈가족주의와 통합적 사회보험을 강조한 것은 사회민주주의 복지국가이다. 보수주의 복지국가는 이원적 가족주의와 직업별 사회보험을 강조하였다.
③ 자유주의 복지국가는 공공부조 프로그램을 강조하고, 탈상품화 효과와 복지의 재분배 효과가 미약하다.
④ 사회민주주의 복지국가는 국가의 책임성을 강조하고, 보편주의 원칙과 사회권을 통하여 탈상품화 효과가 극대화된다. 국가에 의한 복지의 재분배적 기능이 강력하다.
⑤ 보수주의 복지국가의 예로는 오스트리아, 프랑스, 독일 등 유럽 대륙의 국가들이 해당된다. 영국, 미국, 캐나다 등은 자유주의 복지국가의 예에 해당된다.

➕ 덧붙임

학자마다 복지국가를 유형화하는 기준이 다르기 때문에 어떤 학자가 어떻게 유형화했는지를 구분하여 살펴보아야 한다. 그 중에서도 에스핑-앤더슨의 유형화는 최근 시험에서 빠짐없이 출제되고 있다. 에스핑-앤더슨의 복지국가 유형화와 관련해서는 각각의 유형의 특징을 묻는 형태나 유형을 비교하는 형태로도 출제되고 있다.

관련기출 더 보기

에스핑-앤더슨(G. Esping-Anderson)의 복지국가 유형에 관한 설명으로 옳지 않은 것은?

① 탈상품화 정도, 계층화 정도 등에 따라 복지국가를 3가지 유형으로 분류하였다.
② 탈상품화는 돌봄이나 서비스 부담을 가족에게 의존하지 않는 정도를 의미한다.
③ 사회민주주의 복지국가는 탈상품화 정도가 높고 보편적 사회서비스를 제공한다.
④ 보수주의 복지국가에서 사회보험은 직업집단 등에 따라 분절적으로 운영된다.
⑤ 자유주의 복지국가는 공공부조의 역할이 크고 탈상품화 정도는 낮다.

답 ②

✔ 응시생들의 선택

① 3%	② 57%	③ 3%	④ 21%	⑤ 16%

② 탈상품화는 노동자가 자신의 노동력을 상품으로 시장에 내다 팔지 않고도 살 수 있는 정도를 의미한다.

에스핑-앤더슨(G. Esping-Anderson)의 세 가지 복지체제에 관한 설명으로 옳지 않은 것은?

① 보수주의 복지체제 국가는 가족의 중요성을 강조한다.
② 자유주의 복지체제 국가에서 탈상품화 정도가 가장 높다.
③ 사회민주주의 복지체제 국가는 보편주의를 강조한다.
④ 보수주의 복지체제 국가의 예로 독일, 프랑스, 이탈리아가 있다.
⑤ 자유주의 복지체제 국가의 사회보장급여는 잔여적 특성이 강하다.

답 ②

✔ 응시생들의 선택

① 7%	② 66%	③ 6%	④ 9%	⑤ 12%

② 탈상품화 정도가 가장 높은 것은 사회민주주의 복지체제 국가이다.

복지국가의 유형화에 관한 설명으로 옳은 것은?

① 조지와 윌딩(V. George & P. Wilding)의 소극적 집합주의(reluctant collectivism): 자본주의 시장체계의 약점을 보완하기 위해 국가 개입 인정
② 윌렌스키와 르보(H. Wilensky & C. Lebeaux)의 제도적 모형(institutional model): 가족이나 시장 등 정상적인 통로가 적절히 기능하지 못할 때에만 보충적·임시적 기능 수행
③ 미쉬라(R. Mishra)의 분화적 복지국가(differentiated welfare state): 경제집단의 상호의존성을 인식하여 사회적 협력형태로 제도화 추구
④ 티트머스(R. Titmuss)의 산업성취수행 모형(industrial achievement performance model): 시장 밖에서 욕구 원칙에 입각하여 보편적 서비스 제공
⑤ 퍼니스와 틸톤(N. Furniss & T. Tilton)의 적극적 국가(positive state): 사회보험과 사회부조 실시를 위해 국가 개입 인정

답 ①

✔ 응시생들의 선택

① 44%	② 12%	③ 8%	④ 5%	⑤ 31%

② 가족이나 시장 등 정상적인 통로가 적절히 기능하지 못할 때에만 보충적·임시적 기능을 수행하는 것은 윌렌스키와 르보의 잔여적 모형에 해당한다.
③ 경제집단의 상호의존성을 인식하여 사회적 협력형태로 제도화를 추구하는 것은 미쉬라의 통합적 복지국가에 해당한다.
④ 시장 밖에서 욕구 원칙에 입각하여 보편적 서비스를 제공하는 것은 티트머스의 제도적 재분배 모형에 해당한다.
⑤ 사회보험과 사회부조 실시를 위해 국가 개입을 인정하는 것은 퍼니스와 틸톤의 사회보장국가에 해당한다.

에스핑-앤더슨(G. Esping-Anderson)의 복지국가 유형 중 조합주의 복지국가 모형의 특징이 아닌 것은?

① 사회보험 가입자들의 직장 이동성을 활성화할 수 있다.
② 산업재해와 같은 동일한 위험에 대해서 다수의 운영주체가 존재한다.
③ 제도의 적용대상은 임금근로계층을 원칙으로 한다.
④ 사회복지제도들은 위험별로 구분하여 각각 독립적인 제도로 운영한다.
⑤ 조합단위의 제도로 인하여 위험분산의 효과가 상대적으로 낮게 발생한다.

답 ①

✔ 응시생들의 선택

① 20%	② 16%	③ 8%	④ 25%	⑤ 31%

① 조합주의 복지국가는 기존의 계층/지위 구조를 유지한다는 의미에서 보수적 복지국가로 명명한다. 주로 사회보험 프로그램을 강조한다. 사회보험의 혜택은 시장에서의 계층과 지위에 따라 크게 차이가 나는 것이지 사회보험 가입자들의 직장 이동성을 활성화하는 것은 아니다. 높은 사회보장세로 인한 높은 노동비용 때문에 일자리 창출이 어려워 실업률이 높은 수준이다.

에스핑-앤더슨(G. Esping-Andersen)의 복지국가 유형 중 조합주의 복지국가에 관한 설명으로 옳지 않은 것은?

① 사회복지 급여는 계급과 사회적 지위에 밀접하게 관련되어 있다.
② 사회보험원리를 강조하는 복지정책을 주로 활용한다.
③ 여성의 노동시장 참여를 강조한다.
④ 가족의 중요성을 강조하는 종교와 문화적 신념의 영향력이 강하다.
⑤ 오스트리아, 프랑스, 독일 등이 이 유형에 속한다.

답 ③

✔ 응시생들의 선택

① 15%	② 6%	③ 52%	④ 22%	⑤ 5%

③ 조합주의 복지국가는 남성생계부양자 모델에 기초한다. 여성의 노동시장 참여를 촉진하는 것은 사회민주주의적 복지국가이다.

복지국가 유형화 연구의 연구자와 유형을 옳게 연결한 것은?

① 티트머스(R. Titmuss)는 '사회적 시장경제'와 '사회주의적 시장경제'로 구분하였다.
② 미쉬라(R. Mishra)는 '분화된 복지국가'와 '통합된 복지국가'로 구분하였다.
③ 퍼니스와 틸튼(N. Furniss & T. Tilton)은 '소극적 국가', '적극적 국가', '사회투자국가'로 구분하였다.
④ 조지와 윌딩(V. George & P. Wilding)은 '프로레타리아 복지국가'와 '부르조아 복지국가'로 구분하였다.
⑤ 윌렌스키와 르보(H. Wilensky & C. Lebeaux)는 '선발 복지국가'와 '후발 복지국가'로 구분하였다.

답 ②

응시생들의 선택

① 7%	② 28%	③ 44%	④ 13%	⑤ 8%

① 티트머스(R. Titmuss)는 잔여적 모형, 산업(업적)성취 모형, 제도적 재분배 모형으로 구분하였다.
③ 퍼니스와 틸튼(N. Furniss & T. Tilton)은 적극적 국가, 사회보장국가, 사회복지국가로 구분하였다.
④ 조지와 윌딩(V. George & P. Wilding)은 사회복지에 영향을 미치는 이데올로기를 크게 반집합주의, 소극적 집합주의, 페이비언 사회주의, 마르크스주의로 구분하였다.
⑤ 윌렌스키와 르보(H. Wilensky & C. Lebeaux)는 잔여적 모형과 제도적 모형으로 구분하였다.

에스핑-앤더슨의 복지국가 유형 중 '자유주의적 복지국가'에 관한 설명으로 옳지 않은 것은?

① 민간복지를 보완하는 국가복지
② 사회보험 프로그램의 강조
③ 다차원적인 사회계층체제 발생
④ 시장의 효율성 강조
⑤ 상대적으로 낮은 탈상품화 효과

답 ②

응시생들의 선택

① 7%	② 34%	③ 7%	④ 38%	⑤ 14%

② 사회보험 프로그램을 강조하는 것은 보수주의적(조합주의적) 복지국가 유형에 해당하는 설명이다.

에스핑-앤더슨이 분류한 사회민주주의 복지체제에 관한 설명으로 옳지 않은 것은?

① 대표적인 국가는 스웨덴, 덴마크, 노르웨이 등이다.
② 적극적 노동시장정책을 강조한다.
③ 중산층을 중요한 복지의 대상으로 포괄한다.
④ 주로 종교단체나 자원봉사조직과 같은 민간부문이 사회서비스를 전달한다.
⑤ 탈상품화 정도가 매우 높다.

답 ④

응시생들의 선택

① 2%	② 10%	③ 15%	④ 66%	⑤ 7%

④ 민간과 시장의 역할을 강조하는 자유주의적 복지국가 유형에 해당하는 설명이다.

에스핑-앤더슨의 복지국가 유형에 관한 설명으로 옳지 않은 것은?

① 탈상품화와 계층화 등을 기준으로 복지국가 유형을 분류하였다.
② 스웨덴은 사회민주주의, 미국은 자유주의, 독일은 보수주의 복지국가의 대표적인 예이다.
③ 자유주의 복지국가는 공공부조의 비중이 다른 유형의 복지국가에 비해 더 크다.
④ 사회민주주의 복지국가는 산업별로 분절된 사회보험제도를 가지고 있다.
⑤ 보수주의 복지국가는 전통적으로 가부장제가 강하여 전형적인 남성생계부양자 모형에 속한다.

답 ④

응시생들의 선택

① 2%	② 8%	③ 34%	④ 36%	⑤ 20%

④ 산업별로 분절된 사회보험제도를 가지고 있는 것은 보수주의 복지국가에 해당한다.

다음 내용이 왜 틀렸는지를 확인해보자

01 티트머스의 모형 중 <u>제도적 재분배 모형</u>은 사회복지를 경제성장의 수단으로 활용하고자 하기 때문에 시녀적 모형이라고도 한다.

> 사회복지를 경제성장의 수단으로 활용하고자 하기 때문에 시녀적 모형이라고 하는 것은 티트머스의 모형 중 산업성취 모형이다.

`07-06-05`

02 퍼니스와 틸톤은 복지국가를 <u>적극적 국가, 자유방임국가, 사회보장국가</u>로 구분한다.

> 퍼니스와 틸톤 복지국가를 적극적 국가, 사회보장국가, 사회복지국가로 구분하였다.

03 에스핑-앤더슨의 복지국가 유형화 기준 중 <u>탈상품화</u>는 계급과 신분을 분열시키고 계층구조를 유지·강화하는 정도를 의미한다.

> 계급과 신분을 분열시키고 계층구조를 유지·강화하는 정도를 의미하는 것은 계층화이다. 탈상품화는 노동자가 자신의 노동력을 상품으로 시장에 내다 팔지 않고도 살 수 있는 정도, 즉 자신이 노동시장에서 일을 할 수 없는 여러 가지 상황에 처했을 때 국가가 어느 정도 수준의 급여를 제공해주는가의 정도를 의미한다.

04 미쉬라는 복지국가 유형을 <u>잔여적 모형과 제도적 모형</u>으로 구분하였다.

> 미쉬라는 분화된 복지국가와 통합된 복지국가로 구분하였다. 분화된 복지국가는 경제정책과 사회복지정책이 분리되어 있으며 사회복지정책은 잔여적인 역할에 국한된다고 보았다. 통합된 복지국가는 경제정책과 사회복지정책이 결합되어 있으며 국가, 사용자, 노동자 간에 협력과 합의를 토대로 이루어진다고 보았다.

05 에스핑-앤더슨의 복지국가 유형 중 <u>자유주의적 복지국가</u>는 기존의 계층 구조를 유지한다는 의미에서 보수적 복지국가로 명명한다.

> 에스핑-앤더슨의 복지국가 유형 중 기존의 계층 구조를 유지한다는 의미에서 보수적 복지국가로 명명하는 유형은 조합주의적 복지국가이다.

`05-06-11`

06 에스핑-앤더슨의 복지국가 유형 중 <u>자유주의 복지국가</u>는 탈상품화 효과를 극대화한다.

> 에스핑-앤더슨의 복지국가 유형 중 탈상품화 효과를 극대화하는 유형은 사회민주주의 복지국가이다.

빈칸에 들어갈 알맞은 말을 채워보자

`21-06-08`

01 에스핑-앤더슨은 (   ) 정도와 계층화 정도에 따라 복지국가를 3가지 유형으로 분류하였다.

`14-06-06`

02 오스트리아, 프랑스, 독일 등은 에스핑-앤더슨의 복지국가 유형 중 (   )에 속한다.

`13-06-05`

03 (   )은/는 복지국가 유형을 잔여적 모형, 산업성취 모형, 제도적 재분배 모형으로 구분하였다.

`11-06-05`

04 에스핑-앤더슨의 복지국가 유형 중 (   )은/는 탈상품화 정도가 매우 높으며, 적극적 노동시장 정책을 강조한다.

---

05 티트머스는 윌렌스키와 르보의 두 유형에 (   )(이)라는 새로운 유형을 추가하였다.

---

06 윌렌스키와 르보의 2분 모형에서 (   )은/는 초기 산업사회와 자유주의 국가에서 나타난다.

---

07 퍼니스와 틸톤에 의하면 (   )은/는 경제성장과 완전고용을 위한 경제정책과 사회보험 및 공공부조를 제공하는 사회복지정책을 결합하여 전 국민에게 최저한의 생활을 보장한다.

---

08 티트머스의 모형 중 (   )은/는 윌렌스키와 르보의 잔여적 개념과 동일하다.

---

 01 탈상품화 **02** 조합주의 복지국가 **03** 티트머스 **04** 사회민주주의 복지국가 **05** 산업성취 모형 **06** 잔여적 모형
07 사회보장국가 **08** 보충적(잔여적) 모형

다음 내용이 옳은지 그른지 판단해보자

20-06-11

01 에스핑-앤더슨의 복지체제 중 자유주의 복지체제 국가의 사회보장급여는 잔여적 특성이 강하다.

19-06-05

02 에스핑-앤더슨의 복지국가 유형 중 사회민주주의 복지국가는 보편적 원칙과 사회권을 통한 탈상품화 효과가 크다.

12-06-08

03 에스핑-앤더슨의 복지국가 유형 중 자유주의적 복지국가는 사회보험 프로그램을 강조한다.

04 윌렌스키와 르보의 제도적 개념은 복지제공의 일차적 책임을 국가가 담당하고, 다양한 복지제도를 통해 보편적으로 실현하는 경우를 말한다.

05 에스핑-앤더슨의 복지국가 유형 중 사회민주주의적 복지국가는 여성의 경제활동을 촉진하며, 사회서비스 비중이 높다.

06 미쉬라의 복지국가 유형 중 분화된 복지국가는 경제정책과 사회복지정책이 분리되어 있으며, 사회복지정책은 잔여적인 역할에 국한되어 있다고 본다.

07 티트머스는 복지의 사회적 분화라는 개념을 통해 복지의 범위가 매우 광범위하며 복지를 정부의 지출로만 제한하는 접근의 문제점을 지적하였다.

08 퍼니스와 틸톤의 적극적 국가는 보편적 복지서비스를 제공하며 평등을 확대하는 국가이다.

10-06-27

09 에스핑-앤더슨의 복지국가 유형 중 사회민주주의 복지국가는 산업별로 분절된 사회보험제도를 가지고 있다.

04-06-09

10 에스핑-앤더슨의 복지국가 유형 중 사회민주주의 복지국가는 보편적 프로그램을 강조한다.

답 01○ 02○ 03✕ 04○ 05○ 06○ 07○ 08✕ 09✕ 10○

해설 **03** 사회보험 프로그램을 강조하는 것은 보수주의적(조합주의적) 복지국가 유형에 해당한다.
08 보편적 복지서비스를 제공하며 평등을 확대하는 국가는 사회복지국가이다.
09 산업별로 분절된 사회보험제도를 가지고 있는 것은 보수주의 복지국가에 해당한다.

171 사회복지정책 이데올로기

강의 QR코드

최근 10년간 **11문항** 출제

이론요약

조지와 윌딩의 이데올로기 초기 모형

▶**반집합주의**
- 개인의 자유를 신봉하는 것이 특징이며, 자유방임주의에 기반한다.
- 복지국가는 개인의 자유, 독창성, 선택을 제한한다고 보며, 복지제공에 있어서 **정부의 역할을 최소화**시켜야 한다는 입장이다.
- 국가의 개입이 시장경제의 효율성을 저해하고 개인의 자유를 침해한다고 본다.

기본개념

사회복지정책론
pp.94~

▶**소극적 집합주의**
- 반집합주의자들과 유사하지만, 자본주의가 효율적이고 공정하게 기능하기 위해서는 일정한 규제가 필요하다는 것을 인정한다는 점에서 차이를 보이며, 실용주의적 경향을 보인다.
- 시장체계의 약점을 보완하고 문제점을 해결한다는 측면에서 **어느 정도 정부의 개입을 인정**한다.
- 복지국가를 **사회 안정과 질서의 유지에 필요한 것으로 간주**하여 제한적으로 지지한다.

▶**페이비언 사회주의**
- 혁명적인 변화보다는 점진적인 제도 개혁과 인간의 육성을 동시에 수행해 나갈 때 사회주의라는 목표에 도달할 수 있다는 사회개혁 전략이다.
- **복지국가의 확대로 자본주의를 변화**시킬 수 있다고 보며, 자유주의를 비판하면서 사회는 개인의 합 이상의 유기체이며 사회가 바람직한 상태일 때 개인도 행복할 수 있다고 본다.

▶**마르크스주의**
- **자본주의의 생산양식을 비판**하며, 자본주의의 수정이나 개혁보다는 전면적인 변혁을 강조한다.
- 적극적 자유를 중시하며, 부의 균등한 분배는 사적 수단의 사적 소유가 소멸된 후에 가능하다고 본다.
- 사회복지의 확대만으로는 **자본주의의 근본적 모순을 극복할 수 없다고 본다**.

조지와 윌딩의 수정된 이데올로기 모형

▶**신우파**
- 사회복지정책 확대가 **경제적 비효율성과 근로동기 약화**를 가져왔다고 비판한다.
- **정부의 개입이 유해**하다고 주장하며, 국가의 개입과 규제가 사회적 비효율을 초래하기 때문에 복지국가는 개인의 자

유를 침해할 수밖에 없다고 주장한다.

- 시장이야말로 소비자의 선호를 발견하고 조정하는 최선의 체계라고 주장하며, 복지비용의 삭감, 공공부문의 민영화, 기업에 대한 규제 완화 등을 주장한다.

▶ 중도노선

- 정부의 행동이 **필연적이거나 효율적일 때로만 국가개입을 제한**하며, 근본적으로는 정부의 개입을 최소화시키는 것이 바람직하다고 주장한다.
- 실용적 성격을 지니며, 신우파와 유사하게 자유, 개인주의, 경쟁적 사기업을 신봉하지만 중심 가치들을 절대적 가치로 믿지 않으며 조건부로 신봉한다는 점에서 신우파와 차이가 있다.

▶ 사회민주주의

- 중심적 사회가치는 평등, 자유, 우애이며, 시장체계의 정의롭지 못한 분배를 시정하는 것이 정부의 역할이라고 주장한다.
- 사회통합과 평등 추구를 위한 **사회복지정책의 확대를 지지**한다.

▶ 마르크스주의

- 민주적 사회주의자들과 마찬가지로 자유, 평등, 우애를 중시하지만 노동자와 빈민들에게 평등은 허구에 불과하다고 주장한다.
- **경제적 평등과 계급갈등에 대한 강조**는 사회경제적 측면에서 정부의 강력하고 적극적인 역할로 이어진다.

▶ 페미니즘

- 가부장적 복지국가를 비판하지만 양성평등을 위한 사회복지정책의 역할도 인정하는 등 양면적인 복지국가관을 보인다.
- 복지국가가 **여성 특유의 욕구에 대한 배려에 실패했음을 강조**한다.

▶ 녹색주의

- 경제성장과 소비의 지속 확대가 가능하며 바람직하다는 신념에 입각한 복지국가는 잘못되었다고 주장하면서 공공복지 지출도 축소되어야 한다고 주장한다.
- 사회복지서비스는 **사회문제의 원인이 아닌 현상만을 다루고 있다고 비판**한다.

기타 사회복지정책 관련 이데올로기

- 케인스주의: 적극적인 재정정책의 필요성을 주장하며, 국가가 적극적으로 경제에 개입하여 유효수요를 창출함으로써 시장의 불완전성을 보완한다고 본다.
- 신자유주의: 국가 개입의 최소화, 사회보장제도의 축소, 국영기업의 민영화를 주장하며, 대처리즘, 레이거노믹스가 이에 속한다.
- 제3의 길: 사민주의적 복지정책과 신자유주의 복지정책의 장점을 혼합한 것으로써 시장의 효율과 복지의 형평을 동시에 추구하며, 노동시장에 참여할 의무를 강조한다.
- 사회투자국가: 복지의 투자적·생산적 성격, 경제정책을 우위에 둔 경제정책과 사회정책의 통합, 시민권의 권리와 의무 균형, 결과의 평등보다는 기회의 평등을 강조한다.

01 (21-06-07) 조지(V. George)와 윌딩(P. Wilding)이 제시한 이념 중 소극적 집합주의는 시장의 약점을 보완하고 불평등과 빈곤에 대응하기 위하여 실용적인 국가개입이 필요하다고 본다.

02 (20-06-01) 조지와 윌딩(V. George & P. Wilding, 1976; 1994)의 사회복지모형에서 복지국가의 확대를 가장 지지하는 이념은 페이비언 사회주의이다.

03 (20-06-25) 사회투자전략은 현재 아동세대에 대한 선제적 투자를 중시한다.

04 (19-06-06) 새로운 사회적 위험(new social risk)으로 인한 수요 증가에 필요한 복지재정의 부족현상이 심화되고 있다.

05 (17-06-04) 반집합주의가 선호하는 가치 영역은 자유, 개인주의, 불평등, 가족 등이다.

06 (17-06-11) 케인스(J. M Keynes)의 경제이론은 소득이 감소하면 저축이 감소하고, 투자의 감소로 이어진다고 보았다.

07 (15-06-25) 사회투자전략은 사회정책과 경제정책을 통합적으로 실시하여 사회적 목표를 추구한다.

08 (14-06-03) 신자유주의는 시장개방, 노동의 유연성, 탈규제, 민영화 등의 정책을 선호한다.

09 (14-06-05) 사회투자국가는 인적자본 및 사회적 자본에 대한 투자를 강조한다.

10 (13-06-11) 신자유주의는 '작은 정부'를 지향한다.

11 (13-06-12) 마르크스주의는 복지국가를 자본과 노동계급 간 갈등의 결과로 본다.

12 (12-06-07) 조지와 윌딩(George & Wilding)이 말한 '신우파'는 노동 무능력자에 대한 국가 책임을 인정한다.

13 (11-06-04) 조지(V. George)와 윌딩(P. Wilding)이 제시한 사회복지이념 중 소극적 집합주의는 시장체계의 약점을 보완하는 정부의 개입을 인정한다.

14 (11-06-07) '제3의 길'이 강조한 복지개혁의 방향으로는 권리와 의무의 조화, 근로와 복지의 연계, 사회복지 공급주체의 다원화 등이 있다.

15 (10-06-23) 조지와 윌딩(George & Wilding)이 말한 사회복지사상 중 페미니즘은 가부장적 복지국가를 비판하지만 양성평등을 위한 사회복지정책의 역할도 인정한다.

16 (09-06-03) 조지와 윌딩(George & Wilding)이 제시한 사회복지정책의 이념 중 신우파는 복지국가를 자유로운 시장활동의 걸림돌로 간주한다.

17 (08-06-07) 조지와 윌딩의 소극적 집합주의는 정부의 개입을 조건부로 인정한다.

18 (07-06-06) 신자유주의는 사회복지의 잔여적 성격 및 임의성을 확대한다.

19 (07-06-07) 케인스주의는 국가의 개입이 유효수요를 증대시킨다고 본다.

20 (05-06-10) 제3의 길은 복지와 성장의 균형을 중시한다.

21 (04-06-08) 제3의 길은 지방정부의 책임 강화를 강조한다.

22 (02-06-10) 영국의 블레어 총리가 지향하는 제3의 길은 복지국가를 지향하면서 시장원리를 도입한다.

20-06-01
난이도 ★★☆

조지와 윌딩(V. George & P. Wilding, 1976; 1994)의 사회복지모형에서 복지국가의 확대를 가장 지지하는 이념은?

① 신우파
② 반집합주의
③ 마르크스주의
④ 페이비언 사회주의
⑤ 녹색주의

 알짜확인

• 사회복지정책의 이데올로기 관련 이론들의 주요 특징을 파악해야 한다.

답 ④

✅ 응시생들의 선택

① 13%	② 7%	③ 24%	④ 49%	⑤ 7%

④ 페이비언 사회주의는 혁명적인 변화보다는 점진적인 제도 개혁과 인간의 육성을 동시에 수행해 나갈 때 사회주의라는 목표에 도달할 수 있다는 사회개혁 전략이다. 점진적이고 지속적인 불평등 완화에 대한 국가 책임, 적극적인 역할을 인정한다. 복지국가의 확대로 자본주의를 변화시킬 수 있다고 보며, 자유주의를 비판하면서 사회는 개인의 합 이상의 유기체이며 사회가 바람직한 상태일 때 개인도 행복할 수 있다고 본다.

➕ 덧붙임

사회복지정책과 관련된 주요 이데올로기와 사상적 조류의 특징을 살펴보아야 한다. 특히 조지와 윌딩의 이데올로기 모형에 대한 각각의 특징을 구분하는 문제가 자주 출제되고 있다. 최근 시험에서는 각각의 이데올로기의 특징을 상세하게 묻는 유형으로도 출제되고 있다. 따라서 이데올로기에 따른 복지국가관, 국가의 개입, 중심적 가치에 있어서 어떤 차이가 있는지 비교해서 이해할 필요가 있다.

21-06-07
난이도 ★★☆

조지(V. George)와 윌딩(P. Wilding)이 제시한 이념 중 소극적 집합주의에 관한 설명으로 옳은 것은?

① 시장에 대한 국가개입을 최소화하고 개인의 소극적 자유를 극대화하는 것이 바람직하다.
② 개인의 적극적 자유를 보장하기 위해서는 철저한 계획경제와 생산수단의 국유화가 필요하다.
③ 환경과 생태의 관점에서 자본주의의 성장과 복지국가의 확대는 지속가능하지 않다.
④ 복지국가는 노동의 성(gender) 분업과 자본주의 가부장제를 고착화시키는 역할을 한다.
⑤ 시장의 약점을 보완하고 불평등과 빈곤에 대응하기 위하여 실용적인 국가개입이 필요하다.

답 ⑤

✅ 응시생들의 선택

① 45%	② 3%	③ 4%	④ 3%	⑤ 45%

⑤ 소극적 집합주의자들의 가치는 자유와 개인주의를 강조한다는 점에서 반집합주의자들의 가치와 유사하지만, 이러한 가치가 절대적인 성격을 가진다기보다는 일정하게 제한적인 경향을 보이며, 실용주의적인 경향이 크다. 시장체계의 약점을 보완하고 문제점을 해결한다는 측면에서 어느 정도 정부의 개입을 인정한다. 이러한 실용주의적인 경향은 다른 이데올로기와 분명하게 구분되기보다는 혼합적이며 중도적인 성격을 보이는 사실과 연관된다. 소극적 집합주의자들의 경우에는 자본주의가 효율적이고, 공정하게 기능하기 위해서는 규제와 통제가 필요하다는 것을 인정한다는 점에서 반집합주의와는 구별되지만, 그 방식과 범위에 있어서는 상황에 따라 결정되는 것이라고 주장한다. 복지국가를 사회안정과 질서의 유지에 필요한 것으로 간주하여 제한적으로 지지한다.

사회투자전략에 관한 설명으로 옳은 것은?

① 인적 자원에 대한 투자는 결과의 평등을 목적으로 한다.
② 사회적 약자 집단에 대한 현금이전을 중시한다.
③ 현재 아동세대에 대한 선제적 투자를 중시한다.
④ 사회정책과 경제정책을 분리한 전략이다.
⑤ 소득재분배와 소비지원을 강조한다.

답 ③

✔ 응시생들의 선택

① 15%	② 3%	③ 48%	④ 4%	⑤ 30%

③ 사회투자전략은 복지의 투자적 성격과 생산적 성격을 강조하며, 복지와 성장, 사회정책과 경제정책의 상호보완성을 강조한다. 결과의 평등보다는 기회의 평등을 강조하며, 경제정책을 우위에 둔 경제정책과 사회정책의 통합을 강조한다. 전통적인 과세와 지출을 강조하기보다는 사회투자를 강조하는데, 이 사회투자의 핵심은 인적 자본 및 사회적 자본에의 투자로 본다. 특히, 인적 자본 중 아동에 대한 투자를 강조한다. 사회지출을 소비지출과 투자지출로 구분하고, 소득보장에 사용되는 소비지출은 되도록 억제하고 자산조사를 통한 표적화된 프로그램을 선호한다.

➕ 덧붙임

최근 시험에서는 사회복지정책 이데올로기와 관련하여 사회투자전략, 케인스주의, 제3의 길, 새로운 사회적 위험 등에 관한 문제도 단독문제로 자주 출제되고 있다.

반집합주의가 선호하는 가치 영역이 아닌 것은?

① 개인
② 시장
③ 평등
④ 가족
⑤ 경쟁

답 ③

✔ 응시생들의 선택

① 3%	② 5%	③ 59%	④ 19%	⑤ 14%

③ 조지와 윌딩의 이데올로기 모형 중 반집합주의는 개인의 자유를 신봉하는 것이 특징이며, 자유방임주의에 기반한다. 복지국가는 개인의 자유, 독창성, 선택을 제한한다고 보며 복지제공에 있어서 정부의 역할을 최소화시켜야 한다는 입장이다. 곧, 개인의 자유, 시장의 자유, 개인의 선택의 확대를 강조하는 입장이다. 반집합주의가 선호하는 가치 영역은 자유, 개인주의, 불평등, 가족 등이다.

다음에서 설명하는 이념은?

- 자본주의에 대해서는 긍정적
- 사회복지정책에 대해서는 부정적
- 시장개방, 노동의 유연성, 탈규제, 민영화 등의 정책을 선호

① 신자유주의
② 마르크스주의
③ 사회민주주의
④ 국가개입주의
⑤ 페이비언사회주의

답 ①

✔ 응시생들의 선택

① 83%	② 8%	③ 4%	④ 1%	⑤ 4%

② 마르크스주의: 자본주의 자체를 부정하며 복지국가를 통해서도 자본주의 자체의 모순을 극복할 수는 없다고 본다.
③ 사회민주주의: 노동계급을 대변하는 정치세력이 클수록 복지국가가 발전한다고 본다.
④ 국가개입주의: 시장에 대한 국가의 적극적인 개입을 강조한다.
⑤ 페이비언사회주의: 점진적인 제도 변화를 통해 사회주의에 도달할 수 있다는 사회개혁적 전략을 바탕으로 한다.

사회복지 이념에 관한 설명으로 옳지 않은 것은?

① 제3의 길: 근로와 복지가 연계될 필요가 있다.
② 케인스주의: 시장실패에 대해 국가가 적절히 개입해야 한다.
③ 페이비언 사회주의: 가족 등 비공식부문의 역할이 상대적으로 중요하다.
④ 마르크스주의: 복지국가는 자본과 노동계급 간 갈등의 결과이다.
⑤ 반집합주의: 사회복지는 개인의 자유와 선택을 제한한다.

답 ③

✔ 응시생들의 선택

① 24%	② 10%	③ 37%	④ 12%	⑤ 17%

③ 페이비언 사회주의는 의회정치를 활용하여 점진적인 사회개혁을 통한 사회주의를 지향하였다. 생산수단, 기업의 점진적인 국유화를 주장했다는 점에서 비공식부분의 역할보다는 공식부분의 역할을 중요하게 고려하였다고 볼 수 있다.

조지(V. George)와 윌딩(P. Wilding)이 제시한 사회복지이념에 관한 설명으로 옳은 것을 모두 고른 것은?

ㄱ. 반집합주의: 빈곤은 경제적 비효율을 초래하므로 국가에 의해 제거되어야 함
ㄴ. 마르크스주의: 자본주의 사회에서 빈곤 문제는 필연적으로 발생함
ㄷ. 페이비언 사회주의: 빈곤은 민간의 자선에 의해 해결되어야 함
ㄹ. 소극적 집합주의: 시장체계의 약점을 보완하는 정부의 개입을 인정함

① ㄱ, ㄴ, ㄷ
② ㄱ, ㄷ
③ ㄴ, ㄹ
④ ㄹ
⑤ ㄱ, ㄴ, ㄷ, ㄹ

답 ③

✔ 응시생들의 선택

① 6%	② 4%	③ 71%	④ 11%	⑤ 8%

③ ㄱ. 반집합주의: 국가의 역할을 최소화시켜야 한다는 입장
　ㄷ. 페이비언 사회주의: 평화적이고 점진적인 방법으로 사회주의를 지향

사회복지제도에 대한 신자유주의자들의 비판 논리로 옳지 않은 것은?

① 복지지출의 확대는 생산부문의 투자를 위축시켜 경제성장을 저해한다.
② 복지급여수급은 개인의 저축 및 투자동기를 약화시킨다.
③ 복지급여수급으로 시간당 임금이 변화되는 대체효과가 커져 근로동기가 줄어든다.
④ 재화나 서비스에 대한 수급자들의 선택을 왜곡시켜 비효율적 배분을 증대시킨다.
⑤ 조세 및 보험료의 부담을 피하기 위해 지하경제의 규모가 커질 가능성이 높다.

답 ③

✔ 응시생들의 선택

① 6%	② 8%	③ 16%	④ 42%	⑤ 29%

③ 신자유주의자들은 복지급여 수급으로 소득효과가 대체효과보다 커져 근로동기가 줄어든다고 주장한다.

케인스주의 시장개입에 대한 설명으로 옳은 것은?

① 사회복지정책은 자본주의에 의해서 발달한다.
② 국가의 개입이 유효수요를 증대시킨다.
③ 1970년대 경제위기 이후에 부각되었다.
④ 작은 정부를 지향한다.
⑤ 성장과 분배를 별개의 것으로 이해한다.

답 ②

✔ 응시생들의 선택

① 3%	② 44%	③ 17%	④ 20%	⑤ 16%

① 자본주의로 인한 불평등한 분배 상태를 개선하기 위해 사회복지정책이 필요하다고 본다.
③ 제2차 세계대전 이후 복지국가 황금기를 지배한 경제이론으로서 1970년대 경제위기 이후 신자유주의 및 신보수주의의 등장으로 힘을 잃었다.
④ 큰 정부를 지향한다.
⑤ 정부의 분배정책으로 국민들의 유효수요가 늘어나야 성장이 촉진된다고 보았다.

다음 중 제3의 길에 관한 내용이 아닌 것은?

① 국가의 복지 책임성 증대
② 근로복지연계
③ 직업에 대한 교육 및 훈련 강화
④ 지방정부의 책임 강화
⑤ 개인과 가족의 책임 강조

답 ⑤

✔ 응시생들의 선택

① 3%	② 1%	③ 2%	④ 9%	⑤ 85%

⑤ 제3의 길은 고복지-고부담-저효율로 요약되는 전통적 사회민주주의와 고효율-저부담-불평등으로 요약되는 신자유주의의 한계와 문제들을 극복하기 위한 노선이다. 이전의 신자유주의보다는 복지에서의 국가 책임성을 강조하였다.

다음 내용이 왜 틀렸는지를 확인해보자

21-06-07

01 소극적 집합주의자들은 <u>절대적으로 자유와 개인주의를 강조하며, 복지국가의 개입을 인정하지 않는다.</u>

> 소극적 집합주의자들은 자유와 개인주의를 강조하지만 이러한 가치가 절대적이지는 않으며, 시장체계의 약점을 보완하고 문제점을 해결한다는 측면에서 어느 정도 정부의 개입을 인정한다.

---

02 케인스는 <u>국가가 최소한으로 경제에 개입</u>해야 한다고 주장하였다.

> 케인스는 국가가 적극적으로 경제에 개입하여 유효수요를 창출함으로써 시장의 불완전성을 보완할 수 있다고 보고, 시장에 대한 국가의 적극적인 개입을 주장하였다.

13-06-12

03 페이비언 사회주의는 <u>가족 등 비공식부문의 역할이 상대적으로 중요</u>하다.

> 페이비언 사회주의는 생산수단, 기업의 점진적인 국유화를 주장했다는 점에서 비공식부분의 역할보다는 공식부분의 역할을 중요하게 고려하였다고 볼 수 있다.

10-06-23

04 마르크스주의는 <u>사회복지의 확대를 통해 자본주의의 근본적 모순을 극복</u>할 수 있다고 본다.

> 마르크스주의는 사회복지의 확대를 통해서만 자본주의의 근본적 모순을 극복할 수는 없다고 보며, 빈곤의 퇴치와 불평등의 해소는 복지국가 확대를 통해 이루어질 수 없다고 본다.

---

05 제3의 길의 복지정책은 <u>사회보장과 재분배의 측면만을 강조하면서 경제적인 측면은 중요시 하지 않는다는</u> 비판을 받았다.

> 제3의 길의 복지정책은 사회보장과 재분배에 관심을 기울이는 동시에 경제적인 부를 산출하는 주도적인 주체로서의 복지수혜 계층의 역할을 강조하고 있다.

---

06 실용적 성격을 지닌 <u>마르크스주의</u>는 신우파와 유사하게 자유, 개인주의, 그리고 경쟁적 사기업을 신봉한다.

> 실용적 성격을 지닌 중도노선은 신우파와 유사하게 자유, 개인주의, 그리고 경쟁적 사기업을 신봉한다.

빈칸에 들어갈 알맞은 말을 채워보자

`14-06-03`

01 (　　　　　　　)은/는 자본주의에 대해서 긍정적이며, 시장개방, 노동의 유연성, 탈규제, 민영화 등의 정책을 선호한다.

`14-06-05`

02 (　　　　　　　)은/는 영국 노동당 정부가 제3의 길의 구체적 실천전략으로 제시한 국가모형에서 비롯된 것으로써 복지의 투자적 성격과 생산적 성격을 강조하며, 복지와 성장, 사회정책과 경제정책의 상호보완성을 강조한다.

`12-06-07`

03 조지와 윌딩의 모형 중 (　　　　　　　)은/는 국가 개입은 경제적 비효율을 초래하므로 민영화를 통한 정부 역할 축소를 주장하였으며, 전통적 가치와 국가 권위의 회복을 강조하였다.

`11-06-07`

04 (　　　　　　　)이 강조한 복지개혁으로는 권리와 의무의 조화, 근로와 복지의 연계, 사회복지 공급주체의 다원화, 사회투자국가가 있다.

`07-06-07`

05 (　　　　　　　)은/는 국민들의 유효수요를 증대시키기 위하여 정부개입을 옹호한 경제이론이다.

06 (　　　　　　　)은/는 점진적이고 지속적인 불평등 완화에 대한 국가 책임, 적극적인 역할을 인정하며, 의회정치를 통한 점진적인 사회주의를 지향한다.

07 (　　　　　　　)은/는 1979년 마가렛 대처가 이끄는 보수당 정부의 출범과 함께 시작된 신자유주의정책의 흐름을 지칭한다.

08 (　　　　　　　)은/는 복지국가가 개인의 자유, 독창성, 선택을 제한한다고 보며 개인의 자유, 시장의 자유, 개인의 선택의 확대를 강조하는 입장이다.

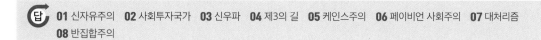

답 **01** 신자유주의　**02** 사회투자국가　**03** 신우파　**04** 제3의 길　**05** 케인스주의　**06** 페이비언 사회주의　**07** 대처리즘
08 반집합주의

다음 내용이 옳은지 그른지 판단해보자

01 사회투자모형에서 인적자원에 대한 투자는 결과의 평등을 지향한다. ◎ ⊗

02 반집합주의는 사회복지정책의 확대가 경제적 비효율성과 근로동기의 약화를 가져온다고 비판한다. ◎ ⊗

03 신자유주의자들은 복지급여수급이 개인의 저축 및 투자동기를 약화시킨다고 본다. ◎ ⊗

04 사회민주주의는 시장체계의 정의롭지 못한 분배를 시정하는 것이 정부의 역할이라고 주장한다. ◎ ⊗

05 페이비언 사회주의는 평등이라는 복지이념을 강조한다. ◎ ⊗

06 신자유주의자들은 사회복지제도의 확대가 조세 및 사회보험료 부담을 증가시켜 이러한 부담을 피하려는 지하경제가 증가한다고 비판한다. ◎ ⊗

07 케인스주의에서 사회복지지출은 사회복지정책 목표의 달성을 위한 수단이면서 소비 수요 증대를 통한 완전고용 및 경제성장 달성을 위한 수단으로서의 의미도 있다. ◎ ⊗

08 녹색주의는 경제성장과 소비의 지속 확대가 가능하며 바람직하다는 신념에 입각하여 복지국가를 추구한다. ◎ ⊗

09 소극적 집합주의는 반집합주의와 유사하지만 국가 개입을 제한적으로 인정한다는 점에서 차이가 있다. ◎ ⊗

10 신자유주의는 시장적 자유와 개인의 사적 소유권을 절대적 가치로 파악한다. ◎ ⊗

답 01 × 02 ○ 03 ○ 04 ○ 05 ○ 06 ○ 07 ○ 08 × 09 ○ 10 ○

해설 01 사회투자모형에서 인적자원에 대한 투자는 기회의 평등을 지향한다.
08 녹색주의는 경제성장과 소비의 지속 확대가 가능하며 바람직하다는 신념에 입각한 복지국가는 잘못되었다고 본다.

4장

사회복지정책 형성과정

이 장에서는

사회복지정책의 형성과정, 정책의제 형성 및 정책결정에 관한 이론 등을 다룬다.

10년간 출제분포도

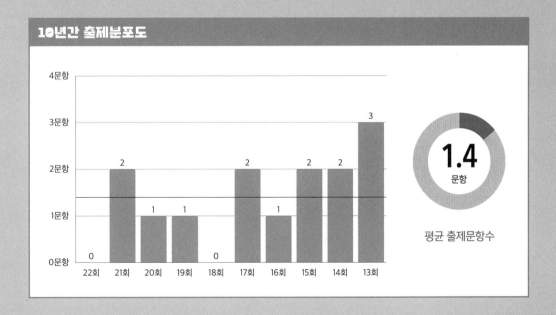

평균 출제문항수 **1.4** 문항

강의 QR코드

최근 10년간 **8문항** 출제

이론요약

정책평가의 필요성

- 정책이 처음 의도한 대로 집행되었는지를 파악하기 위해
- 정책과정이 복잡해지고 다양한 변수가 있으므로 이에 참여하는 이해관계자들을 설득하고 지지 확보를 위한 과학적이고 체계적인 분석자료가 필요하기 때문에
- 정책에 이용한 자원의 경제적 합리성을 파악하기 위해
- 정부의 정책 활동에 대한 관리적, 윤리적 책임성을 확보해야 하므로
- 정책평가를 통해 제시되는 자료를 기초로 더 향상된 연구를 위한 대안적인 기법을 마련하는 데 기여하므로

기본개념

사회복지정책론
pp.122~

정책평가의 성격

- 기술적 성격: 정책평가를 위해서 평가기법 등의 기술을 필요로 하며, 통계기법 및 과학적 분석기법 등이 요구된다는 점에서 기술적 성격을 갖는다.
- 실용적 성격: 응용연구로서 정책결정에 유용하게 적용하는 것을 목표로 한다.
- 개별사례적 성격: 구체적인 정책 프로그램이나 그 프로그램이 적용된 개별사례를 연구 대상으로 한다.
- 가치지향적 성격: 결정된 정책 프로그램의 무엇이 잘되고 무엇이 잘못되었는지 혹은 앞으로 어떻게 하는 것이 바람직한가를 포함하고 있다.
- 종합 학문적 성격: 정책결정은 현재의 정치, 사회, 문화 등 현실의 다양성을 반영하며, 정책문제에 대한 다양한 이론적 지식이 요구되며 사회복지실천에 대한 지식까지도 포함한다.
- 정치적 성격: 정책평가가 가치중립적인 입장을 보이기는 현실적으로 어려우며, 정책결정자, 집행자, 자금 지원 집단 등 이해집단 및 클라이언트의 영향을 받게 된다.

정책의 평가

▶ **정책평가의 기준**

- 효과성: 의도했던 정책효과가 과연 그 정책 때문에 발생했는가를 살피는 것이다.
- 효율성: '투입에 대한 산출'의 비율을 토대로 평가하는 것이다.
- 적정성: 문제의 해결 정도, 문제를 일으킨 욕구, 가치, 기회를 만족시키는 효과성의 수준 정도를 말한다.

- 적절성: 문제해결을 위해 사용한 수단이나 방법들의 바람직한 정도를 말한다.
- 형평성: 효과나 노력이 얼마나 공평하고 공정하게 배분되는지를 평가하는 것이다.
- 대응성: 정책이 수혜자 집단의 욕구, 선호, 가치를 반영하는 정도를 말한다.

▶ **일반적인 평가유형**
- 효율성 평가: **동일한 비용으로 산출을 극대화하였는가**에 대한 평가이다.
- 대상 효율성 평가: 의도한 목표상황의 문제해결을 얼마나 절약하여 효율적으로 수행하였는가에 대한 평가이다.
- 효과성 평가: **사회복지정책 목표를 얼마나 달성하였느냐**에 관한 평가이다.
- 형평성 평가: 사회복지정책이 얼마나 사회계층 간의 소득불평등을 감소시켰느냐에 관한 평가이다.
- 반응성 평가: 사회복지정책의 집행결과에 대해 수혜대상자들이 얼마나 만족하는가에 대한 평가이다.
- 민주성 평가: 복지수혜대상자들이 자신의 행복이 결정되는 사회복지정책과정에 얼마나 참여하였는가에 대한 평가이다.
- 합법성 평가: 사회복지정책이 수행되는 과정에서 얼마나 관련 법률을 제대로 준수하였는가에 대한 평가이다.
- 편의성 평가: 사회복지정책의 급여를 얼마나 편리하게 향유하였는가에 대한 평가이다.
- 시의적절성 평가: 사회복지정책의 급여가 적시에 제대로 제공되었는지에 관한 평가이다.
- 실현가능성 평가: 사회복지정책 대안이 얼마나 실현 가능한가에 대한 평가이다.

▶ **대상 및 시간 기준에 따른 평가유형**
- 형성평가(과정평가): **정책집행의 과정 중에 나타난 활동을 분석**하여 관리하고, 전략을 수정·보완할 목적으로 진행하는 평가이다.
- 총괄평가(영향평가): **정책집행 후 정책이 사회에 미친 영향, 효과 등을 추정**하는 평가이다.

▶ **주체에 따른 평가유형**
- 내부평가: 자체평가로서 정책결정, 정책 집행당사자들이나 체제 내부의 구성원들이 하는 평가이다.
- 외부평가: 정책결정, 정책 집행당사자들 외의 외부기관이 하는 평가이다.

▶ **정책평가에 영향을 미치는 요인들**
- 인적 요인: 정책평가자, 정책담당자, 클라이언트, 지역주민, 이해집단 등이 있다.
- 시간적 요인: 평가소요시간이 적절해야 한다.
- 기술적 요인: 적절한 분석기법을 가지고 있는가의 여부이다.
- 제도적 요인: 평가결과가 피드백 되어 실제 사용될 수 있는 법적 장치나 제도를 마련해야 한다.
- 정책 자체 요인: 정책 자체의 목표가 분명하고 수단에 대해 명확하게 제시되어야 하며, 내용이 측정 가능해야 한다.

01 (21-06-02) 사회복지정책 평가는 가치지향적이다.

02 (19-06-25) 총괄평가는 정책이 집행되고 난 후 정책이 사회에 미친 영향을 평가하는 것이다.

03 (17-06-16) 사회복지정책 평가는 기존 정책의 개선에 필요한 정보를 얻기 위해 필요하다.

04 (15-06-15) 정책평가는 정책효과성 제고에 기여할 수 있다.

05 (15-06-16) 사회복지정책의 대안을 개발할 때에는 과거의 정책을 검토하는 방법을 활용한다.

06 (14-06-11) 정책평가는 정책활동 통제 및 감사를 위해 필요하다.

07 (13-06-17) 합리적 사회정책분석의 절차는 '사회문제의 분석과 정의 → 정책대안의 결과 예측 → 정책대안의 비교와 평가 → 최적대안의 선택 제시'이다.

08 (13-06-18) 정책효과성 평가는 정책목표의 달성여부를 판단하는 것을 의미한다.

09 (12-06-16) 통계기법 및 분석기법 등이 요구된다는 점에 서 정책평가는 기술적(技術的) 성격을 띤다.

10 (11-06-11) 사회복지정책 과정의 단계는 '의제형성 – 정책입안 – 정책결정 – 정책집행 – 정책평가'이다.

11 (11-06-12) 효율성 평가는 정책목표 달성을 위한 비용 대비 편익을 비교하는 것이다.

12 (11-06-19) 평가목표는 정책평가자 결정이나 평가의 기준설정에 영향을 미친다.

13 (10-06-07) 사회적 효과성은 정책대안이 가진 사회통합 기능에 주안점을 둔다.

14 (10-06-14) 좁은 의미의 정책평가는 정책이 원래 해결하고자 했던 문제를 얼마나 해결했는지를 평가하는 것이다.

15 (09-06-20) 정책과정에 등장한 모든 아젠다가 법이나 제도로 만들어지는 것은 아니다.

16 (09-06-21) 사회효과성은 보편주의에서, 비용효과성은 선별주의에서 더 중요시하는 정책평가 기준이다.

17 (07-06-28) 정책평가의 기준으로는 효율성, 효과성, 형평성, 적정성 등이 있다.

18 (05-06-15) 정책결정자는 공익적 성격을 지니게 된다.

19 (04-06-13) 사회복지 정책결정 과정은 이익집단의 이해관계에 좌우될 수 있다는 문제점이 있다.

20 (04-06-15) 사회복지정책의 집행은 기술이 아닌 정치적 측면이 강하다.

21 (04-06-16) 형평성은 집단 간에 공정한 배분이 이루어 졌는지를 평가한다.

22 (03-06-10) 정책결정 과정은 '문제인지 → 자료분석 → 대안작성/평가 → 선택'의 순서로 진행된다.

23 (02-06-11) 사회복지정책의 평가분석 대상에는 서비스 전달체계, 재정조달 방법, 급여형태 수준, 대상자의 자격조건 등이 있다.

24 (02-06-12) 사회복지정책 대안형성 시 재정, 행정기술, 현재 시행되고 있는 정책, 정치적 실현가능성 등을 고려해야 한다.

21-06-02 난이도 ★★☆

사회복지정책 평가가 갖는 특징으로 옳지 않은 것은?

① 정치적이다.
② 실용적이다.
③ 종합 학문적이다.
④ 기술적이다.
⑤ 가치중립적이다.

 알짜확인

• 사회복지정책 형성과정의 전반적인 흐름과 각 과정별 주요 특징을 이해한다.

답 ⑤

☑ **응시생들의 선택**

① 17%	② 5%	③ 15%	④ 3%	⑤ 60%

⑤ 사회복지정책 평가는 가치지향적이다. 결정된 정책 프로그램의 무엇이 잘되고 무엇이 잘못되었는지 혹은 앞으로 어떻게 하는 것이 바람직한가를 포함하고 있다.

➕ **덧붙임**

사회복지정책 형성과정에 있어서 정책의 평가과정에 관한 문제가 가장 많이 출제되고 있는데, 정책평가의 성격, 평가유형, 평가기준 등에 관한 문제가 주로 출제되고 있다. 따라서 사회복지정책의 전반적인 형성과정 흐름을 정리한 후 평가의 특징, 평가유형, 평가기준 등 정책의 평가에 관련된 내용을 좀 더 세밀하게 살펴볼 필요가 있다.

19-06-25 난이도 ★☆☆

사회복지정책 평가유형에 관한 설명으로 옳은 것은?

① 과정평가는 정책집행 후에 평가하는 활동을 말한다.
② 결과평가는 정책집행 중간의 평가로 전략 설계의 수정보완을 하지 못한다.
③ 총괄평가는 정책이 집행되고 난 후 정책이 사회에 미친 영향을 평가하는 것이다.
④ 효율성 평가는 정책집행의 결과에 따라 정책의 목적이 달성되었는지를 평가하는 것이다.
⑤ 효과성 평가는 정책의 투입된 자원과 대비하는 평가이다.

답 ③

☑ **응시생들의 선택**

① 10%	② 1%	③ 80%	④ 3%	⑤ 6%

① 과정평가는 정책집행 과정에서 이루어지는 활동이다. 정책집행의 과정 중에 나타난 활동을 분석하여 관리하고, 전략을 수정보완할 목적으로 진행한다.
② 결과평가는 정책이 집행된 후에 정책에 따른 결과를 평가하는 것이다.
④ 효율성 평가는 '동일한 정책 산출물에 대해 비용을 최소화하였는가' 또는 '동일한 비용으로 산출을 극대화하였는가'에 대한 평가를 수행한다. 정책의 투입된 자원과 대비하는 평가이다.
⑤ 효과성 평가는 '사회복지정책 목표를 얼마나 달성하였느냐'에 관한 평가를 수행한다. 정책집행의 결과에 따라 정책의 목적이 달성되었는지를 평가하는 것이다.

사회복지정책 평가가 필요한 이유를 모두 고른 것은?

ㄱ. 문제해결을 위한 정책결정에 필요한 정보를 얻기 위함
ㄴ. 기존 정책의 개선에 필요한 정보를 얻기 위함
ㄷ. 정책의 정당성 근거를 확보하기 위함
ㄹ. 정책평가는 사회복지정책 이론의 형성에 기여함

① ㄱ, ㄴ, ㄷ   ② ㄱ, ㄴ, ㄹ
③ ㄱ, ㄷ, ㄹ   ④ ㄴ, ㄷ, ㄹ
⑤ ㄱ, ㄴ, ㄷ, ㄹ

답 ⑤

✅ 응시생들의 선택

① 16%	② 6%	③ 1%	④ 10%	⑤ 67%

⑤ 모두 옳은 내용이다. 정책평가는 정책의 집행결과가 애초에 계획 또는 설정했던 의도와 결과를 얼마나 효과적으로 달성했는가를 측정하는 활동으로, 처음 의도를 실현하였는가, 처음 사회문제가 되었던 문제해결에 기여하였는가, 집행의 결과로 어떤 파급효과와 부차적 효과를 야기했는가 등을 체계적으로 조사·분석·판단하는 활동이다.

정책평가에 관한 설명으로 옳지 않은 것은?

① 정책평가는 정책효과성 제고에 기여할 수 있다.
② 평가지표 선택에서 정책 목표보다 측정 용이성을 우선한다.
③ 정책평가는 정책 활동의 책임성을 높인다.
④ 산출과 영향에 대한 평가방법으로 양적·질적 평가를 병행할 수 있다.
⑤ 평가결과의 활용도를 높이는 기제를 마련하는 것이 바람직하다.

답 ②

✅ 응시생들의 선택

① 1%	② 93%	③ 2%	④ 3%	⑤ 1%

② 평가지표를 선택하는 데 있어서 측정의 용이성보다는 정책의 목표에 우선해야 한다.

정책평가가 필요한 이유로 옳지 않은 것은?

① 정책결정이론 형성
② 정책프로그램의 효과성 증진
③ 정책활동에 대한 책임성 확보
④ 정책활동 통제 및 감사의 필요성
⑤ 정책개선에 필요한 정보획득

답 ①

✅ 응시생들의 선택

① 59%	② 5%	③ 3%	④ 30%	⑤ 3%

① 정책결정이나 정책평가를 위해서는 다양한 이론적 지식이 요구되긴 하지만, 정책평가는 정책의 목표달성과 관련한 가치를 파악하기 위한 것으로 정책결정이론의 형성이 정책평가의 필요성이라고 볼 수는 없다.

사회복지정책 평가유형에 관한 설명으로 옳은 것은?

① 과정평가는 최초의 정책목표 달성여부를 평가하는 것이다.
② 효율성 평가는 정책목표 달성을 위한 비용 대비 편익을 비교하는 것이다.
③ 효율성 평가는 정책집행과정의 문제점을 찾는데 효율적이다.
④ 효과성 평가는 정책목표의 달성여부를 비용측면에서 평가하는 것이다.
⑤ 효과성 평가는 정책성과를 화폐단위로 환산하기 쉬운 경우에 적절하다.

답 ②

✅ 응시생들의 선택

① 2%	② 88%	③ 4%	④ 4%	⑤ 2%

① 과정평가는 정책집행과정을 평가하는 것이다. 정책목표 달성여부를 평가하는 것은 총괄평가에 해당한다.
③ 정책집행과정의 문제점을 찾기 위한 것은 과정평가이다.
④ 효과성 평가는 의도했던 정책목표를 얼마나 달성했는가를 비용(투입)과 상관없이 평가한다.
⑤ 효율성 평가에서 활용하는 비용-편익분석은 정책성과를 화폐단위로 환산하기 쉬운 경우에 적절하다.

다음 내용이 왜 틀렸는지를 확인해보자

`21-06-02`

01 사회복지정책의 평가는 <u>반드시 가치중립적인 입장을 보여야 하므로 정치적 성격을 띠면 안 된다</u>.

> 정책평가가 가치중립적인 입장을 보이기는 현실적으로 어려우며, 정책결정자, 집행자, 자금 지원 집단 등 이해 집단 및 클라이언트의 영향을 받게 된다.

---

02 정책평가의 기준으로 **적정성**은 문제해결을 위해 사용한 수단이나 방법들의 바람직한 정도를 말한다.

> 문제해결을 위해 사용한 수단이나 방법들의 바람직한 정도는 적절성이다. 적정성은 문제의 해결 정도, 문제를 일으킨 욕구, 가치, 기회를 만족시키는 효과성의 수준 정도를 말한다.

---

03 형성평가는 **정책집행 후 정책이 사회에 미친 영향, 효과 등을 추정**하는 판단활동이다.

> 정책집행 후 정책이 사회에 미친 영향, 효과 등을 추정하는 판단활동은 총괄평가이다. 형성평가는 정책집행 과 정에서 이루어지는 활동이다.

`15-06-15`

04 정책평가 시 평가지표 선택에 있어서 **정책 목표보다 측정 용이성을 우선**해야 한다.

> 평가지표를 선택하는 데 있어서 측정의 용이성보다는 정책의 목표에 우선해야 한다.

`14-06-11`

05 정책의 평가가 필요한 가장 중요한 이유는 **정책결정이론을 형성**하기 위한 것이다.

> 정책평가가 정책과 관련된 다양한 이론을 형성하는 것에 기여하는 것은 맞지만, 정책을 결정하는 결정이론을 형 성하기 위한 것이 주요 목적은 아니다.

`11-06-19`

06 평가유형의 결정은 **평가목표나 평가대상의 결정 이전에 선행**되어야 한다.

> 정책평가의 목표와 대상에 따라 평가의 기준과 평가유형을 결정할 수 있다.

빈칸에 들어갈 알맞은 말을 채워보자

19-06-25
01 (   )은/는 정책집행의 결과에 따라 정책의 목적이 달성되었는지를 평가하는 것이다.

02 (   )은/는 투입과 산출의 비율로 표현하며, 주로 비용편익 분석을 사용한다.

12-06-16
03 정책평가는 결정된 정책 프로그램의 무엇이 잘되고 무엇이 잘못되었는지 혹은 앞으로 어떻게 하는 것이 바람직한 가를 포함하고 있으므로 (   ) 성격을 띤다.

04 (   )은/는 어떤 정책프로그램에 대한 대상 집단의 참여가 실제로 얼마나 이루어지고 있는가 하는 정도, 즉 충족(만족)도를 말한다.

05 (   )은/는 사회복지정책의 집행결과에 대해 수혜대상자들이 얼마나 만족하는가에 대한 평가이다.

답 **01** 효과성 평가 **02** 효율성 평가 **03** 가치지향적 **04** 커버리지 **05** 반응성 평가

다음 내용이 옳은지 그른지 판단해보자

19-06-25
01 과정평가는 정책집행 후에 평가하는 활동을 말한다. ◎ ⊗

09-06-21
02 사회효과성은 보편주의에서, 비용효과성은 선별주의에서 더 중요시하는 기준이다. ◎ ⊗

03 정책에 이용한 자원의 경제적 합리성을 파악하기 위해서도 정책평가는 필요하다. ◎ ⊗

04 정책평가를 위해서 평가기법 등의 기술을 필요로 하며, 통계기법 및 과학적 분석기법 등이 요구된다는 점에서 기술적 성격을 갖는다. ◎ ⊗

05 합법성 평가는 '복지수혜대상자들이 자신의 행복이 결정되는 사회복지정책과정에 얼마나 참여하였는가'에 대한 평가이다. ◎ ⊗

06 복잡한 정책과정에 참여하는 이해 관계자들을 설득하고 지지를 확보하기 위한 과학적이고 체계적인 분석 자료가 필요하기 때문에 정책평가가 필요하다. ◎ ⊗

07 총괄평가는 주로 질적인 평가방법을 활용한다. ◎ ⊗

08 사회복지정책의 평가분석 중 과정평가의 한 방법인 모니터링(monitoring)은 정책의 대상 집단에 대한 프로그램의 커버리지와 바이어스를 살펴야 한다. ◎ ⊗

답 **01**× **02**○ **03**○ **04**○ **05**× **06**○ **07**× **08**○

해설 **01** 과정평가는 정책집행 과정에서 이루어지는 활동으로서 정책집행 과정 중에 나타난 활동을 분석하여 관리한다.
05 '복지수혜대상자들이 자신의 행복이 결정되는 사회복지정책과정에 얼마나 참여하였는가'에 대한 평가는 민주성 평가이다.
07 총괄평가는 주로 양적인 평가방법을 활용한다. 반면, 형성평가는 주로 질적인 평가방법을 활용한다.

173 정책결정 이론모형

강의 QR코드

1회독 월 일 | 2회독 월 일 | 3회독 월 일

최근 10년간 **6문항** 출제 ★★★

복습 1 이론요약

합리모형

- <u>고도의 합리성을 기반으로 하여</u> 최선의 대안을 선택한다.
- 완전한 합리성으로 모든 대안을 인식할 수 있다는 관점이다.
- 사회적 편익을 고려하며, 비용 대비 편익이 큰 대안을 선택한다.
- 비판도 많지만 합리적인 대안이 선택되도록 정책결정에 공헌할 수 있다.
- 정책 대안의 선택결과에 대해 현실적·객관적 평가가 가능하고, 소수 엘리트의 정치
  영향을 배제하여 정책대안 선택에 합리성을 높일 수 있다는 면도 있다.

기본개념
사회복지정책론
pp.131~

만족모형

- 제한된 합리성에 기반을 두고 **만족스러운 수준에서 대안을 선택**한다.
- 관습적 대안을 토대로 만족할 만한 해결책을 모색한다.
- 합리모형의 현실적 제약을 극복하기 위해 제시되었으며, 정책결정자가 완전한 합리성이 아닌 제한된 합리성에 기초하여 정책을 결정한다고 본다.
- 지나치게 주관적이라는 비판을 받았으며, 만족할만한 수준의 대안을 선택한다고 할 때 만족의 정도를 결정할 객관적 척도가 없다.

점증모형

- 정치적 합리성에 따라 **기존 정책의 문제점을 부분적으로 수정**한다.
- 소수의 대안만을 고려하기 때문에 현재보다 약간 나은 정도의 수준에 그친다.
- 정치적 효율성을 강조하여 다양한 이해관계자들 사이의 합의로 결정이 이루어진다.
- 합리모형의 비현실성을 비판한다는 점에서 만족모형과 유사하다.
- 정책결정에 관한 계획성이 결여되어 있으며, 정책결정에 관한 분명한 기준이 없다.

혼합모형

- **합리모형과 점증모형을 절충한 모형**이다.
- 포괄적 관찰로 대안을 탐색하고, 점증적 방식으로 결정한다.
- 기본적 결정은 합리모형을 따르고, 특정 문제에 대해 현실적 결정이 필요한 경우에는 점증모형을 따른다.

88 기출회독 사회복지정책론

최적모형

- 현실적 기준을 제시할 수 있는 규범이론을 수정·보완한다.
- 기본은 합리모형을 따르지만 직관, 판단력, 창의력 같은 초합리적 요소를 고려한다.

엘리트모형

- 정책이 통치엘리트의 가치나 이해관계에 의해 결정된다고 보는 모형이다.
- 소수의 권력자만이 정책을 분배할 수 있고, 대중이 영향을 받는다는 이론이다.

쓰레기통모형

- 정책결정이 일정한 규칙에 따라 이루어지는 것이 아니라 쓰레기통처럼 불규칙하게 정책결정이 이루어진다고 본다.
- 몇 가지 흐름이 우연한 기회에 정책을 생산하게 된다는 이론이다.
- 조직이나 구성원 간의 응집력이 약하고 복잡하며, 모호한 환경에서 유용하다.

공공선택이론

- 공공재와 공공서비스 공급을 합리적으로 수행하기 위한 정책결정을 강조한다.
- 투표 행위나 집단의 원리, 법률에 의해 선택되는 정도에 대한 분석이다.

엘리슨 모형

- 합리적 행위자 모형, 조직과정 모형, 관료정치 모형으로 구성되어 있다.
- 관료들 간에 이루어지는 협상, 타협, 경쟁 등 정치적 게임의 결과로 보는 관료정치모형을 제시하였다.

기출문장 CHECK

01 (21-06-22) 최적모형은 정책결정 과정에서 실현가능성이 낮다는 비판이 있다.

02 (20-06-19) 혼합모형은 합리모형과 점증모형의 절충적인 형태로 에치오니(Etzioni)가 주장한 모형이다.

03 (17-06-12) 킹돈(J. Kingdon)의 쓰레기통모형에 의하면 정치의 흐름, 문제의 흐름, 정책대안의 흐름이 각각 따로 존재하며, 그 과정의 참여자도 다르다.

04 (16-06-16) 최적모형은 체계론적 시각에서 정책성과를 최적화하려는 정책결정 모형이다.

05 (14-06-19) 합리모형은 주어진 상황 속에서 주어진 목표를 해결하기 위해 최선의 정책대안을 찾을 수 있다고 가정한다.

06 (13-06-15) 쓰레기통모형에 의하면 정책전문가들은 지속적으로 특정 사회문제에 대한 정책대안들을 연구하고 있으며, 정책대안들이 정치적 흐름과 문제 흐름에 의해 정책아젠다(agenda)로 등장할 때까지 기다린다.

07 (12-06-15) 점증모형은 과거의 정책을 약간 수정한 정책결정이 이루어지고, 여론의 반응에 따라 정책수정을 반복한다.

08 (10-06-05) 만족모형은 정책결정자가 완전한 합리성을 가지고 있지는 않다고 본다.

09 (08-06-11) 조직화된 혼란상태 속에서 우연적으로 정책결정이 이루어진다고 보는 것은 쓰레기통모형이다.

10 (07-06-09) 최적모형은 인간의 합리성과 함께 직관, 창의력 등 초합리적 요소까지도 고려한다.

11 (06-06-12) 공공선택이론은 정책결정권자인 정치가나 관료도 자신의 이익을 극대화하기 위해 노력한다는 가정에 입각한 이론이다.

12 (05-06-14) 조합주의이론은 정부와 노동조합, 정당 등의 협의와 합의를 통해 정책을 결정하는 구조를 강조하는 이론이다.

13 (03-06-11) 엘리트이론은 권력을 가진 소수에 의해 정책이 결정된다고 보는 이론이다.

대표기출 확인하기

21-06-22 난이도 ★★☆

정책결정 모형 중 드로어(Y. Dror)가 제시한 최적모형에 관한 설명으로 옳은 것을 모두 고른 것은?

ㄱ. 합리모형과 점증모형의 단순혼합이 아닌 정책성과를 최적화하려는 데 초점을 둔다.
ㄴ. 합리적 요소와 초합리적 요소를 다 고려하는 질적 모형이다.
ㄷ. 초합리성의 구체적인 달성 방법에 대한 명확한 설명이 제시되었다.
ㄹ. 정책결정을 체계론적 시각에서 파악한다.
ㅁ. 정책결정 과정에서 실현가능성이 낮다는 비판이 있다.

① ㄱ, ㄴ
② ㄱ, ㄷ, ㄹ
③ ㄱ, ㄴ, ㄹ, ㅁ
④ ㄱ, ㄷ, ㄹ, ㅁ
⑤ ㄴ, ㄷ, ㄹ, ㅁ

▶ **알짜확인**

• 정책결정에 관한 이론모형의 주요 내용, 특징 및 각각의 차이점을 이해한다.

답 ③

✅ **응시생들의 선택**

① 11%	② 11%	③ 51%	④ 11%	⑤ 16%

③ ㄷ. 정책결정에는 경제적 합리성과 함께 직관, 판단력, 창의력 등 초합리적 요소까지도 동시에 고려해야 한다고 보았으나, 초합리성의 구체적인 설명이 명확하지 못하다는 비판을 받았다.

➕ **덧붙임**

정책결정 이론모형과 관련해서는 개별 이론/모형에 대한 문제보다는 여러 이론들을 선택지로 제시하고 주요 내용과 특징이 제대로 연결되어 있는지 묻는 형태가 가장 대표적인 유형에 속한다. 각 이론들을 구분할 수 있도록 비교해서 이해하도록 한다. 각각의 이론에 대한 특징, 한계, 기본 전제 등을 중심으로 정리해두자.

관련기출 더 보기

20-06-19 난이도 ★★☆

정책결정 이론모형에 관한 설명으로 옳은 것을 모두 고른 것은?

ㄱ. 합리모형은 인간의 이성과 합리성을 믿고 주어진 상황에서 목표 달성을 극대화하는 최선의 정책대안을 찾아낼 수 있다고 본다.
ㄴ. 점증모형은 조직화된 무정부 상태 속에서 점진적으로 질서를 찾아가는 과정을 정책결정 과정으로 설명한다.
ㄷ. 쓰레기통모형은 문제의 흐름, 정책대안의 흐름, 정치의 흐름이 우연히 결합하여 정책의 창이 열릴 때 정책이 결정된다고 본다.
ㄹ. 혼합모형은 합리모형과 최적모형을 혼합하여 최선의 정책결정에 도달하는 정책결정 모형이다.

① ㄱ, ㄷ
② ㄱ, ㄹ
③ ㄴ, ㄹ
④ ㄱ, ㄴ, ㄷ
⑤ ㄱ, ㄴ, ㄷ, ㄹ

답 ①

✅ **응시생들의 선택**

① 40%	② 9%	③ 4%	④ 15%	⑤ 32%

① ㄴ. 조직화된 무정부 상태 속에서 점진적으로 질서를 찾아가는 과정을 정책결정 과정으로 설명한 것은 쓰레기통모형이다.
ㄹ. 혼합모형은 합리모형과 점증모형의 절충적인 형태로 에치오니(Etzioni)가 주장한 모형이다.

정책결정 이론모형에 관한 설명으로 옳지 않은 것은?

① 합리모형: 인간의 이성과 합리성을 전제로 최선의 정책대안을 찾을 수 있다고 가정한다.
② 혼합모형: 조직화된 무정부 상태 속에서 정책이 우연히 결정된다고 가정한다.
③ 최적모형: 체계론적 시각에서 정책성과를 최적화하려는 정책결정 모형이다.
④ 만족모형: 사람은 자신의 제한된 능력과 환경적 제약으로 모든 대안이 초래할 결과를 완전히 예측할 수는 없다.
⑤ 점증모형: 과거의 정책을 약간 수정한 정책결정이 이루어지고, 여론의 반응에 따라 정책수정을 반복한다.

답 ②

✓ 응시생들의 선택

① 1%	② 87%	③ 2%	④ 9%	⑤ 1%

② 조직화된 무정부 상태 속에서 정책이 우연히 결정된다고 가정하는 것은 쓰레기통모형이다.

정책결정 이론모형과 설명의 연결이 옳은 것을 모두 고른 것은?

ㄱ. 합리모형 – 주어진 상황 속에서 주어진 목표를 해결하기 위해 최선의 정책대안을 찾을 수 있다고 가정한다.
ㄴ. 만족모형 – 합리모형보다 혁신적이고 진보적인 정책결정이 이루어진다.
ㄷ. 최적모형 – 체계론적 시각에서 정책성과를 최적화하려는 정책결정 모형이다.
ㄹ. 점증모형 – 경제적 합리성과 초합리성을 바탕으로 하는 질적 모형이다.

① ㄱ, ㄴ, ㄷ 　　　　② ㄱ, ㄷ
③ ㄴ, ㄹ　　　　　　　④ ㄹ
⑤ ㄱ, ㄴ, ㄷ, ㄹ

답 ②

✓ 응시생들의 선택

① 21%	② 68%	③ 3%	④ 1%	⑤ 7%

② ㄴ. 만족모형은 제한된 합리성에 기초하여 어느 정도 만족할만한 수준으로 대안이 선택된다고 본다.
　 ㄹ. 경제적 합리성과 함께 직관, 판단력, 창의력 등 초합리적 요소까지 동시에 고려해야 한다는 것은 최적모형이다.

다음에서 설명하는 정책결정이론은?

• 정책결정과정에는 정책대안의 흐름, 문제의 흐름, 정치의 흐름이 존재한다.
• 정책전문가들은 지속적으로 특정 사회문제에 대한 정책대안들을 연구하고 있으며, 정책대안들이 정치적 흐름과 문제 흐름에 의해 정책 아젠다(agenda)로 등장할 때까지 기다린다.
• 이들 세 개의 흐름이 연결되면 정책의 창(policy window)이 열려 정책대안이 마련되고, 그렇지 않으면 각 흐름은 다시 제각각 본래의 흐름으로 돌아간다.

① 쓰레기통모형
② 수정 점증주의모형
③ 엘리슨모형
④ 합리적 선택모형
⑤ 분할적 점증주의모형

답 ①

✓ 응시생들의 선택

① 30%	② 14%	③ 11%	④ 35%	⑤ 9%

① 쓰레기통모형은 정책결정이 일정한 규칙에 따라 이루어지는 것이 아니라 여러 가지 흐름이 우연히 쓰레기통 속에서 만나게 되면 정책결정이 이루어진다고 본다.

➕ 덧붙임

정책결정 이론모형에 관한 문제는 선택지로 여러 이론들을 제시하고 주요 내용과 특징이 옳게 또는 옳지 않게 연결된 것을 찾는 유형이 주로 출제되지만, 종종 하나의 특정 이론모형에 관한 자세한 설명을 제시하고 이에 해당하는 모형을 찾는 유형도 출제된다.

정책결정 이론모형에 관한 설명으로 옳은 것은?

① 합리모형 – 인간의 제한적 합리성을 전제로 하여 정책대안을 선택한다.
② 만족모형 – 주어진 상황에서 목표 달성을 극대화하는 최선의 정책대안을 찾아낼 수 있다.
③ 점증모형 – 과거의 정책을 약간 수정한 정책결정이 이루어지고, 여론의 반응에 따라 정책수정을 반복한다.
④ 최적모형 – '조직화된 무정부상태' 속에서 정책이 우연히 결정된다.
⑤ 쓰레기통모형 – 합리적 요소와 초합리적 요소를 바탕으로 한 질적 모형이다.

답 ③

✅ 응시생들의 선택

① 30%	② 7%	③ 49%	④ 1%	⑤ 13%

① 제한적 합리성을 기초로 하여 정책을 결정한다고 보는 것은 만족모형에 해당하는 설명이다.
② 만족모형은 최선의 정책대안을 선택하는 데 현실적 제약이 있기 때문에 만족스러운 정도의 대안을 선택하는 정책결정이 이루어진다고 본다.
④ '조직화된 무정부상태' 속에서 정책이 우연히 결정된다고 보는 것은 쓰레기통모형에 해당하는 설명이다.
⑤ 합리적 요소와 초합리적 요소를 바탕으로 한 질적 모형은 최적모형에 해당한다.

정책결정이론에 관한 설명으로 옳은 것은?

> ㄱ. 최적모형: 정책결정은 과거의 정책을 점증적으로 수정하는 방식으로 이루어진다.
> ㄴ. 합리모형: 목표달성을 극대화할 수 있는 최선의 정책대안을 찾을 수 있다.
> ㄷ. 혼합모형: 정책결정에 드는 비용보다 효과가 더 커야 한다.
> ㄹ. 만족모형: 정책결정자가 완전한 합리성을 가지고 있지는 않다.

① ㄱ, ㄴ, ㄷ   ② ㄱ, ㄷ
③ ㄴ, ㄹ   ④ ㄹ
⑤ ㄱ, ㄴ, ㄷ, ㄹ

답 ③

✅ 응시생들의 선택

① 9%	② 4%	③ 71%	④ 11%	⑤ 5%

③ ㄱ. 최적모형: 정책결정에는 경제적 합리성과 함께 직관, 판단력, 창의력 등 초합리적 요소까지도 동시에 고려해야 한다는 이론이다. 과거의 정책을 점증적으로 수정하는 방식은 점증모형에 해당된다.
ㄷ. 혼합모형: 합리모형과 점증모형의 절충적인 형태로 중요한 문제이거나 위기적 상황인 경우 합리모형에서처럼 포괄적 관찰을 통해 대안을 탐색하여 기본 결정을 하고, 이후 점증모형에서처럼 이를 수정 및 보완하면서 세부적인 결정을 한다. 정책결정에 드는 비용보다 효과가 더 커야 한다는 점은 경제적 합리성을 의미한다. 경제적 합리성과 초합리성 요소를 동시에 고려해야 한다는 것은 최적모형과 관련된 설명이라고 할 수 있다.

다음 내용이 왜 틀렸는지를 확인해보자

20-06-19

01 쓰레기통모형은 **정책결정이 일정한 규칙에 따라** 이루어진다고 본다.

> 쓰레기통모형은 정책결정이 일정한 규칙에 따라 이루어지는 것이 아니라 쓰레기통처럼 불규칙하게 정책결정이 이루어진다고 본다.

14-06-19

02 만족모형은 **합리모형보다 혁신적이고 진보적인 정책결정**이 이루어진다.

> 만족모형은 인간 능력의 한계, 시간, 비용 등의 문제로 인해 모든 대안을 탐색할 수 없기 때문에 제한된 합리성에 기초하여 어느 정도 만족할만한 수준으로 대안이 선택된다고 본다.

12-06-15

03 **만족모형**은 과거의 정책을 약간 수정한 정책결정이 이루어지고, 여론의 반응에 따라 정책수정을 반복한다.

> 점증모형은 과거의 정책을 약간 수정한 정책결정이 이루어지고, 여론의 반응에 따라 정책수정을 반복한다.

04 혼합모형은 **엘리트모형과 점증모형의 절충적인 형태**의 모형이다.

> 혼합모형은 합리모형과 점증모형의 절충적인 형태의 모형이다.

03-06-11

05 권력을 가진 소수에 의해 정책이 결정된다고 보는 이론은 **쓰레기통모형**이다.

> 권력을 가진 소수에 의해 정책이 결정된다고 보는 이론은 엘리트모형이다.

06 **공공선택모형**은 합리적 행위자 모형, 조직과정 모형, 관료정치 모형으로 구성되어 있다.

> 앨리슨모형은 합리적 행위자 모형, 조직과정 모형, 관료정치 모형으로 구성되어 있다.

빈칸에 들어갈 알맞은 말을 채워보자

01 (   )은/는 정책결정 과정에 참여한 관료들 간에 이루어지는 협상, 타협, 경쟁 등 정치적 게임의 결과로 보는 관료정치 모형을 제시하였다.

21-06-22
02 (   )은/는 체계론적 시각에서 정책성과를 최적화하려는 정책결정 모형이다.

10-06-05
03 (   )은/는 목표달성을 극대화할 수 있는 최선의 정책대안을 찾을 수 있다.

08-06-11
04 조직화된 혼란상태 속에서 우연적으로 정책결정이 이루어진다고 보는 것은 (   )이다.

05 (   )은/는 기본적 결정이 중대한 영향을 미치고 후속적인 세부 결정의 범주와 방향을 제시하는 것이다.

 답 **01** 앨리슨 모형 **02** 최적모형 **03** 합리모형 **04** 쓰레기통모형 **05** 혼합모형

다음 내용이 옳은지 그른지 판단해보자

17-06-12
01 쓰레기통모형은 정책의 흐름 속에 떠다니던 정책대안이 연결되어 정책결정의 기회를 맞는다.

12-06-15
02 인간의 제한적 합리성을 전제로 하여 정책대안을 선택하는 것은 합리모형이다.

03 만족모형은 지나치게 주관적이라는 비판이 있다.

04 공공선택이론에 따르면 사회복지 재화와 서비스는 사회복지를 둘러싼 정치적 이해관계에 의해 제공된다.

05 최적모형은 정책결정에는 경제적 합리성과 함께 직관, 판단력, 창의력 등 초합리적 요소까지도 동시에 고려해야 한다는 이론이다.

답 **01** ○ **02** × **03** ○ **04** ○ **05** ○

(해설) **02** 제한적 합리성을 기초로 하여 정책을 결정한다고 보는 것은 만족모형에 해당하는 설명이다.

5장

사회복지정책의 분석틀

10년간 출제분포도

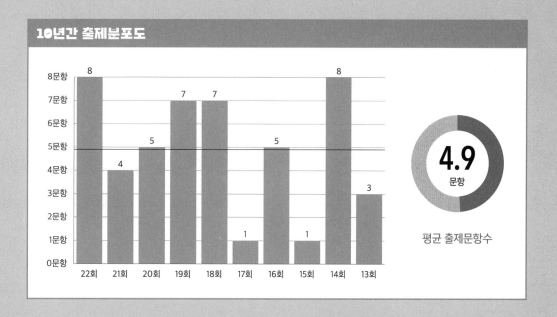

평균 출제문항수

174 사회복지정책의 분석틀

강의 QR코드

1회독 월 일 → 2회독 월 일 → 3회독 월 일

최근 10년간 **6문항** 출제 ★★★

복습 1 **이론요약**

사회복지정책 분석의 유형(3P)

기본개념

사회복지정책론
pp.138~

▶ 과정분석

• 사회복지정책 형성의 역동성을 중심으로 하여 분석하는 접근으로서, **정책의 계획과 관련된 문제**들을 다룬다.

• 정책의 계획과 관련된 각종 정보와 다양한 정치조직, 정부기관, 기타 조직들 간의 관계 및 상호작용이 정책형성에 어떻게 영향을 미치는가를 분석하는 것에 관심을 둔다.

• 과정분석을 통하여 사회복지정책 형성에 영향을 주는 사회적·정치적·경제적인 배경 요인 등을 파악한다.

• 분석수준에 있어서 사회복지제도 전체를 대상으로 할 수도 있고 특정한 제도 한 가지만을 대상으로 할 수도 있다.

• 시간적 차원으로 장기간에 걸친 제도의 발달을 다룰 수도 있고 단기간의 변화를 다룰 수도 있다.

• 정책결정에 있어서의 정치적·기술적 투입요소에 대한 사례를 연구한다.

▶ 산출분석

• **정책의 운영(행정)과 관련된 문제**들을 다루며, 기획 과정을 통해 얻게 되는 산물로서 프로그램 안이나 법률안에 대한 여러 쟁점을 분석한다.

• 특정한 방향으로 설계된 정책에 있어서 그 정책에 포함되어 있는 정책 선택의 형태와 내용을 분석한다.

• 특정 선택에 따라 배제된 대안을 분석하거나 선택의 근거가 된 가치와 이론, 가정들에 대한 문제를 분석한다.

▶ 성과분석

• **정책의 조사연구에 관한 문제**들을 다루며, 프로그램이 얼마나 잘 실행되었는가, 프로그램 실시로 얻은 영향이 무엇인가를 연구한다.

• 프로그램이 실행된 결과나 영향을 평가하는 것이며, 다른 두 가지 분석 유형보다 더 객관적이고 체계적인 분석을 요구한다.

• 성과는 질적, 양적 자료의 수집을 통해서 다양한 학문분야에서 개발된 방법론적 도구를 통해서 측정할 수 있으며, 조사 방법론은 성과를 측정하는 데 관련된 중요한 기술적, 이론적 지식과 기법을 제공한다.

사회복지정책에 대한 4가지 분석틀(Gilbert & Specht)

- 할당체계(수급자격): **누가 급여를 받는가?**
- 급여체계(급여종류): **무엇을 받는가?**
- 전달체계(전달방법): **어떻게 급여를 받는가?**
- 재정체계(재정마련방법): **누가 급여를 지불하는가?**

기출문장 CHECK

01 (21-06-20) 산물분석 결과는 기존의 사회주류적 입장을 대변할 가능성이 높다.

02 (20-06-15) 우리나라 건강보험제도의 재정체계로는 보험료, 국고보조금, 이용료가 있다.

03 (19-06-09) 산물분석은 정책선택에 관련된 여러 가지 쟁점을 분석하는 접근방법이다.

04 (18-06-15) 과정분석은 정책사정(policy assessment)이 어떻게 이루어지는지를 이해하기 위한 목적에서 이루어진다.

05 (14-06-22) 노인장기요양보험법 제정에서 이익집단의 영향 분석은 정책분석의 3P(과정분석, 산물분석, 성과분석) 중 과정분석의 사례에 해당한다.

06 (12-06-12) 정책분석틀을 할당, 급여, 재정, 전달체계로 구분하는 것은 산물분석에 적합하다.

07 (11-06-10) 기초연금과 국민연금의 대상자 선정기준 분석은 사회복지정책에 대한 분석적 접근방법 중 산물(product)분석에 해당한다.

08 (10-06-08) 길버트와 테렐(Gilbert & Terrell)이 말한, 사회복지정책에 대한 분석적 접근방법에는 과정(process)분석, 산물(product)분석, 성과(performance)분석이 있다.

09 (09-06-09) 길버트와 테렐(Gilbert & Terrell)이 제시한 정책분석모형에서 네 가지 선택의 차원(할당, 급여, 전달체계, 재원)과 세 가지 축(가치, 이론, 대안)을 이용하여 정책설계의 중요한 구성요소들을 분석한 정책분석 접근방법은 산물(product)분석이다.

10 (08-06-13) 길버트와 스펙트가 사회복지정책 분석기준으로 활용한 4가지 선택영역 중 급여는 무엇을 제공할 것인가에 대한 선택을 말한다.

11 (07-06-10) 산물분석은 정책 선택의 형태와 내용을 분석한다.

12 (05-06-26) 길버트와 테렐이 말한 사회복지정책의 분석적 접근방법 중 효과는 정책결과를 평가한다.

대표기출 확인하기

21-06-20 난이도 ★★☆

사회복지정책분석에서 산물(product)분석의 한계에 관한 설명으로 옳은 것은?

① 정해진 틀에 따라 사회복지정책 내용을 분석함으로써 적용된 사회적 가치를 평가하기 쉽다.
② 사회복지정책의 방향성을 제시하기가 용이하다.
③ 현행 사회복지정책에서 배제되고 차별받는 사람들의 욕구를 파악하기 쉽다.
④ 산물분석 결과는 기존의 사회주류적 입장을 대변할 가능성이 높다.
⑤ 사회복지정책의 구체적인 대안을 담아내기 쉽다.

 알짜확인

• 사회복지정책의 분석유형(3P)을 이해해야 한다.
• 길버트와 테렐의 4가지 정책선택 차원의 내용을 이해해야 한다.

답 ④

✔ 응시생들의 선택

① 22%	② 9%	③ 8%	④ 55%	⑤ 6%

④ 산물분석은 기획 과정을 통해 얻게 되는 산물로서 프로그램안이나 법률안에 대한 여러 쟁점을 분석하므로 그 결과가 기존의 사회주류적 입장을 대변할 가능성이 높다. 특정한 방향으로 설계된 정책에 있어서 그 정책에 포함되어 있는 정책 선택의 형태와 내용을 분석하며, 특정 선택에 따라 배제된 대안을 분석하거나 선택의 근거가 된 가치와 이론, 가정들에 대한 문제를 분석한다.

➕ 덧붙임

사회복지정책의 분석유형(3P)과 관련해서는 분석유형에 해당하는 것을 고르거나 분석유형에 대한 설명으로 옳은 것을 고르는 단순한 형태가 주로 출제되었지만, 최근에는 사례에 해당하는 분석 유형을 고르는 고난이도 문제도 출제되고 있다. 최근 시험에서 자주 출제되지는 않았지만 길버트와 테렐의 4가지 정책선택 차원의 내용도 반드시 정리해야 한다.

관련기출 더 보기

20-06-15 난이도 ★★☆

우리나라의 건강보험제도를 할당, 급여, 전달체계, 재정의 영역으로 구분한 것이다. 내용 연결이 옳은 것을 모두 고른 것은?

> ㄱ. 할당 – 기여조건
> ㄴ. 급여 – 현금급여, 현물급여
> ㄷ. 전달체계 – 민간전달체계, 공공전달체계
> ㄹ. 재정 – 보험료, 국고보조금, 이용료

① ㄱ, ㄴ
② ㄱ, ㄷ
③ ㄱ, ㄴ, ㄷ
④ ㄴ, ㄷ, ㄹ
⑤ ㄱ, ㄴ, ㄷ, ㄹ

답 ⑤

✔ 응시생들의 선택

① 5%	② 4%	③ 11%	④ 31%	⑤ 49%

⑤ 국민건강보험제도에 대한 4가지 분석틀
• 할당(수급자격: 대상체계) – 사회보험 방식으로서 보험료 기여를 급여 수급자격 조건으로 하고 있다.
• 급여(급여종류: 급여체계) – 현금급여(요양비, 장애인 보조기기)와 현물급여(요양급여, 건강검진)의 형태로 급여를 지급하고 있다.
• 전달(전달방법: 전달체계) – 민간전달체계와 공공전달체계가 함께 건강보험 급여 서비스를 전달하고 있다.
• 재정(재정 마련 방법: 재정체계) – 가입자 및 사용자로부터 징수한 보험료, 국고보조금 및 건강증진기금 등의 정부지원금, 본인일부부담금과 같은 이용료를 통해 재정이 마련되고 있다.

길버트(N. Gilbert)와 스펙트(H. Specht) 등의 사회복지정책 분석에 관한 설명으로 옳지 않은 것은?

① 과정분석은 정책형성에 영향을 미치는 사회정치적 · 기술적 · 방법적 변수를 중심으로 분석하는 접근방법이다.
② 산물분석은 정책선택에 관련된 여러 가지 쟁점을 분석하는 접근방법이다.
③ 성과분석은 실행된 정책이 낳은 결과를 기술하고 분석하는 접근방법이다.
④ 산물분석은 할당, 급여, 전달체계, 재정 차원으로 구분하여 분석한다.
⑤ 과정분석은 연구자의 주관을 배제해야 한다.

답 ⑤

✓ 응시생들의 선택

① 8%	② 39%	③ 5%	④ 9%	⑤ 39%

⑤ 연구자의 주관을 배재해야 하는 것은 정책결과에 대한 객관적이고 체계적인 해석에 관한 것으로 성과분석에 해당한다.

사회복지정책을 분석하는 접근방법에 관한 설명으로 옳은 것은?

① 산물분석은 특정정책이 실행된 이후 그 결과를 분석 · 평가하는 데 관심을 둔다.
② 산물분석은 정책이 형성되는 사회정치적 맥락을 고찰한다.
③ 성과분석은 정책결정이라는 정책활동의 결과물에 대한 내용을 분석하는 것이다.
④ 과정분석은 정책 기획과정(planning process)을 거쳐 이끌어 낸 여러 정책대안을 분석한다.
⑤ 과정분석은 정책사정(policy assessment)이 어떻게 이루어지는지를 이해하기 위한 목적에서 이루어진다.

답 ⑤

✓ 응시생들의 선택

① 12%	② 11%	③ 14%	④ 19%	⑤ 44%

① 특정정책이 실행된 이후 그 결과를 분석 · 평가하는 데 관심을 두는 것은 성과분석이다.
② 정책이 형성되는 사회정치적 맥락을 고찰하는 것은 과정분석이다.
③ 정책결정이라는 정책활동의 결과물에 대한 내용을 분석하는 것은 산물분석이다.
④ 정책 기획과정을 거쳐 이끌어 낸 여러 정책대안을 분석하는 것은 산물분석이다.

정책분석의 3P(과정분석, 산물분석, 성과분석) 중 과정분석의 사례에 해당하는 것은?

① 근로장려세제(EITC)의 근로유인효과 분석
② 자활사업참여자의 공공부조 탈수급효과 분석
③ 노인장기요양보험법 제정에서 이익집단의 영향 분석
④ 노숙인에 대한 공공임대주택정책의 탈노숙 효과 분석
⑤ 보육서비스 정책이 출산율 증가에 미치는 영향 분석

답 ③

✓ 응시생들의 선택

① 15%	② 7%	③ 52%	④ 5%	⑤ 21%

③ 과정분석은 사회복지정책 형성과정 분석으로서 정책의 계획과 관련된 각종 정보와 다양한 정치조직, 정부기관, 기타 조직들 간의 관계 및 상호작용이 정책형성에 어떻게 영향을 미치는가를 분석하는 것이다.

사회복지정책에 대한 분석적 접근방법 중 산물(product)분석에 관한 예로 옳은 것을 모두 고른 것은?

> ㄱ. 자활사업 참여자와 비참여자의 공공부조 탈수급률 비교 분석
> ㄴ. 국민기초생활보장제도의 형성과정 분석
> ㄷ. 근로장려세제(EITC)의 저소득층 근로유인효과 분석
> ㄹ. 기초연금과 국민연금의 대상자 선정기준 분석

① ㄱ, ㄴ, ㄷ　　　　　　② ㄱ, ㄷ
③ ㄴ, ㄹ　　　　　　　　④ ㄹ
⑤ ㄱ, ㄴ, ㄷ, ㄹ

답 ④

✓ 응시생들의 선택

① 7%	② 62%	③ 13%	④ 11%	⑤ 7%

④ ㄱ. ㄷ. 성과분석: 정책결과와 효과를 평가한다.
　ㄴ. 과정분석: 사회복지정책과정에 대한 분석이다.

다음 내용이 왜 틀렸는지를 확인해보자

`18-06-15`

01 과정분석은 정책 기획과정(planning process)을 거쳐 이끌어 낸 여러 정책대안을 분석한다.

> 산물분석은 정책 기획과정(planning process)을 거쳐 이끌어 낸 여러 정책대안을 분석한다.

`12-06-12`

02 성과분석은 정책의 운영과 관련된 문제들을 다룬다.

> 정책의 운영과 관련된 문제들을 다루는 것은 산출분석이다.

`10-06-08`

03 길버트와 테렐이 말한 사회복지정책의 분석적 접근방법으로 **효율성분석, 산물분석, 성과분석**이 있다.

> 길버트와 테렐이 말한 사회복지정책의 분석적 접근방법으로 과정분석, 산물분석, 성과분석이 있다.

---

04 사회복지정책 분석의 4가지 기본틀에서 **전달체계**는 사회적 급여에 필요한 재정을 마련하기 위한 방법은 무엇인가라는 질문에 대한 응답이다.

> 사회복지정책 분석의 4가지 기본틀에서 재정체계는 사회적 급여에 필요한 재정을 마련하기 위한 방법은 무엇인가라는 질문에 대한 응답이다.

`09-06-09`

05 길버트와 테렐은 사회복지정책 분석의 기본틀로 **할당, 목표, 전달체계, 수익**을 제시하였다.

> 길버트와 테렐은 사회복지정책 분석의 기본틀로 할당, 급여, 전달체계, 재정을 제시하였다.

---

06 **성과분석**은 정책의 계획과 관련된 각종 정보와 다양한 정치조직, 정부기관, 기타 조직들 간의 관계 및 상호작용이 정책형성에 어떻게 영향을 미치는가를 분석하는 것이다.

> 과정분석은 정책의 계획과 관련된 각종 정보와 다양한 정치조직, 정부기관, 기타 조직들 간의 관계 및 상호작용이 정책형성에 어떻게 영향을 미치는가를 분석하는 것이다.

빈칸에 들어갈 알맞은 말을 채워보자

14-06-22
01 노인장기요양보험법 제정에서 이익집단의 영향을 분석하는 것은 (   )에 해당한다.

08-06-13
02 길버트와 스펙트가 사회복지정책분석 기준으로 활용한 4가지 선택영역 중 (   )은/는 누구에게 제공할 것인가에 대한 선택이다.

03 (   )은/는 프로그램이 얼마나 잘 실행되었는가, 프로그램 실시로 얻은 영향이 무엇인가를 연구한다.

04 사회복지정책 분석의 4가지 기본틀에서 (   )은/는 어떻게 제공할 것인가의 선택에 해당한다.

 01 과정분석   **02** 할당   **03** 성과분석   **04** 전달

다음 내용이 옳은지 그른지 판단해보자

12-06-12
01 정책분석틀을 할당, 급여, 재정, 전달체계로 구분하는 것은 산물분석에 적합하다.

11-06-10
02 자활사업 참여자와 비참여자의 공공부조 탈수급률 비교 분석은 과정분석에 해당한다.

03 과정분석을 통하여 사회복지정책 형성에 영향을 주는 사회적·정치적·경제적인 배경요인 등을 파악할 수 있다.

04 사회복지정책의 4가지 선택의 차원을 3가지 축(대안, 가치, 이론)에 따라 분석할 수 있다.

05 성과분석은 특정 선택에 따라 배제된 대안을 분석하거나 선택의 근거가 된 가치와 이론, 가정들에 대한 문제를 분석한다.

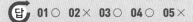 **01** ○ **02** × **03** ○ **04** ○ **05** ×

(해설) **02** 자활사업 참여자와 비참여자의 공공부조 탈수급률 비교 분석은 성과분석에 해당한다.
05 산물분석은 특정 선택에 따라 배제된 대안을 분석하거나 선택의 근거가 된 가치와 이론, 가정들에 대한 문제를 분석한다.

175 사회복지정책의 대상

강의 QR코드

1회독	2회독	3회독
월 일	월 일	월 일

최근 10년간 **11문항** 출제

복습 1 이론요약

보편주의와 선별주의

기본개념

사회복지정책론
pp.141~

▶ 보편주의

• 사회복지정책의 급여나 서비스를 <u>모든 사람들이 이용하고 접근할 수 있도록 하는 것</u>을 말한다.

• 공적으로 제공되는 서비스를 사람들이 이용함에 있어서 어떠한 열등감도 가지지 않게끔 해야 하며, 어떠한 수치심이나 낙인감도 가지지 않게끔 해야 한다는 것이다.

• 사회복지의 권리성, 연대의 가치를 강조하며, 대표적인 제도에는 사회수당, 사회보험 등이 있다.

• 선별주의적인 제도에 비해 <u>행정비용이 상대적으로 적게 소요</u>되어 운영효율성이 높다.

▶ 선별주의

• 사회복지 대상자를 <u>특정한 조건이나 제한을 두어 선별적으로 결정하는 것</u>을 말한다.

• 급여에 대한 욕구에 기초하여 대상자가 결정되며, 욕구의 존재여부는 자산조사에 의해 판별하기에 <u>낙인이 발생</u>할 수 있다.

• 비용효과성을 강조하며, 대표적인 제도에는 공공부조제도가 있다.

대상선정 기준

▶ 귀속적 욕구

• 시장에 존재하는 기존의 제도에 의해서는 <u>충족되지 않는 욕구를 공통적으로 가진 집단에 속한 경우</u> 급여를 제공하는 것이다.

• 욕구의 귀속범위를 가장 광범위하게 정의하는 것은 욕구가 모든 국민에게 귀속되어 있다고 보는 경우이다.

• 대부분은 <u>인구학적 조건과 선별주의적 자격조건을 결합하여 운영</u>하며, 대표적인 제도에는 사회수당제도가 있다.

▶ 보상

• <u>사회에 특별한 기여를 한 사람들에 대한 보상</u>으로서 급여자격이 주어지는 경우이다.

• 국가유공자나 독립유공자를 대상으로 한 제도가 이에 해당된다.

• 국가유공자에 대한 급여와 같이 사회적인 기여를 기준으로 제공하는 프로그램들도 있다.

▶ 진단적 차등

• 전문가의 분류나 판단에 근거하여 급여를 제공하는 것이다.

• 진단적 차등이 반영된 대표적인 것이 노인장기요양보험제도에서의 요양등급 분류라 할 수 있는데, 각 개인의 요양등급을 전문가가 판단하여 등급에 따라 급여를 차등 지급한다.

▶ 자산조사

• 가장 선별주의적인 자격조건으로, 주로 공공부조 프로그램에 서 자격기준으로 사용한다.

• 각 개인이 재화와 서비스를 스스로 구매할 능력이 없다는 것을 소득과 재산에 대한 조사를 통해 확인하고 급여를 제공하는 것이다.

• 우리나라에서는 국민기초생활보장제도나 의료급여제도 등에서 자산조사를 사용한다.

기출문장 CHECK

01 (22-06-05) 보편주의는 기여자와 수혜자를 구별하지 않는다.

02 (20-06-13) 노인장기요양보험제도는 요양등급을 판정하여 급여를 제공하므로 진단적 구분이 적용된다.

03 (19-06-11) 장애인연금, 기초연금, 의료급여 등은 선별주의에 근거한 제도에 해당한다.

04 (19-06-13) 연령, 자산조사, 기여 여부, 진단적 차등 등은 사회복지정책의 수급조건에 해당한다.

05 (18-06-13) 아동수당은 인구학적 기준을 적용한 제도이다.

06 (17-06-02) 우리나라 사회복지제도 중에서 보편주의 범주에 포함되는 것은 실업급여이다.

07 (16-06-11) 인구학적 기준에 따른 사회수당은 운영효율성이 높다.

08 (14-06-13) 자활사업, 기초연금, 의료급여, 장애인연금은 선별주의에 입각한 제도이다.

09 (14-06-14) 시장을 통해 충족되지 않는 어떤 욕구를 공통적으로 가진 집단에 속하는지 여부에 근거하는 원칙을 귀속욕구(attributed need)라고 한다.

10 (13-06-01) 보편주의는 사회적 통합 효과가 있다.

11 (12-06-10) 진단적 구분은 재화 혹은 서비스의 필요성에 대한 전문가의 판단에 의존한다.

12 (11-06-17) 기초연금은 인구학적 기준과 자산조사를 모두 고려한다.

13 (11-06-20) 선별주의는 욕구를 스스로의 능력으로 해결할 수 없는 사람으로 정책대상을 제한한다.

14 (10-06-10) 자산조사는 선별주의 원칙에 부합한다.

15 (09-06-10) 수급자격이 권리보다 시혜적 성격으로 주어질 때 낙인 발생 가능성이 높다.

16 (09-06-15) 보편주의적 프로그램은 대상자 자격관리가 용이하다.

17 (08-06-14) 국민기초생활보장제도 자활사업 대상자는 근로능력 유무의 기준으로 선정한다.

18 (08-06-16) 사회복지 대상자 선정기준을 귀속적 욕구, 보상, 진단적 차별, 자산조사로 구분할 수 있다.

19 (06-06-16) 국민연금, 장애인연금, 기초연금은 급여대상을 결정하는 데 있어서 연령이 중요한 조건이 되는 사회복지제도이다.

20 (04-06-20) 사회수당은 인구학적 조건만으로 급여를 지급한다.

21 (03-06-12) 산재보험, 고용보험, 국민연금, 건강보험은 보편주의에 기초한 프로그램이다.

22 (03-06-15) 사회복지 급여의 대상자 선택기준에는 보상, 자산조사, 진단적 구분, 귀속적 욕구가 있다.

대표기출 확인하기

보편주의와 선별주의에 관한 설명으로 옳은 것을 모두 고른 것은?

> ㄱ. 보편주의는 시민권에 입각해 권리로서 복지를 제공하므로 비납세자는 사회복지 대상에서 제외한다.
> ㄴ. 보편주의는 기여자와 수혜자를 구별하지 않는다.
> ㄷ. 선별주의는 수급자격이 제한된 급여를 제공하기 위해 자산조사 또는 소득조사를 한다.
> ㄹ. 보편주의자와 선별주의자 모두 사회적 평등성 또는 사회적 효과성을 나름대로 추구한다.

① ㄷ
② ㄱ, ㄷ
③ ㄴ, ㄹ
④ ㄱ, ㄴ, ㄹ
⑤ ㄴ, ㄷ, ㄹ

▶ 알짜확인

- 보편주의와 선별주의의 개념과 특징을 비교하여 파악해야 한다.
- 사회복지정책의 대상선정 기준의 유형과 원리를 이해해야 한다.

답 ⑤

✅ 응시생들의 선택

① 5%	② 7%	③ 2%	④ 1%	⑤ 85%

⑤ ㄱ. 보편주의에 있어서 사회복지정책 급여는 사회적 권리로서 모든 국민에게 주어져야 한다는 관점을 강조한다. 납세 여부와 관계 없이 모든 국민이 사회복지 대상이 될 수 있다.

➕ 덧붙임

대상선정 기준 혹은 할당원리에 관한 문제는 보편주의와 선별주의 원칙을 비교하는 유형, 각각의 기준 혹은 원리에 대한 설명을 묻는 유형으로 주로 출제되고 있다. 특히 우리나라 사회복지제도의 구체적인 대상선정 기준에 대한 문제처럼 기준과 실제 제도를 연결해서 이해하는 문제의 경우에는 실제 제도의 기준에 대한 포괄적인 이해를 요구한다.

관련기출 더 보기

우리나라 사회복지제도의 급여자격 조건에 관한 설명으로 옳은 것은?

① 국민연금은 소득수준 하위 70%를 기준으로 급여자격이 부여되므로 자산조사 방식이 적용된다.
② 노인장기요양보험제도는 요양등급을 판정하여 급여를 제공하므로 진단적 구분이 적용된다.
③ 아동수당은 전체 아동이 적용대상이 아니므로 선별주의 제도이다.
④ 국민기초생활보장제도는 부양의무자 조건을 완화하였으므로 보편주의 제도이다.
⑤ 장애인연금은 모든 장애인에게 지급하는 보편주의 제도이다.

답 ②

✅ 응시생들의 선택

① 7%	② 80%	③ 5%	④ 3%	⑤ 5%

① 국민연금은 보험료 등으로 필요한 재원을 조달하여 급여를 제공하는 제도로서 사회보험 방식이 적용된다.
③ 아동수당은 전체 아동을 적용대상으로 하는 보편주의 제도이다.
④ 국민기초생활보장제도는 부양의무자 조건이 완화되고 있으나, 기준 중위소득을 통한 선정기준을 적용하여 대상자를 선별해 급여를 제공하는 선별주의 제도이다.
⑤ 장애인연금제도는 18세 이상의 중증장애인으로서 소득인정액이 그 중증장애인의 소득·재산·생활수준과 물가상승률 등을 고려하여 보건복지부장관이 정하여 고시하는 금액 이하인 사람을 수급권자로 하는 선별주의 제도이다.

선별주의에 근거한 제도에 해당하는 것을 모두 고른 것은?

> ㄱ. 장애인연금
> ㄴ. 아동수당
> ㄷ. 기초연금
> ㄹ. 의료급여

① ㄱ, ㄴ, ㄷ
② ㄱ, ㄴ, ㄹ
③ ㄱ, ㄷ, ㄹ
④ ㄴ, ㄷ, ㄹ
⑤ ㄱ, ㄴ, ㄷ, ㄹ

답 ③

✔ 응시생들의 선택

① 10%	② 9%	③ 66%	④ 2%	⑤ 13%

③ ㄴ. 아동수당은 사회수당으로서 보편주의적 제도에 해당한다. 보편주의란 사람들이 지위나 존엄성, 그리고 자존감을 상실하는 굴욕적인 상황에 처하지 않게끔 하면서 사회복지정책의 급여나 서비스를 모든 사람들이 이용하고 접근할 수 있도록 하는 것이다. 사회복지의 권리성, 연대의 가치를 강조하며, 사회수당, 사회보험 등이 이에 해당한다.

우리나라 사회복지정책의 대상선정에 관한 설명으로 옳은 것은?

① 소득이나 자산을 조사하여 대상을 선정하는 것은 보편주의 원칙에 부합한다.
② 아동수당은 인구학적 기준을 적용한 제도이다.
③ 장애수당은 전문가의 진단을 고려하지 않는다.
④ 긴급복지지원제도는 보편주의 원칙에 부합한다.
⑤ 기초연금의 대상선정 기준에는 부양의무자 유무가 포함된다.

답 ②

✔ 응시생들의 선택

① 7%	② 62%	③ 1%	④ 7%	⑤ 23%

① 소득이나 자산을 조사하여 대상을 선정하는 것은 선별주의 원칙에 부합한다.
③ 장애수당의 지급대상으로 선정되기 위해서는 전문가의 진단이 필요하다.
④ 긴급복지지원제도는 선별주의 원칙에 부합한다.
⑤ 기초연금의 대상선정 기준에는 부양의무자 유무는 포함되지 않으며, 인구학적 기준과 자산조사를 통해 대상을 선정한다.

우리나라 사회복지제도 중에서 보편주의 범주에 포함되는 것은?

① 의료급여
② 생계급여
③ 주거급여
④ 실업급여
⑤ 기초연금

답 ④

✔ 응시생들의 선택

① 16%	② 3%	③ 1%	④ 41%	⑤ 39%

④ 국민기초생활보장제도(의료급여, 생계급여, 주거급여), 기초연금은 모두 공공부조제도로서 선별주의적인 제도에 해당한다. 반면, 실업급여는 의무적으로 가입하는 사회보험 중 하나인 고용보험의 급여로서 보편주의적인 제도에 속한다.

인구학적 기준에 따른 사회수당에 관한 설명으로 옳지 않은 것은?

① 운영효율성이 높다.
② 사회통합에 기여할 수 있다.
③ 낙인문제가 발생하지 않는다.
④ 사회적 적절성 가치 실현 정도가 높다.
⑤ 공공부조에 비해 근로동기 감소효과가 적다.

답 ④

✔ 응시생들의 선택

① 22%	② 4%	③ 19%	④ 20%	⑤ 35%

④ 사회적 적절성이란 인간다운 생활을 할 수 있도록 적절한 수준의 급여를 제공하는 것을 의미한다. 사회수당제도는 보편주의 수당으로서, 자격조건이 단순하고 특정한 인구학적 기준(출생, 사망, 연령 등)만 충족하면 급여가 주어진다는 점에서 사회적 적절성 가치 실현 정도는 높지 않다.

선별주의 정책과 보편주의 정책의 특징을 옳게 연결한 것은?

① 선별주의 – 모든 국민 대상
② 선별주의 – 간편한 행정 업무
③ 보편주의 – 빈곤의 덫 유발
④ 보편주의 – 사회적 통합 효과
⑤ 보편주의 – 사회적 낙인 유발

답 ④

✅ 응시생들의 선택

① 0%	② 2%	③ 9%	④ 88%	⑤ 1%

④ 보편주의에 기반한 정책은 일반적으로 모든 사람에게 권리로서 급여가 제공되어야 한다는 원칙 아래 대상의 보편성을 강조하며, 대상자를 선별하기 위한 자산조사와 같은 과정이 필요하지 않거나 간편하기 때문에 행정 업무에 소요되는 비용이나 노력이 선별주의에 비해 상대적으로 적고, 인간의 존엄성과 사회통합에 더 효과적인 측면이 있다. 반면에 선별주의에 기반한 정책은 자산조사를 통해 대상을 선별하며, 이러한 과정에서 급여를 제공받는 수급자에게 치욕감과 같은 사회적 낙인 효과를 유발하며 인간의 존엄성이라는 가치를 훼손한다는 비판을 받기도 한다.

국민기초생활보장제도에서 사회적 할당(social allocation)의 핵심 기준은?

① 귀속적 욕구
② 진단적 차등
③ 경제적 기여
④ 소득과 재산
⑤ 보상적 욕구

답 ④

✅ 응시생들의 선택

① 46%	② 12%	③ 6%	④ 30%	⑤ 6%

④ 국민기초생활보장제도는 자산조사를 기반으로 한다.

➕ 덧붙임

사회복지제도의 구체적인 대상선정 기준과 실제 제도를 연결해서 이해하는 유형으로서 현재 우리나라에서 시행되고 있는 각각의 제도별 특징에 대한 포괄적인 이해를 요구하는 문제이다.

할당의 원리에 관한 설명으로 옳지 않은 것은?

① 귀속적 욕구의 원리에서 욕구는 규범적 기준에 의해 정해진다.
② 공헌 혹은 피해 집단에 속하는가에 따른 할당은 보상의 원리에 해당한다.
③ 진단적 구분은 재화 혹은 서비스의 필요성에 대한 전문가의 판단에 의존한다.
④ 귀속적 욕구의 원리는 보편주의보다는 선별주의 할당원리에 가깝다.
⑤ 자산조사 원리는 욕구에 대한 경제적 기준과 개인별 할당이라는 두 가지 조건에 근거한다.

답 ④

✅ 응시생들의 선택

① 16%	② 9%	③ 22%	④ 31%	⑤ 22%

④ 거주 여부나 인구학적 속성과 같은 귀속적 욕구의 원리는 선별주의보다는 보편주의 할당원리에 가깝다.

우리나라 사회복지제도의 급여자격기준에 관한 설명으로 옳은 것은?

① 기초연금은 인구학적 기준과 자산조사를 모두 고려한다.
② 국민기초생활보장제도는 인구학적 기준과 부양의무자 기준을 모두 고려한다.
③ 장애인연금은 자산조사를 하지 않고 진단적 구분을 기준으로 한다.
④ 노인장기요양보험은 인구학적 조건과 자산조사를 기준으로 한다.
⑤ 국민연금은 자산조사를 기준으로 한다.

답 ①

✅ 응시생들의 선택

① 61%	② 15%	③ 15%	④ 6%	⑤ 2%

② 국민기초생활보장제도는 자산조사(소득인정액 기준)와 부양의무자 기준을 모두 고려한다.
③ 장애인연금은 인구학적 기준과 진단적 차등, 자산조사를 기준으로 한다.
④ 노인장기요양보험은 인구학적 기준과 기여(보험료), 진단적 차등을 기준으로 한다.
⑤ 국민연금은 급여 종류에 따라 차이가 있으며 인구학적 기준과 기여(보험료), 진단적 차등 등을 기준으로 한다.

다음 내용이 왜 틀렸는지를 확인해보자

01 인구학적 기준은 가장 선별주의적인 자격조건으로서 주로 공공부조 프로그램에서 자격기준으로 사용한다.

> 가장 선별주의적인 자격조건으로서 주로 공공부조 프로그램에서 자격기준으로 사용하는 것은 자산조사이다.

02 선별주의는 공적으로 제공되는 서비스를 사람들이 이용함에 있어서는 그들로 하여금 어떠한 열등감도 가지지 않게끔 해야 한다고 주장한다.

> 보편주의는 공적으로 제공되는 서비스를 사람들이 이용함에 있어서는 그들로 하여금 어떠한 열등감도 가지지 않게끔 해야 한다고 주장한다.

14-06-13

03 자활사업, 기초연금, 의료급여, 장애인연금은 **보편주의**에 입각한 제도이다.

> 자활사업, 기초연금, 의료급여, 장애인연금은 선별주의에 입각한 제도이다.

13-06-13

04 국민기초생활보장제도에서 사회적 할당의 핵심 기준은 **인구학적 기준**이다.

> 국민기초생활보장제도에서 사회적 할당의 핵심 기준은 자산조사이다.

11-06-17

05 기초연금제도의 대상선정 기준에 해당하는 것은 **근로능력 유무와 보험료 기여**이다.

> 기초연금제도의 대상선정 기준에 해당하는 것은 자산조사와 인구학적 기준이다.

11-06-20

06 보편주의는 재분배 기능을 중요하게 고려하지만 **효과성은 고려하지 않는다.**

> 보편주의는 달성하고자 하는 목표와 사회복지정책의 시행과정에서 나타날 수 있는 다양한 사회적 효과 등을 포괄적인 맥락에서 고려한다.

빈칸에 들어갈 알맞은 말을 채워보자

16-06-11
01 운영효율성이 높고 낙인문제가 발생하지 않는 사회수당은 (   )에 따른다.

14-06-14
02 (   )(이)란 사회·경제적으로 특별한 공헌을 했는지 또는 사회로부터 부당한 피해를 입었는지 여부에 근거하는 원칙이다.

09-06-10
03 (   )은/는 인간의 존엄성을 훼손하며, 수급자격이 권리보다 시혜적 성격으로 주어질 때 발생 가능성이 높다.

04 우리나라의 사회복지제도 중 장애인연금은 인구학적 기준, (   ), 자산조사를 대상선정 기준으로 둔다.

05 보편주의는 사회효과성을 강조하고, 선별주의는 (   )을/를 강조한다.

답 **01** 인구학적 기준 **02** 보상 **03** 낙인 **04** 진단적 차등 **05** 비용효과성

다음 내용이 옳은지 그른지 판단해보자

01 `19-06-11` 장애인연금, 아동수당, 기초연금은 선별주의에 근거한 제도이다. ◎ ⊗

02 `19-06-13` 사회복지정책의 수급조건에는 연령, 자산조사, 기여 여부, 진단평가 등이 있다. ◎ ⊗

03 `17-06-11` 우리나라 사회복지제도 중에서 실업급여는 선별주의 범주에 해당된다. ◎ ⊗

04 `13-06-01` 보편주의는 사회적 낙인을 유발한다. ◎ ⊗

05 `11-06-17` 국민기초생활보장제도는 인구학적 기준과 부양의무자 기준을 모두 고려한다. ◎ ⊗

06 `09-06-10` 사회보험 대상자는 공공부조 대상자보다 낙인을 받을 가능성이 낮다. ◎ ⊗

07 진단적 차등은 전문가의 분류나 판단에 근거하여 급여를 제공하는 것이다. ◎ ⊗

08 공공부조제도는 보통 낙인의 문제 때문에 신청을 기피하는 경향이 있으므로 포착률이 떨어질 수 있다. ◎ ⊗

09 국민연금은 인구학적 기준, 보험료 기여, 진단적 차등 등으로 대상을 선정한다. ◎ ⊗

10 선별주의의 가장 큰 장점은 사회통합이고 보편주의의 가장 큰 장점은 비용절감과 소득재분배라고 할 수 있다. ◎ ⊗

답 **01** ✕ **02** ○ **03** ✕ **04** ✕ **05** ✕ **06** ○ **07** ○ **08** ○ **09** ○ **10** ✕

해설 **01** 장애인연금, 기초연금은 선별주의에 근거한 공공부조제도이지만, 아동수당은 보편주의에 근거한 사회수당에 해당한다.
03 실업급여는 사회보험 중 하나인 고용보험의 급여로서 보편주의 범주에 해당된다.
04 사회적 낙인을 유발하는 것은 선별주의이다.
05 국민기초생활보장제도는 자산조사(소득인정액 기준)와 부양의무자 기준을 모두 고려한다.
10 보편주의의 가장 큰 장점은 사회통합이고 선별주의의 가장 큰 장점은 비용절감과 소득재분배라고 할 수 있다.

176 사회복지정책의 급여

강의 QR코드

★ ★ ★
최근 10년간 **10문항** 출제

복습
1 이론요약

현금급여

- 급여 수급자가 자신에게 필요한 <u>재화와 서비스를 직접 시장에서 구매하도록</u> 화폐형태로 지급하는 급여이다.
- <u>수급자 효용을 극대화</u>할 수 있으며, <u>수급자의 존엄성을 유지</u>시켜 줄 수 있다.
- 수급자들의 선택의 자유와 소비자 주권을 높일 수 있다.
- 불필요한 부분에 사용하는 것을 막을 수 없어 목표효율성이 떨어진다.

기본개념

사회복지정책론
pp.146~

현물급여

- 수급자에게 <u>필요한 물품 또는 서비스를 직접 급여로 제공</u>하는 형태이다.
- 현물급여 중 물품을 직접 급여의 형태로 사용하는 경우는 점차 줄어들고 있지만, 필요한 서비스의 경우 여전히 현물의 형태로 지급되고 있다.
- 정책의 목표효율성을 높일 수 있다.
- 현물급여를 통해 경제적 필요가 높은 사람들을 구별할 수 있기 때문에 필요한 대상자에게 집중적으로 급여를 할 수 있다.
- 수급자에게 <u>낙인감을 줄 수 있으며</u>, 수급여부가 노출되어 <u>개인의 존엄성을 해칠 수 있다</u>.
- 현물의 보관·유통과정에 추가적인 비용이 들기 때문에 운영효율성이 낮다.

증서(바우처)

- 정해진 용도 내에서 <u>원하는 재화나 서비스를 자유롭게 선택할 수 있는 일종의 이용권</u>이다.
- 소비자 선택의 자유를 비록 제한적이지만 살릴 수 있고, 무제한 선택의 자유에서 발생하는 목표효율성의 저하를 어느 정도 막을 수 있다.
- 급여 양에 대한 통제가 있으며, 서비스 공급자가 특정 소비자를 선호, 회피하는 현상이 발생할 수 있다.

기회

- 무형의 급여 형태로서 <u>어떤 집단이 접근하지 못했던 부분에 접근을 가능하게 만드는 것</u>이다.
- 사회적으로 취약한 위치에 있는 집단이나 불평등한 처우를 받는 집단에게 유리한 기회를 주어 보다 나은 생활을 유지할 수 있도록 하려는 것이다.
- 주요 대상으로는 여성, 장애인, 노인, 외국인 근로자 등 사회적으로 차별받고 있다는 사회적 인식이 형성되어 있는 집

단이 포함된다.

권력

- 수급자에게 정책결정에 있어 권력을 부여하여 그들에게 유리하게 결정될 수 있도록 하는 것이다.
- 현금이나 증서처럼 쓰일 수 없지만 현물이나 기회보다는 훨씬 더 많은 선택의 여지를 제공할 수도 있다.
- 권한이 부여되었다고 해도 실질적인 효과가 나타날지에 대해서는 다소 부정적인 견해들이 많다.

급여형태 비교

유형	현금급여	바우처	현물급여	기회	권력
특징	• 수급자의 효용을 극대화할 수 있다. • 수급자의 존엄성을 유지시켜줄 수 있다. • 수급자들의 선택의 자유와 소비자 주권을 높일 수 있다.	• 증서나 상품권을 의미한다. 특정한 재화나 서비스에 대한 쿠폰이나 카드 형태로 제공한다. • 현금급여와 현물급여의 장·단점을 함께 갖고 있다.	• 수급자에게 낙인감을 줄 수 있고, 선택의 자유가 없다. • 가시적인 특성이 있기 때문에 정치적으로 선호되기도 한다. • 대량생산과 대량소비로 인한 규모의 경제효과를 꾀할 수 있다.	• 기회의 평등 가치에 근거한다. • 사회적으로 취약한 위치에 있는 집단이나 불평등한 처우나 차별을 받고 있는 집단에게 기회를 제공한다.	• 서비스 대상자나 급여수급자의 참여를 보장한다. • 재화나 자원을 통제하는 영향력의 재분배이다.
목표효율성	현물급여> 바우처> 현금급여			-	-
운영효율성	현금급여> 바우처> 현물급여			-	-
예	• 국민기초생활보장제도(생계급여, 교육급여, 해산급여, 장제급여) • 건강보험(요양비, 장애인 보조기기 구입비 등) • 국민연금(노령연금, 장애연금, 유족연금) • 고용보험(실업급여) • 산재보험(휴업급여, 장해급여, 상병보상연금, 유족급여) • 장애인연금	• 장애인활동지원서비스 • 산모/신생아건강관리지원사업 • 가사간병방문지원사업	• 노인장기요양보험(재가급여, 시설급여 등) • 건강보험(요양급여, 건강검진) • 산재보험(요양급여)	장애인 의무고용제도, 장애인 특례 입학제도, 여성고용할당제 등	국민기초생활보장제도의 시행과 관련해서 중앙생활보장위원회 참여 등

01 (22-06-03) 권력(power)은 재화와 자원을 통제할 수 있는 영향력을 의미하며 정책에 관한 의사결정권을 갖는 것을 말한다.

02 (22-06-04) 사회서비스 전자바우처는 금융기관 시스템을 활용하여 재정흐름의 투명성이 높아졌다.

03 (20-06-22) 사회복지 급여의 소비자 선택권은 현금급여, 바우처, 현물급여 순서로 낮아진다.

04 (19-06-10) 국민건강보험법상 장애인 보조기기에 대한 보험급여는 현금급여이다.

05 (16-06-09) 증서(voucher)는 현금급여에 비해 목표달성에 효과적이다.

06 (15-06-02) 현금급여는 복지상품이나 서비스의 선택권을 보장할 수 있다.

07 (14-06-04) 보건복지부 지역자율형 사회서비스투자사업에는 '지역사회서비스 투자사업, 산모·신생아 건강관리 지원사업, 가사·간병 방문지원사업'이 있다.

08 (14-06-15) 빈곤층 자녀의 대학입학정원 할당, 장애인 의무고용제 등은 사회복지정책의 급여형태 중 기회(opportunity)에 해당된다.

09 (14-06-20) 임신출산 진료비지원사업은 전자바우처 사회서비스사업 중 하나이다.

10 (12-06-09) 현물급여는 대상효율성이 높다.

11 (11-06-16) 증서(voucher)는 현물급여에 비해 서비스 제공자 간 서비스 질 경쟁 유도에 유리하다.

12 (10-06-13) 국민건강보험의 요양급여는 현물급여를 원칙으로 한다.

13 (10-06-29) 긍정적(positive) 차별은 기회라는 형태의 급여를 통해 부정적(negative) 차별을 보상하는 방법이다.

14 (09-06-14) 권력(power)은 재화나 자원을 통제하는 영향력의 재분배를 의미한다.

15 (09-06-19) 사회복지서비스 이용권(voucher)은 공급자에게 보조금을 지급하는 방식보다 공급자 간 서비스 질 경쟁을 유도하는 데 유리하다.

16 (08-06-19) 현금은 현물보다 인간의 존엄성을 존중한다.

17 (07-06-13) 현물급여는 관리비용이 많이 든다.

18 (06-06-15) 현금급여는 오용과 남용의 가능성이 있다.

19 (05-06-20) 현물급여는 현금급여에 비해 정치적으로 선택될 수 있다.

20 (04-06-17) 소비자 선택권이 충분할 만큼 시장이 발달하지 않았을 경우에는 현물급여가 낫다.

21 (04-06-19) 고용보험의 구직급여는 현금으로 지급하는 방식이다.

22 (03-06-16) 현금급여와 현물급여의 단점을 절충하기 위한 중간적 형태의 급여는 증서이다.

23 (02-06-13) 현금급여는 낙인감이 적다.

24 (01-06-06) 현물급여는 목표를 효율적으로 달성할 수 있다.

대표기출 확인하기

22-06-03
난이도 ★★☆

급여의 형태에 관한 설명으로 옳은 것을 모두 고른 것은?

> ㄱ. 현금급여는 선택의 자유를 보장하지만 사회적 통제가 부과된다.
> ㄴ. 현물급여는 집합적 선을 추구하고 용도 외 사용을 방지하지만 관리비용이 많이 든다.
> ㄷ. 서비스는 클라이언트를 위한 제반 활동을 말하며 목적 외 다른 용도로 사용할 수 없다.
> ㄹ. 증서는 일정한 범위 내에서만 교환가치를 가지기 때문에 개인주의자와 집합주의자 모두 선호한다.
> ㅁ. 기회는 재화와 자원을 통제할 수 있는 영향력을 의미하며 정책에 관한 의사결정권을 갖는 것을 말한다.

① ㄱ, ㄹ
② ㄴ, ㅁ
③ ㄱ, ㄴ, ㄷ
④ ㄱ, ㄷ, ㅁ
⑤ ㄴ, ㄷ, ㄹ

 알짜확인

- 사회복지정책의 다양한 급여 형태를 이해해야 한다.

답 ⑤

✔ 응시생들의 선택

① 3%	② 10%	③ 26%	④ 9%	⑤ 52%

⑤ ㄱ. 사회적인 통제가 부과되는 것은 현물급여이다. 현금급여는 수급자들의 선택의 자유와 소비자 주권을 높일 수 있다.
  ㅁ. 재화와 자원을 통제할 수 있는 영향력을 의미하며 정책에 관한 의사결정권을 갖는 것은 권력(power)에 해당한다. 기회는 어떤 집단이 접근하지 못했던 부분에 접근을 가능하게 만드는 것이다. 이러한 기회라는 급여형태는 사회적으로 취약한 위치에 있는 집단이나 불평등한 처우를 받는 집단에게 유리한 기회를 주어 보다 나은 생활을 유지할 수 있도록 하려는 것이다.

➕ 덧붙임

주요 급여 형태인 현금급여와 현물급여의 장단점을 비교하는 형식의 단순한 문제가 주로 출제되다가 현행 한국의 사회보장제도의 급여 형태에 대한 응용문제도 출제되고 있다. 급여 형태의 장단점에 대한 개별적인 이해를 넘어서 상호비교를 통한 이해가 필요하다. 최근 시험에서는 비물질적 급여인 기회와 권력에 대한 내용도 자주 다뤄지고 있다.

관련기출 더 보기

22-06-04
난이도 ★★☆

사회서비스 전자바우처에 관한 설명으로 옳지 않은 것은?

① 급여형태는 신용카드 또는 체크카드로 구현한 증서이다.
② 공급자 중심의 직접지원 또는 직접지불 방식이다.
③ 서비스 제공자의 도덕적 해이를 방지하기 위해 도입되었다.
④ 수요자의 선택권을 보장하기 위한 수단으로 활용되고 있다.
⑤ 금융기관 시스템을 활용하여 재정흐름의 투명성이 높아졌다.

답 ②

✔ 응시생들의 선택

① 4%	② 58%	③ 24%	④ 9%	⑤ 5%

② 사회서비스 전자바우처 제도는 공급자 중심이 아닌 소비자 중심의 제도이며, 일종의 이용권을 통해 지불하는 방식으로서 현금급여와 현물급여의 중간 성격을 갖고 있다.

22-06-24
난이도 ★★☆

사회보장 급여 중 현물급여가 아닌 것은?

① 산업재해보상보험의 요양급여
② 고용보험의 상병급여
③ 노인장기요양보험의 재가급여
④ 국민기초생활보장의 의료급여
⑤ 국민건강보험의 건강검진

답 ②

✔ 응시생들의 선택

① 11%	② 61%	③ 6%	④ 9%	⑤ 13%

② 고용보험의 상병급여는 현금급여이다. 실업을 신고한 이후에 질병·부상 또는 출산으로 취업이 불가능하여 구직활동을 할 수 없는 경우 구직급여를 받을 수 없으므로 생계에 어려움을 겪을 수 있는 대상자를 위한 급여이다.

사회복지 급여 형태에 관한 설명으로 옳은 것은?

① 현금급여는 사회적 통제를 강조한다.
② 현물급여는 자기결정권을 강조한다.
③ 바우처는 공급자에게 보조금을 직접 지원한다.
④ 기회를 제공하는 프로그램의 예로 장애인의무고용제를 들 수 있다.
⑤ 소비자 선택권은 현금급여, 바우처, 현물급여 순서로 높아진다.

답 ④

✅ 응시생들의 선택

① 2%	② 2%	③ 8%	④ 72%	⑤ 16%

① ② 현금급여는 수급자의 존엄성을 유지시켜 줄 수 있으며, 수급자들의 선택의 자유와 소비자 주권을 높일 수 있는 장점이 있으나, 목표효율성이 떨어진다. 반면, 현물급여는 급여를 받는 사람들이 용도 이외의 부분에 사용할 수 없기 때문에 정책 목표에 맞는 소비가 이루어지지만, 수급자에게 낙인감을 줄 수 있고, 정부 관료들에 의해서 권력을 행사하는 수단으로 쓰이기도 한다.
③ 바우처(증서)는 정해진 용도 내에서 원하는 재화나 서비스를 자유롭게 선택할 수 있는 일종의 이용권이다. 특정 계층의 소비자에게 서비스 이용권을 부여하는 방식으로 제공된다. 이 바우처 제도의 특징은 공급자 중심이 아닌 소비자 중심의 제도라는 점이다. 공급자의 선정 과정이 아닌 수혜자의 선택 과정에서 경쟁이 유발된다.
⑤ 소비자 선택권은 현금급여, 바우처, 현물급여 순서로 낮아진다. 즉, 현금급여가 소비자 선택권이 가장 높다.

➕ 덧붙임

초창기 시험에서는 현금급여와 현물급여에 관한 문제가 주로 출제되었으나 최근 시험에서는 증서(바우처)와 비물질적 급여인 기회, 권력에 관한 내용도 자주 다뤄지고 있다. 특히, 증서(바우처)는 단독 문제로도 자주 출제되고 있다.

사회보험제도의 급여와 급여 형태에 관한 설명으로 옳지 않은 것은?

① 고용보험법상 구직급여는 현물급여이다.
② 산업재해보상보험법상 요양급여는 현물급여이다.
③ 노인장기요양보험법상 재가급여는 현물급여이다.
④ 국민연금법상 노령연금은 현금급여이다.
⑤ 국민건강보험법상 장애인 보조기기에 대한 보험급여는 현금급여이다.

답 ①

✅ 응시생들의 선택

① 65%	② 8%	③ 5%	④ 2%	⑤ 20%

① 고용보험법상 구직급여는 현금급여이다.

사회복지급여의 하나인 증서(voucher)에 관한 설명으로 옳지 않은 것은?

① 현금급여에 비해 목표달성에 효과적이다.
② 현물급여에 비해 소비자의 선택권이 낮다.
③ 현물급여에 비해 공급자 간 경쟁을 유도하는 데 유리하다.
④ 공급자가 소비자를 자의적으로 선택하는 현상이 발생할 수 있다.
⑤ 현물급여에 비해 서비스에 대한 충분한 정보접근이 이루어져야 한다.

답 ②

✅ 응시생들의 선택

① 3%	② 81%	③ 7%	④ 8%	⑤ 1%

② 증서는 정해진 용도 내에서 원하는 재화나 서비스를 자유롭게 선택할 수 있는 일종의 이용권으로서 현금급여의 장점인 소비자 선택의 자유를 비록 제한적이지만 살릴 수 있다. 따라서 현물급여에 비해 소비자의 선택권이 높다.

난이도 ★☆☆

현금급여와 현물급여의 장단점에 관한 설명으로 옳지 않은 것은?

① 현금급여는 복지상품이나 서비스의 선택권을 보장할 수 있다.
② 현금급여는 사회복지기관 관리운영비의 절감과 행정적 편의를 가져다 줄 수 있다.
③ 현물급여는 현금급여에 비해 오남용의 위험이 크다.
④ 현물급여는 정책의 목표효율성을 높일 수 있다.
⑤ 현물급여는 개인들의 복지욕구와 괴리가 나타날 수 있다.

답 ③

✅ 응시생들의 선택

① 2%	② 2%	③ 92%	④ 3%	⑤ 1%

③ 현금급여가 현물급여에 비해 오남용의 위험이 크며, 불필요한 부분에 사용하는 것을 막을 수 없어 목표효율성이 떨어진다.

난이도 ★☆☆

사회복지정책의 급여 형태 중 기회(opportunity)에 관한 설명으로 옳은 것은?

① 수급자가 직접 급여에 대한 결정이나 그와 관련된 정책결정에 참여한다.
② 목표효율성(target efficiency)이 가장 높은 급여형태로 평가받는다.
③ 빈곤층 자녀의 대학입학정원 할당, 장애인 의무고용제 등이 해당된다.
④ 수급자가 일정한 용도 내에서 원하는 재화나 서비스를 선택할 수 있다.
⑤ 취약계층의 경제적 문제를 근본적으로 해결할 수 있다.

답 ③

✅ 응시생들의 선택

① 8%	② 2%	③ 78%	④ 10%	⑤ 2%

① 권력에 해당한다.
② 대체로 현물급여가 가장 목표효율성이 높다고 본다.
④ 바우처 제도에 해당한다.
⑤ 경제적 어려움을 해결하기 위해서는 필요한 재화나 서비스를 직접 구매할 수 있는 현금급여가 가장 적절하다.

난이도 ★★☆

우리나라 사회서비스 전자바우처 제도에 관한 설명으로 옳지 않은 것은?

① 전자바우처 방식의 사회서비스는 2007년에 최초로 도입되었다.
② 사회서비스 전자바우처 도입으로 인해 공급자 지원방식에서 수요자 직접지원방식으로 전환이 가능해졌다.
③ 2012년 4개의 사회서비스 전자바우처 사업이 지정제에서 등록제로 전환되었다.
④ 임신출산 진료비지원사업은 전자바우처 사회서비스사업 중 하나이다.
⑤ 전자바우처 도입에 의한 지불·정산업무 전산화로 지방자치단체의 사회서비스 행정부담이 대폭 증가했다.

답 ⑤

✅ 응시생들의 선택

① 4%	② 5%	③ 9%	④ 13%	⑤ 69%

⑤ 전자바우처 도입으로 인해 지방자치단체의 사회서비스 행정부담이 비교적 감소하게 되었다.

난이도 ★★☆

사회복지 급여 형태에 관한 설명으로 옳은 것은?

① 현금급여는 선택권을 제한하는 단점이 있다.
② 현물급여는 대상효율성이 높다.
③ 현금급여는 인간의 존엄성을 유지하는 데 취약하다.
④ 현물급여는 '규모의 경제' 효과에 취약하다.
⑤ 증서(voucher)는 현금급여에 비해 소비자 선택권이 높은 반면 현물급여에 비해서는 낮다.

답 ②

✅ 응시생들의 선택

① 24%	② 43%	③ 11%	④ 15%	⑤ 7%

① 수급자의 선택권을 제한하는 단점이 있는 것은 현물급여이다.
③ 현물급여는 낙인문제와 수급자에게 선택의 자유가 없다는 점에서 인간의 존엄성을 유지하는 데 취약하다.
④ 현물급여는 규모의 경제 효과가 있어서 생산, 공급 단가를 낮출 수 있는 장점이 있다.
⑤ 급여형태를 수급자 혹은 소비자의 선택권이 높은 순서로 나열하면 현금급여>증서(바우처)>현물급여 순이다.

다음 내용이 왜 틀렸는지를 확인해보자

`20-06-22`

01 소비자 선택권은 현금급여, 바우처, 현물급여 순서로 <u>높아진다</u>.

> 소비자 선택권은 현금급여, 바우처, 현물급여 순서로 낮아진다. 즉, 현금급여가 소비자 선택권이 가장 높다.

---

02 **현금급여**는 정치적인 측면에서 세금이 반드시 필요한 곳에 쓰인다는 것을 보여줄 수 있어서 정치적으로 선호되기도 하고, 정부 관료들에 의해서도 권력을 행사할 수 있어서 선호된다.

> 정치적으로 선호되며, 정부 관료들에게 선호되는 것은 현물급여이다.

---

03 국민기초생활보장제도의 생계급여, 교육급여는 **현물급여**이다.

> 국민기초생활보장제도의 생계급여, 교육급여는 현금급여이다.

`14-06-20`

04 우리나라의 전자바우처 방식의 사회서비스는 <u>2000년에 최초로 도입</u>되었다.

> 우리나라의 전자바우처 방식의 사회서비스는 2007년에 최초로 도입되었다.

`12-06-09`

05 **현물급여**는 수급자 효용을 극대화할 수 있으며, 수급자들의 선택의 자유와 소비자 주권을 높일 수 있다.

> 수급자 효용을 극대화할 수 있으며, 수급자들의 선택의 자유와 소비자 주권을 높일 수 있는 것은 현금급여이다.

---

06 **권력**은 어떤 집단이 접근하지 못했던 부분에 접근을 가능하게 만드는 비물질적 급여로서 대부분의 경우 고용과 교육에서 중요시한다.

> 기회는 어떤 집단이 접근하지 못했던 부분에 접근을 가능하게 만드는 비물질적 급여로서 대부분의 경우 고용과 교육에서 중요시한다.

---

07 고용보험의 구직급여는 **현물급여**이다.

> 고용보험의 구직급여는 현금급여이다.

`10-06-13`

빈칸에 들어갈 알맞은 말을 채워보자

`19-06-10`
01 국민건강보험법상 장애인 보조기기에 대한 보험급여는 (   )이다.

`16-06-09`
02 (   )은/는 현금급여에 비해 목표달성에 효과적이며, 현물급여에 비해 공급자 간 경쟁을 유도하는 데 유리하다.

`14-06-15`
03 사회복지정책의 급여형태 중 (   )의 예로는 빈곤층 자녀의 대학입학정원 할당, 장애인 의무고용제 등이 해당된다.

04 (   )은/는 불필요한 부분에 사용하는 것을 막을 수 없어 목표효율성이 떨어진다.

`09-06-14`
05 (   )은/는 서비스 대상자나 급여 수급자의 참여를 보장하고, 재화나 자원을 통제하는 영향력을 재분배한다.

06 (   )은/는 수급여부가 노출되어 개인의 존엄성을 해칠 수 있고, 낙인감을 줄 수 있다.

답 **01** 현금급여 **02** 증서 **03** 기회 **04** 현금급여 **05** 권력 **06** 현물급여

다음 내용이 옳은지 그른지 판단해보자

10-06-29
01 긍정적 차별은 기회라는 형태의 급여를 통해 부정적 차별을 보상하는 방법이다. ◎ⓧ

02 건강보험의 건강검진은 현물급여에 속한다. ◎ⓧ

03 지역자율형 사회서비스투자사업은 지역이 자율성을 가지고 사업을 기획·운영한다는 특징이 있으며, 서비스 이용의 활성화, 고용 등 성과관리가 강조된다. ◎ⓧ

04 기회의 주요 대상으로는 여성, 장애인, 노인, 외국인 근로자 등 사회적으로 차별받고 있다는 사회적 인식이 형성되어 있는 집단이 포함된다. ◎ⓧ

05 현물급여는 급여를 받는 사람들이 용도 이외의 부분에 사용할 수 없기 때문에 정책 목표에 맞는 소비가 이루어진다. ◎ⓧ

06 우리나라의 바우처 제도는 시·군·구에서 사회서비스 수혜자로 인정받은 대상자가 제공기관으로 인정받은 기관에서 서비스를 받을 수 있도록 하는 형태이다. ◎ⓧ

07 현물급여는 수급자들의 선택의 자유와 소비자 주권을 높일 수 있다. ◎ⓧ

08 긍정적 차별 정책의 예로는 대학이나 기업에서 여성이나 흑인, 장애인 등을 특정 비율로 받아들이도록 강제하는 정책을 들 수 있다. ◎ⓧ

(답) 01○ 02○ 03○ 04○ 05○ 06○ 07× 08○

(해설) **07** 현금급여는 수급자들의 선택의 자유와 소비자 주권을 높일 수 있다.

177 사회복지정책의 재원

강의 QR코드

1회독	2회독	3회독
월 일	월 일	월 일

최근 10년간 **12문항** 출제

이론요약

공공재원

기본개념

기본개념

사회복지정책론
pp.151~

▶ 일반예산(조세)

· (개인)소득세는 일반적으로 **누진적인 방식으로 부과**한다.

· **평등(소득재분배)과 사회적 적절성을 구현**하는 데 가장 중요한 재원이다.

· 조세는 민간부문의 재원이나 공공부문의 재원 중에서 사회보험의 기여금보다 재원의 안정성이나 지속성이 더 강한 특성이 있다.

· 대상자의 보편적 확대나 보편적 급여의 제공에서 유리하다.

· 소비세(간접세, 소비자에게 부과, 역진적 특성): 일반소비세(부가가치세), 개별소비세 (특별소비세 – 고가의 상품, 서비스에 부과)가 있다. 간접세는 조세저항이 적어 징수가 용이하지만 그 비중이 높을수록 소득재분배 기능은 약화된다. 주로 상품이나 서비스 가격에 포함되기 때문에 최종적으로 상품 등을 소비하는 소비자가 부담한다.

▶ 사회보험료

· 강제가입을 통해서 '역의 선택(adverse selection)'의 문제를 해결할 수 있고, 위험분산이나 규모의 경제 등으로 보험의 재정안정을 이루는 데 유리하다.

· 기본적으로 **조세에 비해 소득재분배 효과가 약하다**(사회보험료는 일반적으로 정률제).

· 사회보험료는 **일종의 목적세 성격**을 갖고 있으며, 사용되는 용도가 비교적 명확하기 때문에 상대적으로 거부감이 적다.

· 사회보험료는 모든 근로소득에 동률로 부과하고 있고, 자산소득에는 추가로 보험료가 부과되지 않기 때문에 자산소득이 많은 고소득층이 저소득층에 비해 부담이 상대적으로 적다.

· 사회보험료에는 보험료 부과의 기준이 되는 소득의 상한액이 있어서 고소득층이 유리하다.

▶ 조세지출

· 내야 하는 세금을 걷지 않거나 되돌려주는 방식이며, **소득공제, 세액공제** 등이 있다.

· 저소득층은 과세대상에서 제외되어 조세감면혜택을 누리지 못하는 경우가 많고 소득이 높을수록 공제 대상 지출이 높기 때문에 고소득층이 유리하다.

민간재원

▶ 자발적 기여

- 개인, 기업, 재단 등이 사회복지를 위해서 제공한 자발적인 기부금을 말한다.
- 제공자의 자발적 의사에 의존하기 때문에 예측가능성도 낮고, 재원의 안정성도 약하다.

▶ 기업복지

- 기업의 사용자가 피고용자에게 주는 임금 이외의 사회복지적인 급여 혜택을 말한다.
- 공공부문의 사회복지가 미성숙한 국가에서는 기업복지의 규모가 크고 프로그램도 다양하다.

▶ 사용자 부담

- 공공부문이든 민간부문이든 사회복지서비스를 받는 사람이 서비스 이용 비용에 대하여 본인이 일부분 부담하는 것을 말한다.
- 서비스 이용자가 서비스를 남용하는 것을 억제하는 효과가 있으나, 역진성이 나타날 수 있고, 저소득층의 서비스 접근성을 떨어뜨리는 효과가 있을 수 있다. 이러한 문제점을 해결하기 위하여 일정 소득 이하의 이용자에게는 부과하지 않거나 수준을 낮추기도 한다.

▶ 비공식 부문 재원: 가족 내 이전과 가족 간 이전

- 가족이나 친지, 이웃 등에 의해서 해결되는 복지욕구를 비공식 부문이라고 한다.
- 가족, 친척, 이웃 등의 비공식 부문에 의한 사회복지는 공공부문의 사회복지가 확대되기 이전에는 중요한 역할을 했으나, 현재는 그 중요성이 크게 줄었다. 그럼에도 불구하고 비공식 부문의 복지가 여전히 존재하고 있고, 특히 일부 국가들에서는 매우 중요한 역할을 하고 있다.
- 일상에 나타나는 긴급한 복지 욕구에 대해서는 공식적인 부문보다 비공식 부문이 신속성이 있기 때문에 비공식 부문이 중요한 역할을 하기도 한다.

01 (22-06-06) 사회복지의 민간재원에는 기부금, 기업복지, 이용료, 가족 내 또는 가족 간 이전 등이 있다.

02 (22-06-07) 사회보험료는 소득상한선이 있기 때문에 조세에 비해 소득역진적이다.

03 (20-06-17) 기업복지는 근로의욕을 고취하여 생산성이 향상하는 효과가 있다.

04 (19-06-14) 조세가 누진적일수록 소득재분배의 기능이 크다.

05 (18-06-07) 이용료는 저소득층의 서비스 이용을 저해할 수 있다.

06 (18-06-10) 정액제 - 정률제 - 연동제(sliding scale)의 순으로 이용료(본인부담금) 부과방식에 따른 소득재분배 효과가 커진다.

07 (18-06-14) 소득세와 사회보험료 모두 소득이 높은 사람이 더 많이 부담한다.

08 (16-06-10) 사회보험료는 소득세에 비해 역진적이다.

09 (16-06-12) 사회복지 재원 중 이용료는 이용자의 권리의식을 높여 서비스 질을 향상시킬 수 있다.

10 (14-06-16) 국고보조금은 중앙정부 각 부처가 지방자치단체에 지원하는 재원이다.

11 (14-06-18) 정부가 받아야 할 세금을 감면하는 방식을 통해 마련하는 사회복지재원은 조세지출이다.

12 (14-06-21) 중앙정부의 사회보험성 기금으로는 고용보험기금, 공무원연금기금 등이 있다.

13 (11-06-15) 간접세 인상은 물가상승의 요인이 된다.

14 (11-06-29) 국민건강보험의 보험료, 국민건강보험에 지원되는 국민건강증진기금 등은 공공재원이다.

15 (10-06-21) 소득세의 누진성이 높을수록 재분배효과가 크다.

16 (09-06-12) 복지공급 주체 중 비영리기관의 재원은 민간기부금, 정부보조금 등으로 구성된다.

17 (09-06-13) 목적세의 부담자-수혜자 일치정도와 사회보험료의 부담자-수혜자 일치정도가 다르다.

18 (08-06-06) 사회보험료는 조세와 마찬가지로 강제적으로 납부한다.

19 (07-06-12) 소득공제와 세액공제는 조세지출의 대표적인 예이다.

20 (07-06-15) 도덕적 해이를 방지하기 위해 사용자부담(user fee)이 필요하다.

21 (07-06-27) 사회보험료를 재원으로 하는 제도는 목적지향적이라 재원의 안정성을 유지하기가 용이하다.

22 (06-06-14) 일반조세는 소득재분배 효과가 크다.

23 (05-06-18) 간접세보다 직접세가 소득재분배에 더 유리하다.

24 (04-06-18) 조세지출(tax expenditure)은 조세율 감소로 현금급여의 효과를 준다.

25 (03-06-18) 조세지출도 사회복지의 공공재원 중 하나이다.

26 (02-06-14) 초기 개입단계에서 사회보험료가 직접세보다 정치적 효과성이나 여론 형성에 유리하다.

대표기출 확인하기

난이도 ★★★

조세와 사회보험료에 관한 설명으로 옳은 것은?

① 조세는 사회보험료에 비해 소득역진적이다.
② 조세와 사회보험은 공통적으로 빈곤 완화, 위험분산, 소득유지, 불평등 완화의 기능을 수행한다.
③ 조세와 사회보험료는 공통적으로 상한선이 있어서 고소득층에 유리하다.
④ 사회보험료를 조세로 보기는 하지만 임금으로 보지는 않는다.
⑤ 개인소득세는 누진성이 강하고 일반소비세는 역진성이 강하다.

 알짜확인

• 사회복지정책의 다양한 재원을 이해해야 한다.

답 ⑤

✔ 응시생들의 선택

① 9%	② 33%	③ 14%	④ 10%	⑤ 34%

① 사회보험료는 소득상한선이 있기 때문에 조세에 비해 소득역진적이다.
② 사회보험료는 빈곤 완화, 위험분산, 소득유지, 불평등 완화의 기능을 수행한다고 볼 수 있지만, 조세는 위험분산의 기능을 수행한다고 보기는 어렵다.
③ 조세는 소득상한선이 없다.
④ 사회보험료는 사회보장성 조세의 성격을 갖고는 있으나 조세라고 볼 수는 없으며, 근로자에게 실제로 지급되지 않아도 임금으로 보기도 한다.

➕ 덧붙임

사회복지정책의 각 재원의 특징을 비교하는 문제가 주로 출제되고 있다. 이외에도 공공재원과 비영리기관의 재원으로 분류되는 경우를 고르는 문제나 조세와 사회보험료를 비교하는 문제, 재원들을 전체적으로 서로 비교해서 다루는 유형의 문제도 출제되고 있다.

관련기출 더 보기

난이도 ★☆☆

기업복지의 장점에 해당하지 않는 것은?

① 조세방식보다 재분배효과가 크다.
② 노사관계의 안정화 기능을 수행한다.
③ 근로의욕을 고취하여 생산성이 향상하는 효과가 있다.
④ 기업에 대한 사회적 이미지를 제고하는 기능이 있다.
⑤ 기업의 입장에서 임금을 높여주는 것보다 조세부담의 측면에 유리하다.

답 ①

✔ 응시생들의 선택

① 75%	② 4%	③ 2%	④ 2%	⑤ 17%

① 재분배효과는 조세방식이 더 크다. 기업복지는 역진적인 성격을 갖는 민간재원으로서 기업의 사용자가 피고용자에게 주는 임금 이외의 사회복지적인 급여를 말한다. 기업복지 프로그램에는 대부분의 국가가 조세감면 혜택을 주고 근로자들의 충성심을 높일 수 있는 수단이 되기 때문에 기업과 근로자 양자의 이해관계가 맞닿아 있다.

난이도 ★☆☆

사회복지정책의 재정에 관한 설명으로 옳은 것은?

① 한국의 사회복지정책 재원은 주로 민간 기부금에 의존한다.
② 사회복지재정이 수행하는 기능 가운데 하나는 소득재분배이다.
③ 조세가 역진적일수록 소득재분배의 기능이 크다.
④ 한국의 조세부담률은 OECD 회원국가의 평균보다 높다.
⑤ 사회복지재원으로서 이용료는 연동제보다 정액제일 때 소득재분배 효과가 크다.

답 ②

✔ 응시생들의 선택

① 1%	② 84%	③ 8%	④ 3%	⑤ 4%

① 한국의 사회복지정책 재원은 주로 공공재원(조세, 사회보험료)에 의존한다.
③ 조세가 누진적일수록 소득재분배의 기능이 크다.
④ 한국의 조세부담률은 OECD 회원국가의 평균보다 낮다.
⑤ 사회복지재원으로서 이용료는 정액제보다 연동제일 때 소득재분배 효과가 크다.

사회보험료와 조세에 관한 설명으로 옳은 것을 모두 고른 것은?

> ㄱ. 정률의 사회보험료는 소득세에 비해 역진적이다.
> ㄴ. 사회보험료는 조세에 비해 징수에 대한 저항이 적다.
> ㄷ. 소득세와 사회보험료 모두 소득이 높은 사람이 더 많이 부담한다.
> ㄹ. 조세는 지불능력(capacity to pay)과 관련되어 있다.

① ㄱ, ㄴ   ② ㄱ, ㄷ
③ ㄴ, ㄹ   ④ ㄱ, ㄴ, ㄷ
⑤ ㄱ, ㄴ, ㄷ, ㄹ

답 ⑤

✅ 응시생들의 선택

① 12%	② 11%	③ 14%	④ 19%	⑤ 44%

⑤ ㄱ. 사회보험료는 모든 근로소득에 동률로 부과하고 있고, 자산소득에는 추가로 보험료가 부과되지 않기 때문에 자산소득이 많은 고소득층이 저소득층에 비해 부담이 상대적으로 적으며, 보험료 부과의 기준이 되는 소득의 상한액이 있어서 고소득층이 유리하다.
ㄴ. 사회보험료는 일반조세와 달리 미래에 받을 수 있는 사회보장급여에 대한 '권리'를 갖는 것으로 생각하여 저항이 상대적으로 적다.
ㄷ. 소득세와 사회보험료는 정률제 방식으로 납부하기 때문에 소득이 높은 사람이 더 많이 부담한다.
ㄹ. 조세는 납세자의 경제활동을 통한 지불능력에 따라 결정되는 등 지불능력과 밀접한 관련이 있다.

➕ 덧붙임

사회보험료와 조세를 비교하는 문제가 자주 출제되고 있다. 사회복지재원의 전반적인 내용을 묻는 문제에서 선택지로 다뤄지는 것은 물론이고 두 재원을 비교하는 단독 문제로도 자주 출제된다. 보험료 부과, 납부 방식 등에 따른 주요 특징을 꼼꼼하게 비교하여 정리해야 한다.

우리나라 사회복지재원에 관한 설명으로 옳은 것은?

① 사회보장의 주된 재원은 사회보장세이다.
② 국민연금기금은 특별회계에 해당하는 예산이다.
③ 공공부조 시행에 필요한 모든 비용은 중앙정부가 부담한다.
④ 국고보조금은 중앙정부 각 부처가 지방자치단체에 지원하는 재원이다.
⑤ 일반회계예산은 기금에 비해 운용의 신축성은 높으나 재원의 범위는 좁다.

답 ④

✅ 응시생들의 선택

① 9%	② 7%	③ 6%	④ 71%	⑤ 7%

① 사회보장의 주된 재원은 일반조세이다.
② 국가의 재정지출은 일반회계, 특별회계, 기금으로 구분된다. 국민연금기금은 기금에 해당한다.
③ 공공부조 시행에 필요한 비용은 중앙정부뿐만 아니라 지방정부도 부담한다.
⑤ 기금은 운영의 신축성, 자율성, 안정성을 높이기 위해 도입된 것이다. 일반회계예산은 조세수입 등을 주요 세입으로 하기 때문에 재원의 범위가 넓다.

정부가 받아야 할 세금을 감면하는 방식을 통해 마련하는 사회복지재원은?

① 조세지출
② 재정지출
③ 의무지출
④ 재량지출
⑤ 법정지출

답 ①

✅ 응시생들의 선택

① 82%	② 8%	③ 1%	④ 8%	⑤ 1%

① 조세지출은 특정한 목적을 위하여 세금을 거둬 지출하는 대신 각종 조세감면 방법을 통하여 내야 하는 세금을 걷지 않거나 낸 세금을 되돌려주는 것을 말한다.

다음 내용이 왜 틀렸는지를 확인해보자

16-06-12

01 사회복지 재원 중 이용료는 **저소득층의 서비스 접근성을 향상**시킬 수 있다.

> 사회복지 재원 중 이용료는 역진성이 나타날 수 있으며, 저소득층의 서비스 접근성을 떨어뜨릴 수 있다는 문제가 제기되고 있다.

14-06-18

02 정부가 받아야 할 세금을 감면하는 방식을 통해 마련하는 사회복지재원은 **사회보험료**이다.

> 정부가 받아야 할 세금을 감면하는 방식을 통해 마련하는 사회복지재원은 조세지출이다.

---

03 **일반조세**는 사회보장 급여에 대한 '권리'를 갖는 것으로 생각하여 저항이 상대적으로 적기 때문에 정치적인 측면에서 유리하다.

> 사회보험료는 사회보장 급여에 대한 '권리'를 갖는 것으로 생각하여 저항이 상대적으로 적기 때문에 정치적인 측면에서 유리하다.

11-06-15

04 조세감면은 일부 소득항목에 대한 소득공제로 인해 **재분배 효과가 대체로 누진적**이다.

> 조세감면은 납부해야 할 세액에서 일정 비율을 감면해주는 조세지출에 해당하며, 조세지출은 일반적으로 소득 재분배에 역진적 효과를 갖는다.

07-06-15

05 **조세지출**은 필요 이상의 서비스 비용을 억제할 수 있고, 국가의 부담을 경감할 수 있으며, 낙인감을 해소할 수 있다.

> 사용자 부담(이용료)은 필요 이상의 서비스 비용을 억제할 수 있고, 국가의 부담을 경감할 수 있으며, 낙인감을 해소할 수 있다.

---

06 자발적 기여, 기업복지, 사용자 부담, 가족 내 이전 등은 **공공재원**에 속한다.

> 자발적 기여, 기업복지, 사용자 부담, 가족 내 이전 등은 민간재원에 속한다.

빈칸에 들어갈 알맞은 말을 채워보자

14-06-16

01 우리나라 사회보장의 주된 재원은 (   )이다.

11-06-15

02 (   )은/는 납세 의무자와 그 세금을 부담하는 자가 일치하는 세금으로 소득세, 법인세, 주민세 등이 있다.

03 (   )에는 보험료 부과의 기준이 되는 소득의 상한액이 있어서 고소득층이 유리하다.

04 사회보험료는 강제가입을 통해서 (   )의 문제를 해결할 수 있고, 위험분산이나 규모의 경제 등으로 보험의 재정안정을 이루는 데 유리하다.

05 조세감면, 소득공제, 세액공제 등은 (   )에 해당한다.

답 **01** 일반조세 **02** 직접세 **03** 사회보험료 **04** 역 선택 **05** 조세지출

다음 내용이 옳은지 그른지 판단해보자

20-06-17
01 민간재원 중 기업복지는 근로의욕을 고취하여 생산성이 향상하는 효과가 있다. ◎⊗

02 일반조세를 재원으로 하는 사회복지정책은 안정성과 지속성의 측면에서도 바람직하다. ◎⊗

18-06-14
03 소득세와 달리 사회보험료는 소득이 높은 사람이 더 적게 부담한다. ◎⊗

16-06-10
04 조세와 달리 사회보험료는 추정된 부담능력(assumed capacity)을 고려한다. ◎⊗

11-06-15
05 조세는 모두가 부담하기 때문에 도덕적 해이가 적게 발생한다. ◎⊗

06 복지다원주의가 중요한 의제로 부각되면서 다양한 재원을 혼합하여 사용하는 프로그램이 점차 늘어나고 있다. ◎⊗

07 누진적인 개인소득세 구조에서 소득이 높을수록 조세감면의 액수가 커지기 때문에 고소득층이 유리하다. ◎⊗

08 개인소득세가 대표적인 누진세이며, 소비세인 부가가치세가 대표적인 역진성 조세이다. ◎⊗

답 01○ 02○ 03× 04× 05× 06○ 07○ 08○

해설 **03** 소득세와 사회보험료 모두 소득이 높은 사람이 더 많이 부담한다.
04 조세와 사회보험료 모두 추정된 부담능력을 고려한다.
05 조세의 경우 고액체납 및 각종 탈세 등 도덕적 해이가 발생할 소지가 크다.

178 사회복지정책의 전달체계

강의 QR코드

★★★
최근 10년간 **15문항** 출제

복습 1 **이론요약**

공공부문

▶ 중앙정부
• 의료, 교육과 같이 **공공재적 성격이 강한 서비스나 재화 공급에 유리**하다.
• 사회보험과 같이 규모의 경제가 발생하는 부분에서 역할이 크다.
• 평등과 사회적 적절성 실현에 있어서 필요한 **강력한 권한**을 가지고 있다.
• 프로그램을 통합, 조정할 수 있으며 안정적 유지에 유리하다.
• 자원의 비효율적 배분, 독점적 공급에 따른 서비스 질 저하, 변화하는 욕구에 융통성 있게 대응하지 못한다는 단점이 있다.

기본개념

사회복지정책론
pp.160~

▶ 지방정부
• **지역주민 욕구에 신속하게 대응**할 수 있다.
• 지방정부 간 경쟁에 따른 서비스 질 향상의 가능성이 있다.
• 서비스 수혜자의 정책결정과정 참여가 용이하다.
• 지역 간 불평등으로 인한 사회통합 저해, 규모의 경제 실현이 어렵다는 단점이 있다.

민간부문
• **서비스공급의 다양화가 가능**하다.
• 공급자 간 경쟁유도를 통해 서비스 질을 확보할 수 있다.
• 이용자의 **다양한 선택권을 보장**할 수 있다.
• 계약에 따른 거래비용이 불필요하게 소모될 수 있다.
• 공공재 제공, 평등추구, 규모의 경제 실현이 어렵다는 단점이 있다.

민영화
• 사회적 욕구 충족을 위한 기제를 정부부문에서 **민간부문으로 이전하거나 민간영역의 확대를 장려하는 사회적 흐름**을 의미한다.
• 국가가 공적인 목표로 운영하는 제도를 자본시장에 개방하여 민간영역에서 운영하도록 그 역할을 맡기는 것이다.
• 사회복지와 관련해서 민영화는 사회복지서비스의 생산과 전달을 공공부문에서 민간부문으로 이양하는 것이다.
• 민간기구, 사회기관, 종교시설, 기업가 등에 사회복지 서비스의 전달을 분산하는 경향을 보인다.

복지다원주의

- 복지다원주의 혹은 복지혼합경제는 **한 사회에서 복지의 원천은 다양하며, 복지제공주체로서 국가 이외에 시장, 비공식부문, 자원부문 등의 역할을 포괄적으로 고려할 것을 강조**한다.
- 국가와 같은 단일한 독점적 공급자만 존재하는 것보다 여러 개의 복지원천이 존재하는 곳에서 사회의 총복지가 증대할 가능성이 크다고 본다. 이는 복지국가 위기 이후 정부의 역할이 상대적으로 후퇴되고, 민간기업과 비영리조직의 역할이 부각되면서 확산된 개념이다.

기출문장 CHECK

01 (22-06-02) 복지다원주의 또는 복지혼합은 복지제공의 주체로 국가 외에 다른 주체를 수용한다는 점에서 복지국가를 비판하는 논리로 쓰인다.

02 (21-06-18) 길버트(N. Gilbert)와 테렐(P. Terrell)이 주장한 사회복지전달체계 재구조화 전략에는 기관들의 동일 장소 배치, 사례별 협력, 관료적 구조로부터의 전문가 이탈, 시민참여 등이 있다.

03 (20-06-18) 개인 사업자가 노인요양시설을 운영하는 사례는 민간 영리기관이 사회서비스를 전달하는 사회복지 전달체계에 해당한다.

04 (19-06-12) 사회복지 전달체계는 공급자와 수요자를 이어주는 매개체 역할을 한다.

05 (19-06-15) 사회복지의 재화나 서비스는 정보의 불완전성으로 인해 소비자들의 합리적 선택에 차이가 난다.

06 (18-06-09) 복지혼합(welfare-mix)의 유형 중 서비스 이용자의 선택권은 계약 – 증서 – 세제혜택의 순으로 커진다.

07 (18-06-16) 민영화는 정부가 공급하는 재화와 서비스 비용을 절감하기 위해 도입되었다.

08 (16-06-14) 범주적 보조금(categorical grant)은 복지서비스의 전국적 통일성과 평등한 수준을 유지하는 데 적합하다.

09 (13-06-14) 사회보험의 관리 · 감독은 중앙집권적이다.

10 (12-06-24) 지방정부의 재량권을 기준으로 작은 것에서 큰 순서로 나열하면 범주적 보조금 < 포괄 보조금 < 일반교부세 순으로 나열할 수 있다.

11 (11-06-18) 중앙정부는 사회통합이나 평등과 같은 정책 목표를 달성하는 데 유리하다.

12 (10-06-18) 사회복지기관 간 협력 강화는 전달체계의 단편성을 줄일 수 있다.

13 (07-06-17) 정부가 민간위탁 서비스를 제공하는 것은 민영화의 한 형태이다.

14 (06-06-17) 사회복지서비스 공급주체로서 지방정부는 지역주민의 욕구에 신속하게 대응할 수 있다.

15 (06-06-18) 사회복지 전달체계로서 중앙정부는 전국적으로 통합적인 서비스를 제공할 수 있다.

16 (05-06-19) 욕구에 따라 선택을 필요로 하는 서비스는 민간부문에서 맡는 것이 바람직하다.

대표기출 확인하기

복지다원주의 또는 복지혼합에 관한 설명으로 옳지 않은 것은?

① 국가는 복지의 주된 공급자로 인정하면서도 불평등을 야기하는 시장은 복지 공급자로 수용하지 않는다.
② 국가를 포함한 복지제공의 주체를 재구성하는 논리로 활용된다.
③ 비공식 부문은 제도적 복지의 발달에도 불구하고 존재하는 비복지 문제에 대응하는 복지주체이다.
④ 시민사회는 사회적 경제조직을 구성하여 지역사회에서 공급주체로 참여하는 역할을 한다.
⑤ 복지제공의 주체로 국가 외에 다른 주체를 수용한다는 점에서 복지국가를 비판하는 논리로 쓰인다.

▶ 알짜확인

• 사회복지정책의 전달체계인 중앙정부와 지방정부의 장단점, 민영화의 등장배경 및 형태 등을 이해해야 한다.

답 ①

✅ 응시생들의 선택

① 62%	② 3%	③ 11%	④ 5%	⑤ 19%

① 복지다원주의 또는 복지혼합은 한 사회에서 복지의 원천은 다양하며, 복지 공급주체로서 국가 이외에 시장, 비공식 부문, 자원 부문 등의 역할을 포괄적으로 고려할 것을 강조한다. 특히 국가와 같은 단일한 독점적 공급자만 존재하는 것보다 여러 개의 복지원천이 존재하는 곳에서 사회의 총복지가 증대할 가능성이 크다고 본다. 이는 복지국가 위기 이후 정부의 역할이 상대적으로 후퇴되고, 민간기업과 비영리조직의 역할이 부각되면서 확산된 개념이다.

➕ 덧붙임

전달체계와 관련해서는 공공부문(중앙정부, 지방정부), 민간부문 각각의 특징을 묻는 문제나 중앙정부와 지방정부의 차이, 전달체계의 문제와 개선 전략을 묻는 문제 등이 출제되고 있다. 최근 복지다원주의, 민영화에 관한 내용이 사회적으로 이슈가 되고 있으므로 이와 관련된 문제가 출제될 가능성이 있다.

관련기출 더 보기

사회복지 전달체계에서 민간 영리기관이 사회서비스를 전달하는 사례는?

① 지역자활센터가 사회적 기업을 창업하는 사례
② 지방자치단체가 장애인복지관을 설치하고 민간 위탁하는 사례
③ 광역지방자치단체가 사회서비스원을 설치하는 사례
④ 사회복지법인이 지역아동센터를 운영하는 사례
⑤ 개인 사업자가 노인요양시설을 운영하는 사례

답 ⑤

✅ 응시생들의 선택

① 20%	② 9%	③ 2%	④ 9%	⑤ 60%

⑤ 개인 사업자가 노인요양시설을 운영하는 것은 영리를 추구하는 민간부문의 사회복지 전달체계에 해당한다. 민간부문 전달체계는 서비스 공급의 다양화가 가능하고, 공급자 간 경쟁유도를 통해 서비스 질을 확보할 수 있으며, 이용자의 다양한 선택권을 보장할 수 있다. 하지만 계약에 따른 거래비용이 불필요하게 소모될 수 있으며, 공공재 제공의 어려움, 평등추구의 어려움, 규모의 경제 실현의 어려움 등의 단점이 있다.

사회복지 전달체계에서 제공되는 재화나 서비스의 속성 등에 관한 설명으로 옳은 것은?

① 사회복지 재화나 서비스는 단일한 전달체계에서 독점적으로 제공하는 것이 바람직하다.
② 공공재적인 성격이 강한 재화나 서비스는 민간에서 제공하는 것이 바람직하다.
③ 사회복지의 재화나 서비스는 정보의 불완전성으로 인해 소비자들의 합리적 선택에 차이가 난다.
④ 공공부문의 전달체계는 경쟁체제가 이루어지기 때문에 효율적이다.
⑤ 사회복지 재화나 서비스는 수급자들에 의한 오용과 남용의 문제가 발생하지 않는다.

답 ③

✅ 응시생들의 선택

① 2%	② 3%	③ 82%	④ 7%	⑤ 6%

① 사회복지 재화나 서비스는 공공부문과 민간부문 등 다양한 전달체계를 통해 제공하는 것이 바람직하다.
② 의료, 교육 등과 같은 공공재적인 성격이 강한 재화나 서비스를 민간에서 제공하는 것은 바람직하지 않다.
④ 공공부문의 전달체계는 중앙정부나 지방정부를 통해 이루어지기 때문에 경쟁체제가 이루어질 수 없다.
⑤ 사회복지 재화나 서비스도 수급자들에 의한 오용과 남용의 문제가 발생할 수 있다.

복지혼합(welfare-mix)의 유형 중 서비스 이용자의 선택권이 작은 것에서 큰 순서로 나열한 것은?

① 세제혜택 – 계약 – 증서
② 세제혜택 – 증서 – 계약
③ 증서 – 계약 – 세제혜택
④ 계약 – 증서 – 세제혜택
⑤ 계약 – 세제혜택 – 증서

답 ④

✅ 응시생들의 선택

① 27%	② 29%	③ 7%	④ 25%	⑤ 12%

④ 계약은 공급자와 서비스 이용자 간의 의사표시이므로 서비스 이용자의 선택권은 작다. 증서는 정해진 용도 내에서 원하는 재화나 서비스를 자유롭게 선택할 수 있는 일종의 이용권으로서 서비스 이용자가 그 범위에서 자유롭게 선택할 수 있다. 세제혜택은 서비스 이용자의 일정 한도 내에서 세액공제, 조세감면 등을 해주는 것이다. 따라서 서비스 이용자의 선택권은 계약 < 증서 < 세제혜택의 순이다.

민영화에 관한 설명으로 옳지 않은 것은?

① 1980년대 등장한 신자유주의와 관련이 있다.
② 정부가 공급하는 재화와 서비스 비용을 절감하기 위해 도입되었다.
③ 소비자 선호와 소비자 선택을 중시한다.
④ 경쟁을 유발시켜 서비스 품질을 향상시키고자 한다.
⑤ 상업화를 통해 취약계층의 서비스 접근성이 높아진다.

답 ⑤

✅ 응시생들의 선택

① 7%	② 13%	③ 3%	④ 6%	⑤ 71%

⑤ 민영화는 국가가 공적인 목표로 운영하는 제도를 자본시장에 개방하여 민간영역에서 운영하도록 그 역할을 맡기는 것이다. 따라서 구매능력이나 지불능력이 부족한 취약계층의 서비스 접근성은 낮아진다.

우리나라 중앙정부의 지방정부 재정지원방식에 관한 설명으로 옳은 것을 모두 고른 것은?

> ㄱ. 일반보조금(general grant)은 지역 간 재정 격차를 해소하려는 데 목적이 있다.
> ㄴ. 범주적 보조금(categorical grant)은 복지서비스의 전국적 통일성과 평등한 수준을 유지하는 데 적합하다.
> ㄷ. 범주적 보조금(categorical grant)의 매칭 펀드는 지방정부의 재정운영을 어렵게 만들 수 있다.

① ㄴ
② ㄱ, ㄴ
③ ㄱ, ㄷ
④ ㄴ, ㄷ
⑤ ㄱ, ㄴ, ㄷ

답 ⑤

✅ 응시생들의 선택

① 17%	② 35%	③ 20%	④ 9%	⑤ 19%

⑤ 일반보조금은 국가가 예산의 일부를 특별한 조건이나 규제 없이 지방정부에게 일정한 비율로 배분하는 것으로써 지방정부의 재량권이 가장 큰 특징이 있다. 범주적 보조금은 재원의 사용목적이 상세히 규정되어 있고 제약조건이 부여되는 특징이 있다. 중앙정부는 이 재원이 사용되는 세부적인 항목(수혜자의 대상, 지급내용, 지급방식 등)을 지정한다.

현재의 우리나라 복지전달체계에 관한 설명으로 옳은 것을 모두 고른 것은?

ㄱ. 사회보험의 관리·감독은 중앙집권적이다.
ㄴ. 지방자치단체는 사회복지시설 위탁 및 지도·감독의 주체가 될 수 있다.
ㄷ. 분권화 이후 지방자치단체의 역할이 과거에 비해 확대되고 있다.
ㄹ. 사회보장정보시스템에는 보건복지부 외 타부처 복지사업도 포함되어 있다.

① ㄱ, ㄴ, ㄷ　　　　② ㄱ, ㄷ
③ ㄴ, ㄹ　　　　　　④ ㄹ
⑤ ㄱ, ㄴ, ㄷ, ㄹ

답 ⑤

✅ **응시생들의 선택**

① 14%	② 7%	③ 27%	④ 7%	⑤ 46%

⑤ 모두 옳은 내용이다.

우리나라 사회복지 전달체계에 관한 설명으로 옳지 않은 것은?

① 중앙정부는 사회통합이나 평등과 같은 정책목표를 달성하는 데 유리하다.
② 중앙정부는 지방정부에 비해서 다양한 욕구에 부합하는 사회복지서비스 제공에 유리하다.
③ 비영리 사회복지기관은 공공부문과 연계하여 서비스를 제공하기도 한다.
④ 영리기관은 이윤을 목적으로 하며, 효율성을 추구한다.
⑤ 최근 서비스 생산 및 전달에 있어 지방정부와 민간기관의 역할이 증대되고 있다.

답 ②

✅ **응시생들의 선택**

① 2%	② 92%	③ 1%	④ 4%	⑤ 1%

② 중앙정부보다 지방정부가 다양한 욕구에 부합하는 사회복지서비스 제공에 유리하다.

사회복지 전달체계에 관한 설명으로 옳은 것을 모두 고른 것은?

ㄱ. 경쟁은 사회복지기관을 클라이언트의 욕구에 민감하게 만들 수 있다.
ㄴ. 사례관리는 클라이언트에게 맞는 재화와 서비스를 계획·전달하는 방법의 하나이다.
ㄷ. 클라이언트의 적극적 의견 개진을 장려하는 것은 사회복지기관의 비책임성을 줄일 수 있다.
ㄹ. 사회복지기관 간 협력 강화는 전달체계의 단편성을 줄일 수 있다.

① ㄱ, ㄴ, ㄷ　　　　② ㄱ, ㄷ
③ ㄴ, ㄹ　　　　　　④ ㄹ
⑤ ㄱ, ㄴ, ㄷ, ㄹ

답 ⑤

✅ **응시생들의 선택**

① 16%	② 2%	③ 19%	④ 1%	⑤ 62%

⑤ ㄱ. 경쟁은 여러 공급자가 경쟁적으로 제공하여 소비자에게 유리한 가격으로 더 향상된 질의 서비스를 제공하는 유인이 될 수도 있다.
　ㄴ. 복합적인 욕구를 가진 클라이언트에게 필요한 재화와 서비스를 공식적, 비공식적 지원과 네트워크를 통해 계획하고 전달한다.
　ㄷ. 클라이언트의 적극적 의견 개진을 장려하는 것은 전달과정에서의 불평과 불만을 수렴하여 서비스 전달에 책임성을 높이고 소비자 욕구에 적절히 대응할 수 있게 한다.
　ㄹ. 사회복지기관 간 협력 강화는 여러 기관이 가지고 있는 자원의 효과적인 활용으로 단편성을 줄일 수 있을 것이다.

사회복지서비스 공급주체로서 지방정부에 대한 설명으로 적절하지 않은 것은?

① 지역주민의 욕구에 신속하게 대응할 수 있다.
② 지속성과 안정성을 보장할 수 있다.
③ 재정자립도에 따라 지역 간 격차가 심화될 수 있다.
④ 지역주민들의 정책결정과정 참여가 용이하다.
⑤ 대규모의 재정과 행정능력을 필요로 하는 사업을 진행하기는 어렵다.

답 ②

✅ **응시생들의 선택**

① 2%	② 85%	③ 2%	④ 4%	⑤ 7%

② 지방정부는 중앙정부에 비해 프로그램의 지속성과 안정성을 보장하기 어렵다.

다음 내용이 왜 틀렸는지를 확인해보자

01 <u>공공부문은 민간부문에 비해</u> 효율성, 경쟁성, 선택의 자유, 접근성, 욕구에의 신속대응성, 융통성 등에서 장점을 갖고 있다.

> 민간부문은 공공부문에 비해 효율성, 경쟁성, 선택의 자유, 접근성, 욕구에의 신속대응성, 융통성 등에서 장점을 갖고 있다.

12-06-24

02 범주적 보조금, 포괄 보조금, 일반교부세 중 <u>일반교부세가 지방정부의 재량권이 가장 작다.</u>

> 범주적 보조금, 포괄 보조금, 일반교부세 중 범주적 보조금이 지방정부의 재량권이 가장 작다.

07-06-17

03 일반적으로 사회복지서비스를 <u>민간부문</u>이 제공하면 보편적이고 안정적인 서비스를 제공할 수 있다.

> 일반적으로 사회복지서비스를 공공부문이 제공하면 보편적이고 안정적인 서비스를 제공할 수 있다.

06-06-17

04 <u>지방정부</u>의 역할은 사회적 재분배와 평등의 가치를 구현하고, 전국적으로 통합적인 서비스를 제공하는 것이다.

> 중앙정부의 역할은 사회적 재분배와 평등의 가치를 구현하고, 전국적으로 통합적인 서비스를 제공하는 것이다.

---

05 <u>중앙정부</u>는 지역주민 욕구에 신속하게 대응할 수 있지만, 지역 간 불평등으로 인한 사회통합을 저해할 수 있다.

> 지방정부는 지역주민 욕구에 신속하게 대응할 수 있지만, 지역 간 불평등으로 인한 사회통합을 저해할 수 있다.

---

06 민간부문은 <u>프로그램을 전국적으로 실시할 수 있어서 평등을 달성하기에 적합</u>하다.

> 민간부문은 프로그램을 전국적으로 실시할 수 없어서 평등의 달성이라는 측면에서는 약점을 가지고 있다.

07 사회복지 전달체계의 주요 원칙으로서 **적절성**은 '대상자가 갖고 있는 복합적인 욕구와 문제를 해결하기 위한 다양한 서비스를 제공하는가?'를 의미한다.

> '대상자가 갖고 있는 복합적인 욕구와 문제를 해결하기 위한 다양한 서비스를 제공하는가?'를 의미하는 것은 포괄성이다. 적절성은 '서비스 제공이 바람직한 수준으로 이루어졌는가?'를 말한다.

빈칸에 들어갈 알맞은 말을 채워보자

01 시립사회복지관의 민간 위탁, 사회복지기관에서 사회적 기업 운영 등은 (   )의 예이다.

02 공공부문의 실패로 인한 서비스 전달의 비효율성에 대해 비판을 받으며, 민간부문 및 시장 활성화를 위해 (   )가 등장하였다.

03 (   )은/는 국가가 예산의 일부를 지방정부에게 일정한 비율로 배분하는 것으로 지방정부의 재량권이 가장 큰 특징이 있다.

> 11-06-18

04 우리나라 사회복지 전달체계로서 (   )은/는 사회통합이나 평등과 같은 정책목표를 달성하는 데 유리하다.

> 06-06-17

05 사회복지서비스 공급주체로서 (   )은/는 재정자립도에 따라 지역 간 격차가 심화될 수 있다.

 01 복지혼합경제 **02** 민영화 **03** 일반교부세 **04** 중앙정부 **05** 지방정부

다음 내용이 옳은지 그른지 판단해보자

01 사회복지 전달체계의 개선 전략으로서 사회복지기관 간 협력 강화는 전달체계의 단편성을 줄일 수 있다. ⊙ ⊗

02 사회복지 전달체계는 사회복지서비스가 여러 공급자들에 의해 제공되는 것이 아니라 전문가에 의해 독점적으로 제공되어야 한다는 '비경쟁성'을 원칙으로 한다. ⊙ ⊗

`19-06-12`
03 사회복지 전달체계는 클라이언트에게 사회복지서비스를 제공하기 위한 조직 및 인력이다. ⊙ ⊗

`16-06-14`
04 범주적 보조금은 복지서비스의 전국적 통일성과 평등한 수준을 유지하는 데 적합하다. ⊙ ⊗

`10-06-18`
05 사례관리는 클라이언트에게 맞는 재화와 서비스를 계획·전달하는 방법의 하나이다. ⊙ ⊗

06 중앙정부와 지방정부는 많은 경우 프로그램을 협력하여 운영하기도 한다. ⊙ ⊗

07 민영화는 공공재 제공, 평등추구, 규모의 경제 실현 등의 면에서 장점이 있다. ⊙ ⊗

08 복지혼합은 사회복지에 대한 국가의 책임과 역할이 시장, 가족, 지역사회, 자원조직 등 다른 다양한 공급주체들에 의하여 대체되어야 한다는 주장이다. ⊙ ⊗

답 01○ 02× 03○ 04○ 05○ 06○ 07× 08○

해설 **02** 사회복지 전달체계는 '경쟁성'을 원칙으로 한다. 즉, 사회복지 재화나 서비스가 독점적으로 제공되지 않고 여러 공급자가 경쟁적으로 제공하여 가격과 질에 있어 소비자에게 유리하도록 해야 한다.
07 민영화는 공공재 제공, 평등추구, 규모의 경제 실현 등의 면에서 어려움을 겪을 가능성이 크다.

6장

사회보장론 일반

이 장에서는

사회보장의 개념·목적·기본이념, 사회보장제도의 분류와 형태, 사회보험의 특징 등을 다룬다.

10년간 출제분포도

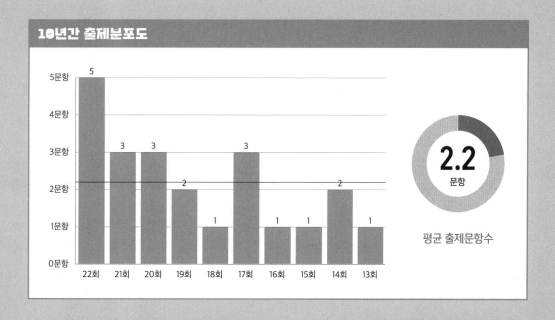

평균 출제문항수

사회보장의 특징

최근 10년간 **25문항** 출제

이론요약

기본개념

사회복지정책론
pp.170~

사회보장의 목적

- **기본생활보장**: 사회보장제도는 국가의 존재 근거 중 하나인 국민의 생존권 보호를 수행하는 제도로서 **국민들의 기본적 욕구를 보장**하기 위한 것이다.
- **소득재분배**: 정부의 재정지출 중에서 **소득재분배의 효과가 가장 두드러진 것**이 사회보장 지출이다. 사회보장 지출은 수직적 재분배의 기능도 하고 있지만, 보험료를 분담하는 동일계층 간의 수평적 재분배의 기능도 담당한다.
- **사회적 연대감의 증대**: 소득상실의 위험에 노출된 사람들에게 사회적 연대감을 보여주어 **사회통합을 도모하는 제도적 장치**이다.

사회보장제도의 운영원칙

- 국가와 지방자치단체가 사회보장제도를 운영할 때에는 이 제도를 필요로 하는 **모든 국민에게 적용**하여야 한다.
- 국가와 지방자치단체는 사회보장제도의 급여 수준과 비용 부담 등에서 **형평성을 유지**하여야 한다.
- 국가와 지방자치단체는 사회보장제도의 정책 결정 및 시행 과정에 공익의 대표자 및 이해관계인 등을 참여시켜 이를 **민주적으로 결정하고 시행**하여야 한다.
- 국가와 지방자치단체가 사회보장제도를 운영할 때에는 국민의 다양한 복지 욕구를 효율적으로 충족시키기 위하여 **연계성과 전문성을 높여야** 한다.
- **사회보험은 국가의 책임**으로 시행하고, **공공부조와 사회서비스는 국가와 지방자치단체의 책임**으로 시행하는 것을 원칙으로 한다. 다만, 국가와 지방자치단체의 재정 형편 등을 고려하여 이를 협의·조정할 수 있다.

우리나라 사회보장기본법에서의 분류

- **사회보험**: 국민에게 발생하는 사회적 위험을 보험의 방식으로 대처함으로써 국민의 건강과 소득을 보장하는 제도이다.
- **공공부조**: 국가와 지방자치단체의 책임 하에 생활 유지 능력이 없거나 생활이 어려운 국민의 최저생활을 보장하고 자립을 지원하는 제도이다.
- **사회서비스**: 국가·지방자치단체 및 민간부문의 도움이 필요한 모든 국민에게 복지, 보건의료, 교육, 고용, 주거, 문화, 환경 등의 분야에서 인간다운 생활을 보장하고 상담, 재활, 돌봄, 정보의 제공, 관련 시설의 이용, 역량 개발, 사회참여 지원 등을 통하여 국민의 삶의 질이 향상되도록 지원하는 제도이다.

소득재분배

- 사회보장 지출은 수직적 재분배의 기능도 하고 있지만, 보험료를 분담하는 동일계층 간의 수평적 재분배의 기능도 담당한다.
- 공공부조는 누진적인 조세를 재원으로 저소득층에게 제공하기 때문에 수직적 재분배 효과를 갖는다.
- 연금재정 운영방식 중 부과방식은 현재 노인세대에게 지급할 연금을 미래세대인 근로계층이 부담하는 방식으로, 세대 간 재분배 효과가 발생한다. 적립방식은 연금급여를 적립했다가 장래에 지급하는 방식으로 장기적 재분배 효과를 갖는다.

▶ 시간을 기준으로 구분
- 단기적 재분배: 사회적 욕구의 충족을 위해 현재의 자원을 사용하는 소득재분배이다.
- 장기적 재분배: 생애 또는 세대에 걸쳐 이루어지는 소득재분배이다.

▶ 계층구조를 기준으로 구분
- 수직적 재분배: **고소득층에서 저소득층으로**의 소득재분배이다.
- 수평적 재분배: **동일계층 내**의 소득재분배이다.

▶ 세대를 기준으로 구분
- 세대 내 재분배: **동일한 세대 내**에서의 소득재분배이다.
- 세대 간 재분배: **앞 세대와 먼 후손 세대 간**의 소득재분배이다.

사회보험과 관련 영역과의 비교

▶ 사회보험과 민간보험
- 사회보험의 가입은 **강제가입**이지만, 민간보험은 **임의적, 선택적 가입**이다.
- 사회보험은 개인적 형평성보다는 **사회적 적절성을 중시**하지만, 민간보험은 **개인적 형평성을 중시**한다.
- 사회보험은 보험자와 피보험자의 관계에 있어서 권리적 성격이 강하지만, 민간보험은 계약적 성격이 강하다.
- 사회보험은 물가상승에 의한 실질가치의 변동을 보장받지만, 민간보험은 물가상승에 대한 보장을 받기가 어렵다.

▶ 사회보험과 공공부조
- 사회보험의 대상은 **모든 국민(보편주의)**이지만, 공공부조는 **빈곤층(선별주의)**에 한정되어 있다.
- 사회보험의 재원은 기여금, 부담금(일부는 조세)이고, 공공부조는 조세이다.
- 사회보험은 급여 제공 시 자산조사에 근거하지 않지만, 공공부조는 자산조사를 실시한다.
- 사회보험은 공공부조에 비해 대상효율성이 낮지만, 공공부조는 다른 제도에 비해 대상효율성이 높다.
- 사회보험은 수직적 재분배와 수평적 재분배 효과를 모두 갖고 있으나, 공공부조에 비해 수직적 재분배효과가 크지 않다.

01 (22-06-16) 세대 간 재분배는 부과방식 공적 연금을 둘 수 있다.

02 (22-06-18) 사회보장기본법상 사회서비스의 분야는 복지, 보건, 의료, 교육, 고용, 주거, 문화, 환경 등이다.

03 (22-06-22) 공공부조는 사회보험에 비해 권리성이 약하다.

04 (21-06-12) 사회보험과 비교하여 공공부조제도는 대상효율성이 높다.

05 (21-06-16) 사회보험 급여는 피보험자와 보험자 간의 계약에 의해 규정된 법적 권리이다.

06 (20-06-07) 사회보험은 대부분 국가 또는 공법인이 운영하지만, 민영보험은 사기업이 운영한다.

07 (20-06-16) 고용보험, 국민연금, 국민기초생활보장, 보육서비스는 우리나라의 사회보장기본법에 근거한 사회보장제도이다.

08 (20-06-24) 수직적 재분배의 예로 공공부조제도를 들 수 있다.

09 (19-06-20) 사회보험은 위험이전과 위험의 광범위한 공동분담에 기초하고 있다.

10 (19-06-23) 재원조달 측면에서 부조방식이 보험방식보다 재분배 효과가 크다.

11 (18-06-19) 사회보험의 급여조건은 보험료 기여조건과 함께 사회적 위험에 직면해야 하는 조건이 부가된다.

12 (17-06-01) 사회보험은 국가의 책임으로 시행한다.

13 (17-06-18) 사회보험의 권리성은 구체적이고 강하며, 공공부조의 권리성은 추상적이고 약하다.

14 (16-06-13) 공공부조는 수직적 재분배에 해당한다.

15 (15-06-19) 소득재분배는 세대 내 재분배와 세대 간 재분배로 구분할 수 있다.

16 (14-06-07) 사회보장기본법에 명시된 사회보장제도의 운영원칙은 형평성, 보편성, 효율성, 민주성 등이 있다.

17 (14-06-23) 사회보장이란 사회보험, 공공부조, 사회서비스를 말한다.

18 (13-06-20) 수직적 재분배는 고소득층 대(對) 저소득층의 소득재분배를 말한다.

19 (12-06-17) 현행 우리나라 사회보장기본법에서 정의하는 사회보장의 영역은 사회보험, 공공부조, 사회서비스이다.

20 (11-06-28) 사회보험은 강제 가입을 원칙으로 한다.

21 (10-06-20) 사회보험의 급여는 법률로 정해지며 민간보험의 급여는 계약에 의해 정해진다.

22 (09-06-17) 적립방식의 연금은 장기적(long-term) 재분배이다.

23 (08-06-18) 사회보험은 최저소득을 보장하고, 민간보험은 개인의 의사와 지불능력에 따라 보장한다.

24 (08-06-21) 똑같은 금액일 때 공공부조와 사회보험제도를 비교하면, 공공부조제도의 소득재분배 효과가 크다.

25 (08-06-23) 산업재해보상보험, 국민연금, 노인장기요양보험 순서로 시행되었다.

26 (07-06-30) 급여수준 및 내용에 형평을 기한다는 형평성 원칙은 사회보장제도의 운영원칙에 해당한다.

27 (06-06-19) 한국의 사회보험제도 중 가장 먼저 실시된 것은 산재보험이다.

28 (05-06-21) 사회보험은 형평성을 추구하고, 공공부조는 평등성을 추구한다.

29 (03-06-19) 사회보험과 민간보험은 위험분산의 기능이 있다는 공통점이 있다.

30 (03-06-20) 사회보험의 기본원칙으로는 보편주의의 원칙, 기여분담의 원칙, 소득재분배의 원칙, 사회적 적절성 보장의 원칙 등이 있다.

31 (02-06-15) 사회보험에서의 급여는 기여와 완전히 연계되지 않지만, 민간보험에서의 급여는 기여한 만큼 이루어진다.

대표기출 확인하기

22-06-22
난이도 ★★☆

사회보장의 특성에 관한 설명으로 옳은 것을 모두 고른 것은?

> ㄱ. 공공부조는 사회보험에 비해 권리성이 약하다.
> ㄴ. 사회보험과 비교할 때 공공부조는 비용효과성이 높다.
> ㄷ. 사회수당과 사회보험은 기여 여부를 급여 지급 요건으로 한다.
> ㄹ. 사회보험과 공공부조는 방빈제도이고 사회수당은 구빈제도이다.

① ㄱ
② ㄱ, ㄴ
③ ㄴ, ㄷ
④ ㄷ, ㄹ
⑤ ㄱ, ㄴ, ㄹ

▶ 알짜확인

• 사회보장기본법, 사회보장제도, 소득재분배 등 사회보장과 관련된 주요 내용을 이해해야 한다.

답 ②

✔ 응시생들의 선택

① 20%	② 53%	③ 13%	④ 7%	⑤ 7%

② ㄷ. 사회보험은 기여 여부를 급여 지급 요건으로 하지만, 사회수당은 기여 여부를 급여 지급 요건으로 하지 않는다.
　ㄹ. 방빈제도란 빈곤을 방지(예방)하려는 제도를 말하고, 구빈제도는 빈곤에서 구제하는 제도를 말한다. 사회보험은 방빈제도, 공공부조는 구빈제도, 사회수당은 빈곤과 관계 없는 보편적 복지제도에 해당하지만 어느 정도는 방빈의 기능도 수행한다고 볼 수 있다.

➕ 덧붙임

주로 사회보장의 전반적인 사항을 묻는 문제가 출제되었다. 사회보장기본법에서 규정하고 있는 기본이념, 기본방향, 운영원칙에 관한 문제, 우리나라의 사회보장제도에 관한 문제, 사회보장의 목적인 소득재분배에 관한 문제, 사회보험과 민간보험의 비교에 관한 문제 등이 출제된 바 있다.

관련기출 더 보기

22-06-18
난이도 ★★★

사회보장기본법상 사회서비스에 관한 설명으로 옳지 않은 것은?

① 주체는 민간부문을 제외한 국가와 지방자치단체이다.
② 대상은 도움이 필요한 모든 국민이다.
③ 분야는 복지, 보건, 의료, 교육, 고용, 주거, 문화, 환경 등이다.
④ 상담, 재활, 돌봄, 정보의 제공, 관련시설의 이용, 역량개발, 사회참여 지원 등을 내용으로 한다.
⑤ 인간다운 생활을 보장하고 국민의 삶의 질이 향상되도록 지원하는 제도이다.

답 ①

✔ 응시생들의 선택

① 79%	② 4%	③ 5%	④ 7%	⑤ 5%

① 민간부문도 주체에 포함된다.

22-06-25
난이도 ★★★

보건복지부장관이 관장하는 사회보험제도를 모두 고른 것은?

> ㄱ. 국민연금　　　　　ㄴ. 국민건강보험
> ㄷ. 산업재해보상보험　ㄹ. 고용보험
> ㅁ. 노인장기요양보험

① ㄱ, ㄴ
② ㄴ, ㄷ
③ ㄱ, ㄴ, ㅁ
④ ㄱ, ㄷ, ㄹ
⑤ ㄷ, ㄹ, ㅁ

답 ③

✔ 응시생들의 선택

① 5%	② 1%	③ 84%	④ 6%	⑤ 4%

③ 국민연금(ㄱ), 국민건강보험(ㄴ), 노인장기요양보험(ㅁ)은 보건복지부장관이 관장하고, 산업재해보상보험(ㄷ), 고용보험(ㄹ)은 고용노동부장관이 관장한다.

21-06-16 　난이도 ★★☆

우리나라 사회보험의 운영원리에 관한 설명으로 옳지 않은 것은?

① 수익자 부담 원칙을 전제로 하고 있다.
② 사회보험은 수평적 또는 수직적 재분배 기능이 있다.
③ 가입자의 보험료율은 사회보험 종류별로 다르다.
④ 사회보험 급여는 피보험자와 보험자 간의 계약에 의해 규정된 법적 권리이다.
⑤ 모든 사회보험 업무가 통합되어 1개 기관에서 운영된다.

답 ⑤

✔ **응시생들의 선택**

① 10%	② 7%	③ 2%	④ 7%	⑤ 74%

⑤ 사회보험의 보험료 징수는 통합적으로 국민건강보험공단에서 진행되고 있지만, 사회보험의 업무는 국민연금공단, 국민건강보험공단, 근로복지공단 등 각각의 해당 기관에서 운영된다.

20-06-16 　난이도 ★★★

우리나라의 사회보장기본법에 근거한 사회보장제도가 아닌 것은?

① 고용보험
② 국민연금
③ 최저임금제
④ 국민기초생활보장
⑤ 보육서비스

답 ③

✔ **응시생들의 선택**

① 4%	② 7%	③ 33%	④ 8%	⑤ 48%

③ 사회보장기본법상 "사회보장"이란 출산, 양육, 실업, 노령, 장애, 질병, 빈곤 및 사망 등의 사회적 위험으로부터 모든 국민을 보호하고 국민 삶의 질을 향상시키는 데 필요한 소득·서비스를 보장하는 사회보험, 공공부조, 사회서비스를 말한다. ①, ②는 사회보험, ④는 공공부조, ⑤는 사회서비스에 해당한다.

20-06-07 　난이도 ★★☆

사회보험과 민영보험의 차이점에 관한 설명으로 옳지 않은 것은?

① 사회보험은 현금급여를 원칙으로 하고, 민영보험은 현물급여를 원칙으로 한다.
② 사회보험은 대부분 국가 또는 공법인이 운영하지만, 민영보험은 사기업이 운영한다.
③ 사회보험은 강제로 가입되지만, 민영보험은 임의로 가입한다.
④ 사회보험은 국가가 주로 독점하지만, 민영보험은 사기업들이 경쟁한다.
⑤ 사회보험은 사회적 적절성을 강조하지만, 민영보험은 개별 형평성을 강조한다.

답 ①

✔ **응시생들의 선택**

① 89%	② 3%	③ 1%	④ 3%	⑤ 4%

① 사회보험은 현금급여 외에 현물급여 등도 지급하고 있으며, 민영보험은 모두 현금급여를 지급하고 있다.

19-06-20 　난이도 ★★☆

사회보험제도에 관한 설명으로 옳지 않은 것은?

① 사회보험제도는 위험의 분산이라는 보험기술을 사용한다.
② 사회보험 급여를 받을 권리 여부는 자산조사 결과에 근거하여 결정된다.
③ 한국의 사회보험제도는 의무가입 원칙을 적용한다.
④ 사회보험은 위험이전과 위험의 광범위한 공동분담에 기초하고 있다.
⑤ 사회보험은 피보험자의 욕구에 기초하지 않고 사전에 결정된 급여를 제공한다.

답 ②

✔ **응시생들의 선택**

① 3%	② 71%	③ 3%	④ 4%	⑤ 19%

② 급여를 받을 권리가 자산조사의 결과에 근거하여 결정되는 것은 공공부조제도이다.

공공부조, 사회보험, 사회수당의 특성에 관한 설명으로 옳지 않은 것은?

① 공공부조는 다른 두 제도에 비해 권리성이 약하다.
② 사회수당은 수평적 재분배 효과가 있다.
③ 사회보험의 급여조건은 보험료 기여조건과 함께 사회적 위험에 직면해야 하는 조건이 부가된다.
④ 사회수당은 기여여부와 무관하게 지급된다.
⑤ 운영효율성은 세 제도 중 공공부조가 가장 높다.

답 ⑤

✔ 응시생들의 선택

① 14%	② 7%	③ 17%	④ 14%	⑤ 48%

⑤ 전체 자원 중에서 행정비용이 차지하는 비율로 운영효율성을 측정한다. 행정비용의 비중이 높아질수록 운영효율성이 낮아지며, 행정비용의 비중이 낮아질수록 운영효율성은 높아진다고 볼 수 있다. 대상을 선정하는 데 있어서 선별적인 요소가 많을수록 행정비용은 증가한다. 따라서 세 제도 중 공공부조가 운영효율성이 가장 낮다.

사회보험과 공공부조의 차이에 관한 설명으로 옳지 않은 것을 모두 고른 것은?

		사회보험	공공부조
ㄱ	재원	사회보험료	조세
ㄴ	대상자 범주	보편주의	선별주의
ㄷ	권리성	추상적이고 약함	구체적이고 강함
ㄹ	수급자격	기여금	자산조사
ㅁ	특징	사후적	사전적

① ㄱ, ㄴ
② ㄷ, ㅁ
③ ㄱ, ㄴ, ㄷ
④ ㄴ, ㄷ, ㄹ
⑤ ㄷ, ㄹ, ㅁ

답 ②

✔ 응시생들의 선택

① 3%	② 70%	③ 4%	④ 9%	⑤ 15%

② ㄷ. 사회보험의 권리성은 구체적이고 강하다. 공공부조의 권리성은 추상적이고 약하다.
　ㅁ. 사회보험은 사전적이고 적극적이며 예방적이다. 공공부조는 사후적이고 소극적이며 치료적이다.

소득재분배 유형과 관련된 제도를 연결한 것 중 옳은 것을 모두 고른 것은?

> ㄱ. 수직적 재분배 – 공공부조
> ㄴ. 세대 내 재분배 – 개인연금
> ㄷ. 수평적 재분배 – 아동수당
> ㄹ. 세대 간 재분배 – 장기요양보험

① ㄹ
② ㄱ, ㄷ
③ ㄴ, ㄹ
④ ㄱ, ㄴ, ㄷ
⑤ ㄱ, ㄴ, ㄷ, ㄹ

답 ⑤

✔ 응시생들의 선택

① 6%	② 29%	③ 7%	④ 17%	⑤ 41%

⑤ ㄱ. 수직적 재분배: 소득이 높은 계층으로부터 낮은 계층으로 재분배되는 형태
　ㄴ. 세대 내 재분배: 동일한 계층 내에서 재분배되는 형태
　ㄷ. 수평적 재분배: 동일한 소득 계층 내에서의 특정한 조건을 가진 사람들에게 재분배되는 형태
　ㄹ. 세대 간 재분배: 현재 세대와 미래 세대 간의 소득이 재분배되는 형태

소득재분배에 관한 설명으로 옳지 않은 것은?

① 소득재분배는 세대 내 재분배와 세대 간 재분배로 구분할 수 있다.
② 소득재분배는 시장의 기능에 따라 1차적으로 소득이 분배되는 것이다.
③ 정부가 조세정책과 사회복지정책 등을 통해 실현한다.
④ 개인의 자발적 기부와 같이 민간에 의해 이루어 질 수도 있다.
⑤ 시간적 소득재분배는 한 개인이 안정된 근로생활 시기에서 불안정한 소득시기로 소득을 이전하는 것을 의미한다.

답 ②

✔ 응시생들의 선택

① 4%	② 47%	③ 2%	④ 13%	⑤ 34%

② 소득재분배란 시장기능에 의한 소득의 분배가 현저하게 불평등하기 때문에 이러한 소득의 불평등을 완화하기 위해 정부가 정책적으로 개입하는 것이다.

다음 내용이 왜 틀렸는지를 확인해보자

`20-06-07`

01 사회보험은 **현금급여만을 지급**하며, 대부분 국가 또는 공법인이 운영한다.

> 사회보험은 현금급여 외에 현물급여 등도 지급하고 있다.

`17-06-17`

02 **사회보험급여**는 철저한 보험수리원칙에 따라 납부한 보험료에 비례한다.

> 민간보험급여는 철저한 보험수리원칙에 따라 납부한 보험료에 비례한다.

`15-06-19`

03 소득재분배는 **시장의 기능에 따라 1차적으로 소득이 분배**되는 것이다.

> 소득재분배란 시장기능에 의한 소득의 분배가 현저하게 불평등하기 때문에 이러한 소득의 불평등을 완화하기 위해 정부가 정책적으로 개입하는 것이다.

`13-06-20`

04 세대 내 재분배는 **노령세대 대(對) 근로세대의 소득재분배**이다.

> 세대 내 재분배는 동일한 세대 내의 재분배를 의미한다. 노령세대 대(對) 근로세대는 세대 내 재분배가 아닌 세대 간 재분배이다.

`12-06-17`

05 사회보장기본법에서 정의하는 사회보장의 영역으로는 **사회복지서비스, 공공부조, 사회서비스**가 있다.

> 사회보장기본법에서 정의하는 사회보장의 영역으로는 사회보험, 공공부조, 사회서비스가 있다.

---

06 **민간보험**은 강제가입이 원칙이고, 개인적 형평성보다는 사회적 적절성을 중시한다.

> 사회보험은 강제가입이 원칙이고, 개인적 형평성보다는 사회적 적절성을 중시한다.

---

07 우리나라의 사회보험제도에서 가장 먼저 실시된 제도는 <u>국민연금제도</u>이다.

> 우리나라의 사회보험제도에서 가장 먼저 실시된 제도는 산업재해보상보험제도이다.

빈칸에 들어갈 알맞은 말을 채워보자

`21-06-12`
01 공공부조제도는 (   )을/를 통하여 선별적으로 적용되기 때문에 행정비용이 많이 소요될 수 있다.

`17-06-01`
02 공공부조와 사회서비스는 (   )의 책임으로 시행하는 것을 원칙으로 한다.

`16-06-13`
03 아동수당은 (   ) 재분배에 해당한다.

`13-06-20`
04 고소득층 대 저소득층의 소득재분배 유형은 (   ) 재분배이다.

`10-06-20`
05 사회보험과 민간보험 중 (   )의 급여는 계약에 의해 정해진다.

---

06 (   )은/는 국가와 지방자치단체의 책임하에 생활 유지 능력이 없거나 생활이 어려운 국민의 최저생활을 보장하고 자립을 지원하는 제도이다.

답 **01** 자산조사 **02** 국가와 지방자치단체 **03** 수평적 **04** 수직적 **05** 민간보험 **06** 공공부조

다음 내용이 옳은지 그른지 판단해보자

20-06-16
01 국민연금, 국민기초생활보장제도, 보육서비스는 우리나라의 사회보장기본법에 근거한 사회보장제도이다. ◎ ✕

20-06-24
02 세대 간 재분배는 주로 적립방식을 통해 운영된다. ◎ ✕

03 사회보장기본법상 부담 능력이 있는 국민에 대한 사회서비스에 드는 비용은 그 수익자가 부담함을 원칙으로 한다. ◎ ✕

19-06-20
04 재원조달 측면에서 보험방식이 부조방식보다 재분배 효과가 크다. ◎ ✕

19-06-23
05 민간보험은 피보험자의 욕구에 기초하지 않고 사전에 결정된 급여를 제공한다. ◎ ✕

06 사회수당은 사회적 권리를 강하게 보장하며, 보편주의 원칙에 가장 가깝다. ◎ ✕

18-06-19
07 사회보험의 급여조건은 보험료 기여조건과 함께 사회적 위험에 직면해야 하는 조건이 부가된다. ◎ ✕

08 사회보험에 드는 비용은 사용자, 피용자 및 자영업자가 부담하는 것을 원칙으로 하되, 관계 법령에서 정하는 바에 따라 국가가 그 비용의 일부를 부담할 수 있다. ◎ ✕

09 연금의 적립방식은 연금급여를 적립했다가 장래에 지급하는 방식으로 장기적 재분배 효과를 갖는다. ◎ ✕

10 건강보험제도는 수직적 재분배에 해당하며, 국민기초생활보장제도는 수평적 재분배에 해당한다. ◎ ✕

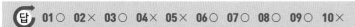
답 **01** ○ **02** ✕ **03** ○ **04** ✕ **05** ✕ **06** ○ **07** ○ **08** ○ **09** ○ **10** ✕

해설 **02** 세대 간 재분배는 주로 부과방식을 통해 운영된다.
04 재원조달 측면에서 부조방식이 보험방식보다 재분배 효과가 크다.
05 사회보험은 피보험자의 욕구에 기초하지 않고 사전에 결정된 급여를 제공한다.
10 건강보험제도는 수평적 재분배에 해당하며, 국민기초생활보장제도는 수직적 재분배에 해당한다.

7장

공적 연금의 이해

이 장에서는

공적 연금의 특징, 연금재정의 운영방식, 국민연금제도의 특징, 기초연금제도의 특징 등을 다룬다.

10년간 출제분포도

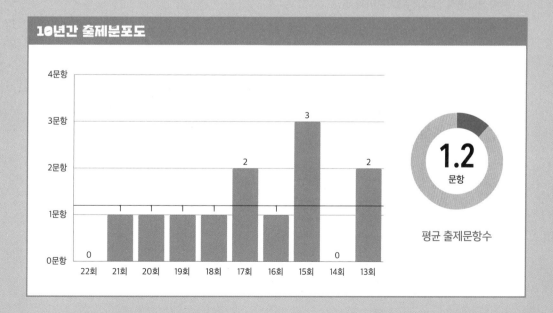

평균 출제문항수

1.2
문항

180 공적 연금의 특징

강의 QR코드

최근 10년간 **5문항** 출제 ★★★

1회독	2회독	3회독
월 일	월 일	월 일

이론요약

연금제도의 분류

▶ **기여식 연금과 무기여 연금**

- 기여식 연금: 소득의 일정 비율(혹은 정액)을 보험료(유사한 성격의 사회보장세)로 징수하여 재원을 조달하며 노령, 장애, 사망 등의 사회적 위험에 직면한 가입자에게 급여를 제공하는 형태이다.
- 무기여 연금: 동일한 정액으로 급여를 지급하기도 하고, 소득수준에 따라 급여를 감액하고 지급하기도 한다. 일반조세에 의해 재정을 충당하기 때문에 급여수준이 낮은 편이며, 국가마다 운영하는 방식이나 지급범위, 기능과 역할 등이 매우 다양하다.

기본개념
사회복지정책론
pp.182~

▶ **정액연금과 소득비례연금**

- 정액연금: 연금 수급액 결정에 있어서 이전의 소득은 고려하지 않고 동일한 금액을 지급하는 형태이다.
- 소득비례연금: 과거 소득(일정기간 또는 가입 전(全) 기간의 소득)을 기준으로 급여를 차등 지급하는 형태이다.

▶ **확정급여식 연금과 확정기여식 연금**

- 확정급여식 연금: 급여는 임금 또는 소득의 일정 비율 또는 일정 금액으로 **사전에 급여산정공식에 의해 확정되어 있지만 원칙적으로 보험료(기여금)는 확정되어 있지 않다.** 연금급여액은 대개 과거소득 및 소득활동기간에 의해 결정된다.
- 확정기여식 연금: **보험료(기여금)만이 사전에 확정되어 있을 뿐 급여액은 확정되어 있지 않다.** 급여액은 적립한 기여금과 기여금의 투자수익에 의해서만 결정되기 때문에 사전에 급여액이 얼마나 될 지 알 수 없다.

연금재정의 운영방식

▶ **적립방식**

- 보험료를 연기금으로 적립하였다가 지급하는 방식이다.
- 보험료의 평준화가 가능하다.
- 제도 성숙기에는 적립된 기금의 활용이 가능하며, 상대적으로 **재정의 안정적인 운영이 가능**하다.
- 일정한 기금이 형성되기 전까지는 제도 초기에 어려움이 있다.
- 장기적인 예측에 있어서 어려움이 있으며, 인플레이션 등 경제사회적 변화에 취약하다.

▶ **부과방식**

• 보험료 수입을 **당해 연도 연금 지출로 사용하는** 방식이다.
• **세대 간 재분배 효과가 상대적으로 크며**, 인플레이션으로 인한 영향이 크지 않다.
• 장기적인 재정추계의 필요성은 미약하다.
• 상대적으로 **재정운영의 불안정성이 존재하며, 인구구조 변화에 상당한 영향**을 받는다.

기출문장 CHECK

01 (21-06-17) 우리나라 사회보험방식의 공적 연금은 가입자의 노령(퇴직), 장애(재해), 사망으로 인한 소득중단 시 급여를 지급한다.

02 (19-06-21) 적립방식은 부과방식에 비해 세대 내 소득재분배 효과가 크다.

03 (17-06-24) 확정급여식 연금의 재정은 완전적립방식에서 부과방식까지 다양하게 운용될 수 있다.

04 (15-06-14) 부과방식은 매년도 연금재정의 수입총액과 지출총액이 균형을 유지할 수 있도록 운영하는 방식이다.

05 (13-06-19) 적립방식에 비해 부과방식(pay-as-you-go)이 인구 구성의 변동에 더 취약하다.

06 (12-06-19) 공적 연금은 직업에 따라 적용대상을 달리하는 여러 개의 연금제도로 분절된 형태를 취하며, 퇴직 전 생활수준을 유지하도록 보장하는 것은 조합주의적 국가 우위의 연금체계이다.

07 (10-06-28) 기여와 급여 중 어느 것을 확정하는지에 따라 확정기여연금과 확정급여연금으로 구분한다.

08 (08-06-30) 부과방식은 세대 간 계약에 기반을 두고 있다.

09 (07-06-21) 현재 재정적자가 발생하여 국고지원이 이루어지고 있는 공적 연금제도는 공무원연금, 군인연금 등이다.

10 (05-06-22) 적립방식의 경우 상대적으로 부과방식보다 장기적 재정추계의 필요성이 강하다.

대표기출 확인하기

우리나라 사회보험방식의 공적 연금에 관한 설명으로 옳은 것을 모두 고른 것은?

> ㄱ. 국민연금과 특수직역연금으로 구분하여 운영되고 있다.
> ㄴ. 국민연금이 가장 먼저 시행되었다.
> ㄷ. 2022년 12월말 기준 공적 연금 수급개시 연령은 동일하다.
> ㄹ. 가입자의 노령(퇴직), 장애(재해), 사망으로 인한 소득중단 시 급여를 지급한다.

① ㄱ, ㄴ   ② ㄱ, ㄹ
③ ㄱ, ㄴ, ㄹ   ④ ㄱ, ㄷ, ㄹ
⑤ ㄴ, ㄷ, ㄹ

▶ 알짜확인

• 공적 연금제도와 관련된 주요 특징과 내용을 파악해야 한다.

답 ②

✓ 응시생들의 선택

① 10%	② 42%	③ 14%	④ 26%	⑤ 8%

② ㄴ. 1960년 공무원연금법의 제정으로 시행된 공무원연금제도가 최초의 공적 연금이다.
   ㄷ. 국민연금은 수급개시가 65세부터 시작되지만, 공무원연금 등의 수급개시는 퇴직연도에 따라 수급개시 연령이 다르다. 즉, 공적 연금의 종류에 따라 수급개시 기준에 차이가 있기 때문에 모든 공적 연금의 수급개시 연령이 동일한 것은 아니다.

➕ 덧붙임

공적 연금의 특징과 관련해서는 연금재정의 운영방식을 묻는 문제가 가장 많이 출제되고 있다. 이 외에도 공적 연금의 필요성, 공적 연금의 유형, 연금제도의 분류 등 공적 연금의 전반적인 내용을 종합적으로 묻는 문제가 출제되고 있으므로 공적 연금과 관련된 주요 특징과 내용을 폭 넓게 정리할 필요가 있다.

관련기출 더 보기

연금제도의 적립방식과 부과방식에 관한 설명으로 옳은 것을 모두 고른 것은?

> ㄱ. 적립방식은 부과방식에 비해 세대 내 소득재분배 효과가 크다.
> ㄴ. 부과방식은 적립방식에 비해 자본축적 효과가 크다.
> ㄷ. 부과방식은 적립방식에 비해 기금확보가 더 용이하다.

① ㄱ   ② ㄴ
③ ㄷ   ④ ㄱ, ㄴ
⑤ ㄱ, ㄷ

답 ①

✓ 응시생들의 선택

① 42%	② 5%	③ 24%	④ 8%	⑤ 21%

① ㄴ. 적립방식은 부과방식에 비해 자본축적 효과가 크기 때문에 상대적으로 재정의 안정적인 운영이 가능하다. 부과방식은 매년 전체 가입자가 낸 보험료 등으로 당해 연도에 지급해야 할 연금급여를 충당하는 방식이기 때문에 상대적으로 재정운영의 불안정성이 존재한다.
   ㄷ. 적립방식은 부과방식에 비해 기금확보가 더 용이하며, 성숙기에는 적립된 기금의 활용이 가능하다. 다만, 일정한 기금이 형성되기 전까지는 제도 초기에 어려움이 있다.

확정급여식 연금과 확정기여식 연금에 관한 설명으로 옳은 것을 모두 고른 것은?

ㄱ. 확정급여식 연금의 재정은 완전적립방식에서 부과방식까지 다양하게 운용될 수 있다.
ㄴ. 확정기여식 연금의 급여액은 기본적으로 적립한 기여금과 기여금의 투자수익에 의해서 결정된다.
ㄷ. 확정급여식 연금제도에서는 투자위험에 대해서 개인이 전적으로 책임진다.
ㄹ. 확정기여식 연금제도에서는 물가상승, 경기침체 등의 위험을 사회 전체적으로 분산대응하는 장점이 있다.

① ㄱ, ㄴ
② ㄱ, ㄷ
③ ㄴ, ㄹ
④ ㄱ, ㄴ, ㄷ
⑤ ㄱ, ㄴ, ㄷ, ㄹ

답 ①

✔ 응시생들의 선택

① 34%	② 4%	③ 38%	④ 7%	⑤ 17%

① ㄷ. 확정기여식 연금제도에서는 투자위험에 대해서 개인이 전적으로 책임진다.
ㄹ. 확정급여식 연금제도에서는 물가상승, 경기침체 등의 위험을 사회 전체적으로 분산대응하는 장점이 있다.

공적 연금 재정관리 방식의 특징이 아닌 것은?

① 적립방식은 가입자들 각자가 보험료를 납부하여 축적한 적립기금으로 자신들의 노후를 보장하는 방식이다.
② 부과방식은 매년도 연금재정의 수입총액과 지출총액이 균형을 유지할 수 있도록 운영하는 방식이다.
③ 적립방식의 연금제도에서 수지상등의 원칙은 고려하지 않는다.
④ 부과방식의 연금제도는 도입 당시의 노인세대에게도 일정한 연금을 제공할 수 있다.
⑤ 적립방식의 연금제도는 저축 기능을 토대로 운영된다.

답 ③

✔ 응시생들의 선택

① 2%	② 10%	③ 66%	④ 21%	⑤ 1%

③ 수지상등의 원칙이란 원칙적으로 개인이 낸 보험료 총액과 개인이 받는 급여 총액은 같아야 한다는 것이다. 적립방식 연금제도는 사전에 보험료를 납부하여 적립한 후 자신이 낸 보험료와 나중에 받는 연금이 수지상등이 되도록 연금을 받는 것이다.

공적 연금제도에 관한 설명으로 옳은 것을 모두 고른 것은?

ㄱ. 적립방식에 비해 부과방식(pay-as-you-go)이 인구 구성의 변동에 더 취약하다.
ㄴ. 확정급여식 연금은 주로 과거의 소득 및 소득활동 기간에 의해 결정된다.
ㄷ. 완전적립방식은 퇴직 후 생활보장을 위해 현재 소득의 일부를 저축하는 구조이다.
ㄹ. 부과방식에서는 현재의 근로세대가 은퇴세대의 연금급여에 필요한 재원을 부담한다.

① ㄱ, ㄴ, ㄷ
② ㄱ, ㄷ
③ ㄴ, ㄹ
④ ㄹ
⑤ ㄱ, ㄴ, ㄷ, ㄹ

답 ⑤

✔ 응시생들의 선택

① 20%	② 22%	③ 8%	④ 4%	⑤ 47%

⑤ 모두 옳은 내용이다.

공적 연금에 관한 설명으로 옳은 것을 모두 고른 것은?

ㄱ. 기여여부에 따라 무기여 연금과 기여 연금으로 구분한다.
ㄴ. 급여의 소득비례여부에 따라 정액연금과 소득비례연금으로 구분한다.
ㄷ. 재정방식에 따라 적립방식과 부과방식으로 구분한다.
ㄹ. 기여와 급여 중 어느 것을 확정하는지에 따라 확정기여연금과 확정급여연금으로 구분한다.

① ㄱ, ㄴ, ㄷ
② ㄱ, ㄷ
③ ㄴ, ㄹ
④ ㄹ
⑤ ㄱ, ㄴ, ㄷ, ㄹ

답 ⑤

✔ 응시생들의 선택

① 18%	② 15%	③ 3%	④ 1%	⑤ 63%

⑤ 기여여부에 따라 무기여 연금과 기여 연금, 급여의 소득비례여부에 따라 정액 연금과 소득비례연금, 연금재정 운영방식에 따라 적립방식과 부과방식, 연금액 확정방식에 따라 확정기여연금, 확정급여연금으로 분류한다.

다음 내용이 왜 틀렸는지를 확인해보자

13-06-19

01 부과방식에 비해 적립방식이 인구 구성의 변동에 더 취약하다.

> 적립방식에 비해 부과방식이 인구 구성의 변동에 더 취약하다. 부과방식은 상대적으로 재정운영의 불안정성이 존재한다.

---

02 확정기여식 연금의 급여는 사전에 급여산정공식에 의해 확정되어 있지만 원칙적으로 보험료는 확정되어 있지 않다.

> 확정급여식 연금의 급여액은 사전에 급여산정공식에 의해 확정되어 있지만 원칙적으로 보험료는 확정되어 있지 않다. 반면, 확정기여식 연금은 보험료만이 사전에 확정되어 있을 뿐 급여액은 확정되어 있지 않다.

---

03 사회보험식 공적 연금 유형은 강제가입이 아닌 개개인이 자유롭게 선택하여 가입하는 것이 특징이다.

> 사회보험식 공적 연금 유형은 보험료 등으로 필요한 재원을 조달하여 현금 형태로 급여를 제공하는 제도로 기본적으로 강제가입이 원칙이다. 강제가입을 전제로 위험을 분산시켜 대처할 수 있으며, 임의가입은 예외적으로 허용된다.

---

04 기여식 연금은 일반조세에 의해 재정을 충당하기 때문에 급여수준이 낮은 편이다.

> 일반조세에 의해 재정을 충당하기 때문에 급여수준이 낮은 것은 무기여 연금이다.

05-06-22

05 부과방식은 장기적 재정추계를 이용하여 장기간에 걸쳐 보험료를 평준화할 수 있어 세대 간의 공평한 보험료 부담이 가능하다.

> 적립방식은 장기적 재정추계를 이용하여 장기간에 걸쳐 보험료를 평준화할 수 있어 세대 간의 공평한 보험료 부담이 가능하다.

---

06 적립방식은 고령화가 진행되는 과정에서 근로세대가 줄어들면서 보험료 수입이 감소하는 경향이 발생할 수 있고 노인인구의 증가로 인해 후세대의 부담이 증가할 수 있다.

> 부과방식은 고령화가 진행되는 과정에서 근로세대가 줄어들면서 보험료 수입이 감소하는 경향이 발생할 수 있고 노인인구의 증가로 인해 후세대의 부담이 증가할 수 있다.

빈칸에 들어갈 알맞은 말을 채워보자

01 연금의 유형은 크게 사회보험식 연금, 사회부조식 연금, ( )(으)로 나눌 수 있다.

17-06-24
02 ( ) 연금의 급여액은 기본적으로 적립한 기여금과 기여금의 투자수익에 의해서 결정된다.

15-06-14
03 ( )은/는 매년도 연금재정의 수입총액과 지출총액이 균형을 유지할 수 있도록 운영하는 방식이다.

04 연금재정을 부과방식으로 운영하는 경우에는 특히 ( ) 재분배 효과가 크다.

05 ( )은/는 일정한 기금이 형성되기 전까지는 제도 초기에 어려움이 있다.

> **답** **01** 사회수당식 연금 **02** 확정기여식 **03** 부과방식 **04** 세대 간 **05** 적립방식

다음 내용이 옳은지 그른지 판단해보자

01 사회수당식 공적 연금은 누구에게나 동일한 급여액이 지급되는 경향이 있다. ◎ ✕

19-06-21
02 적립방식은 부과방식에 비해 기금확보가 더 용이하며, 성숙기에는 적립된 기금의 활용이 가능하다. ◎ ✕

03 부분적립방식은 완전적립방식에 비해 적립기금 규모를 상대적으로 작게 유지한다. ◎ ✕

13-06-19
04 적립방식에서는 현재의 근로세대가 은퇴세대의 연금급여에 필요한 재원을 부담한다. ◎ ✕

05 확정기여식 연금은 투자에 수반되는 위험에 대해서는 개인이 전적으로 책임을 지는 형태이다. ◎ ✕

> **답** **01** ○ **02** ○ **03** ○ **04** ✕ **05** ○

> **해설** **04** 부과방식에서는 현재의 근로세대가 은퇴세대의 연금급여에 필요한 재원을 부담한다.

181 국민연금제도

강의 QR코드

1회독 월 일 → 2회독 월 일 → 3회독 월 일

최근 10년간 **6문항** 출제

복습 1 **이론요약**

가입대상

- 국내에 거주하는 국민으로서 18세 이상 60세 미만인 자는 국민연금 가입대상이 된다. 다만, 공무원연금법, 군인연금법, 사립학교교직원 연금법 및 별정우체국법을 적용받는 공무원, 군인, 교직원 및 별정우체국 직원 등은 제외한다.
- 국민연금 가입자는 **사업장가입자, 지역가입자, 임의가입자 및 임의계속가입자**로 구분한다.

기본개념
사회복지정책론
pp.192~

급여의 종류

- 노령연금: **가입기간(연금보험료 납부기간)이 10년 이상**이면 출생연도별 지급개시 연령 이후부터 평생 동안 매월 지급받을 수 있으며, 국민연금의 기초가 되는 급여이다.
  - 조기노령연금: 가입기간이 10년 이상이고 출생연도별 조기노령연금 지급개시 연령 이상인 사람이 소득 있는 업무에 종사하지 않는 경우에 본인이 신청하면 노령연금 지급개시 연령 전이라도 지급받을 수 있는 연금
  - 분할연금: 배우자의 가입기간 중 혼인 기간이 5년 이상인 자가 '배우자와 이혼하였을 것, 배우자였던 사람이 노령연금 수급권자일 것, 분할연금 수급권자가 본인이 출생연도별 지급개시 연령이 될 것'의 요건을 모두 갖추면 지급

출생연도별 지급개시 연령

출생연도	1953~56년생	1957~60년생	1961~64년생	1965~68년생	1969년생~
노령연금 지급개시 연령	61세	62세	63세	64세	65세
조기노령연금 지급개시 연령	56세	57세	58세	59세	60세

- 장애연금: 가입자나 가입자였던 자가 질병이나 부상으로 신체적 또는 정신적 장애가 남았을 때 이에 따른 소득 감소부분을 보전함으로써 본인과 가족의 안정된 생활을 보장하기 위한 급여이다.
- 유족연금: 국민연금에 일정한 가입기간이 있는 사람 또는 노령연금이나 장애연금을 받던 사람이 사망하면 그에 의해 생계를 유지하던 유족에게 급여를 지급하여 안정된 삶을 살아갈 수 있도록 하기 위한 급여이다.
- 반환일시금: 지급연령이 되었을 때 연금급여를 받을 수 있는 요건을 충족하지 못하였거나 국외이주 등으로 더 이상 국

민연금 가입대상이 아닌 경우 납부한 연금보험료에 이자를 더해 일시에 지급하는 급여이다.

- 사망일시금: 가입자 또는 가입자였던 사람이 사망하였으나 국민연금법에서 명시한 유족의 범위에 해당하는 유족이 없어 유족연금 또는 반환일시금을 지급받을 수 없는 경우 더 넓은 범위의 유족에게 지급하는 장제부조적 · 보상적 성격의 급여이다.

연금보험료

- 사업장가입자 보험료율은 9.0%(근로자 4.5% + 사용자 4.5%)로 근로자와 사용자가 각각 4.5%씩을 부담한다.
- 지역가입자, 임의가입자, 임의계속가입자의 보험료율도 9.0%로 모두 자신이 부담한다.

연금급여액

- 연금급여는 기본연금액과 부양가족연금액을 합산한 금액으로 한다.
- 기본연금액: 모든 연금액 산정의 기초가 되며, 가입자 전체의 소득과 가입자 본인의 소득 및 가입기간에 따라서 산정한다.
- 부양가족연금액: 연금급여를 지급받는 수급자가 일정한 가족을 부양하고 있는 경우 가족수당 성격으로 지급하는 부가급여이다.

크레딧 제도

- 사회적으로 가치 있는 행위를 하였거나, 불가피한 사유로 보험료를 납부할 수 없는 경우 수급권 및 적정 급여 보장을 위해 가입기간을 추가로 인정하는 제도이다.
- **출산크레딧제도**(2008. 1. 1 이후 출산 · 입양한 자녀부터 인정): 출산을 장려하고 연금수급기회 증대를 위해 둘째 이상의 자녀를 출산하는 가입자에게는 가입기간을 추가로 인정하는 인센티브를 부여한다(2자녀 – 12개월, 3자녀 – 30개월, 4자녀 – 48개월, 5자녀 이상 – 50개월).
- **군복무크레딧제도**(2008. 1. 1 이후 군에 입대하는 자부터 인정): 병역의무를 이행한 자(현역병, 공익근무요원)에게 6개월을 추가 가입기간으로 인정한다.
- **실업크레딧제도**(2016. 8. 1 시행): 구직급여 수급자가 연금보험료의 납부를 희망하고 본인부담분 연금보험료(25%)를 납부하는 경우, 국가에서 보험료(75%)를 지원하고 그 기간을 최대 12개월까지 가입기간으로 추가 산입한다.

국민연금공단의 업무

가입자에 대한 기록의 관리 및 유지, 연금보험료의 부과, 급여의 결정 및 지급, 가입자 · 가입자였던 자 · 수급권자 및 수급자를 위한 자금의 대여와 복지시설의 설치 · 운영 등 복지사업, 가입자 및 가입자였던 자에 대한 기금증식을 위한 자금대여사업, 가입대상과 수급권자 등을 위한 노후준비서비스 사업, 국민연금제도 · 재정계산 · 기금운용에 관한 조사연구, 국민연금기금 운용 전문인력 양성, 국민연금에 관한 국제협력, 그 밖에 이 법 또는 다른 법령에 따라 위탁받은 사항, 그 밖에 국민연금사업에 관하여 보건복지부장관이 위탁하는 사항

01 (20-06-03) 국민연금의 연금크레딧제도 중 실업크레딧이 가장 최근에 시행되었다.

02 (17-06-08) 병역법에 따라 현역병으로 병역의무를 수행한 경우 가입기간을 추가 산입한다.

03 (16-06-21) 출산크레딧은 2명 이상의 자녀가 있을 때부터 가능하다.

04 (15-06-05) 소득상한선은 그 이상의 소득에 대해서는 더 이상 보험료가 부과되지 않는 소득의 경계선을 의미한다.

05 (15-06-20) 연금액은 지급사유에 따라 기본연금액과 부양가족연금액을 기초로 산정한다.

06 (13-06-22) 우리나라 국민연금은 강제가입을 통해 역 선택을 방지하고자 한다.

07 (07-06-14) 사업장가입자의 보험료는 근로자와 사용자가 각각 절반씩을 부담한다.

08 (06-06-26) 국민연금 계산식 '기본연금액 = 1.8(A+B)(1+0.05n)'에서 소득비례부분은 B(가입자 개인의 가입기간 동안의 기준소득월액의 평균)이다.

09 (03-06-21) 우리나라의 국민연금 보험료에는 상한선이 있다.

10 (03-06-22) 우리나라 국민연금은 수정적립방식을 택하고 있다.

대표기출 확인하기

17-06-08 난이도 ★★★

국민연금의 가입기간 추가 산입에 관한 내용으로 옳지 않은 것은?

① 병역법에 따라 현역병으로 병역의무를 수행한 경우 가입기간을 추가 산입한다.
② 가입기간의 추가 산입에 따른 비용은 국가와 사용자가 2분의 1씩 부담한다.
③ 자녀가 두 명인 경우 12개월을 추가 산입한다.
④ 고용보험법에 따른 구직급여를 받는 경우 구직급여를 받는 기간을 가입기간에 추가 산입한다.
⑤ 사용자가 근로자의 임금에서 기여금을 공제하고 연금 보험료를 내지 아니한 경우에는 그 내지 아니한 기간의 2분의 1에 해당하는 기간을 근로자의 가입기간으로 산입하되, 1개월 미만의 기간은 1개월로 한다.

 알짜확인

• 국민연금제도와 관련된 주요 내용을 파악해야 한다.

답 ②

✔ **응시생들의 선택**

① 5%	② 31%	③ 24%	④ 25%	⑤ 15%

② 가입기간의 추가 산입에 따른 비용은 국가가 전액 또는 일부를 부담한다.

➕ **덧붙임**

국민연금제도의 적용대상, 보험료, 급여종류, 급여액 등 주요 내용에 관한 문제가 출제되고 있다. 특히, 최근 시험에서는 국민연금의 크레딧제도에 관한 내용이 지속적으로 출제되고 있으므로 반드시 꼼꼼하게 정리해둘 필요가 있다. <사회복지법제론>의 국민연금법과 함께 학습하면 좀 더 효율적으로 이해할 수 있을 것이다.

관련기출 더 보기

20-06-03 난이도 ★★★

국민연금의 연금크레딧제도 중 가장 최근에 시행된 것은?

① 실업크레딧   ② 고용크레딧
③ 양육크레딧   ④ 군복무크레딧
⑤ 출산크레딧

답 ①

✔ **응시생들의 선택**

① 27%	② 6%	③ 18%	④ 17%	⑤ 32%

① 연금크레딧제도는 사회적으로 가치 있는 행위를 하였거나, 불가피한 사유로 보험료를 납부할 수 없는 경우 수급권 및 적정급여 보장을 위해 가입기간을 추가로 인정하는 제도이다. 우리나라는 출산크레딧, 군복무크레딧, 실업크레딧을 시행하고 있으며, 출산크레딧과 군복무크레딧은 2008년부터, 실업크레딧은 2016년부터 시행되고 있다.

16-06-21 난이도 ★★★

우리나라의 국민연금제도에 관한 설명으로 옳은 것은?

① 실업기간 중에는 가입기간을 추가로 산입할 수 없다.
② 출산크레딧은 3명 이상의 자녀가 있을 때부터 가능하다.
③ 농·어업인에 대해 연금보험료를 국가가 보조할 수 없다.
④ 노령연금 수급권자가 소득활동을 하면 최대 3년 동안 연금액이 감액된다.
⑤ 군복무자에게는 노령연금수급권 취득 시 6개월을 가입기간에 추가로 산입한다.

답 ⑤

✔ **응시생들의 선택**

① 16%	② 31%	③ 4%	④ 12%	⑤ 37%

① 실업기간 중에도 가입기간을 추가로 산입할 수 있다.
② 출산크레딧은 2명 이상의 자녀가 있을 때부터 가능하다.
③ 농·어업인에 대해 연금보험료를 국가가 보조할 수 있다.
④ 노령연금 수급권자가 소득활동을 하면 최대 5년 동안 연금액이 감액된다.

국민연금 보험료 부과체계상 소득상한선과 소득하한선에 관한 설명으로 옳지 않은 것은?

① 소득하한선은 일정수준 이하의 저소득계층을 제도의 적용으로부터 제외시키는 기능을 한다.
② 소득하한선을 높게 설정할 경우 국민연금 가입자 규모가 감소할 수 있다.
③ 소득상한선을 낮게 유지할 경우 고소득계층의 부담은 그만큼 더 커지게 된다.
④ 소득상한선은 국민연금 가입자들 상호 간 연금급여의 편차를 일정수준에서 제한하는 기능을 하게 된다.
⑤ 소득상한선은 그 이상의 소득에 대해서는 더 이상 보험료가 부과되지 않는 소득의 경계선을 의미한다.

답 ③

✔ 응시생들의 선택

① 13%	② 10%	③ 63%	④ 4%	⑤ 10%

③ 소득상한선은 국민연금 가입자들 간에 연금급여의 편차를 일정수준으로 제한하는 기능이 있으며, 소득상한선 이상의 소득에 대해서는 더 이상 보험료를 부과하지 않는다. 따라서 소득상한선을 낮게 유지할 경우 고소득계층의 부담은 경감될 수 있다.

국민연금의 연금보험료와 연금급여액에 관한 설명으로 옳은 것을 모두 고른 것은?

ㄱ. 저소득층에게 유리하게 설계되어 있다.
ㄴ. 기본연금액의 균등부분에서 소득재분배기능이 나타난다.
ㄷ. 2008년 이후 급여수준을 결정하는 비례상수는 매년 0.5%씩 감소한다.
ㄹ. 연금액은 지급사유에 따라 기본연금액과 부양가족연금액을 기초로 산정한다.

① ㄱ, ㄴ　　　　　　② ㄴ, ㄹ
③ ㄷ, ㄹ　　　　　　④ ㄱ, ㄴ, ㄹ
⑤ ㄱ, ㄴ, ㄷ, ㄹ

답 ④

✔ 응시생들의 선택

① 7%	② 47%	③ 16%	④ 21%	⑤ 9%

④ ㄷ. 2008년 이후 소득대체율은 0.5%씩, 비례상수는 0.015씩 감소한다.

국민연금 기본연금액 산출식이 다음과 같을 때, 20년 가입자와 40년 가입자의 소득대체율은 각각 얼마인가? (단, A와 B 모두 100만원으로 가정)

기본연금액 = 1.2(A + B)(1 + 0.05n/12)

A: 연금수급 전 3년간의 전체 가입자 평균소득월액의 평균액
B: 가입자 개인의 가입기간 중 기준소득월액의 평균액
n: 20년 이상 초과 가입한 개월 수

	20년 가입자	40년 가입자
①	10%	20%
②	15%	30%
③	20%	40%
④	25%	50%
⑤	30%	60%

답 ③

✔ 응시생들의 선택

① 17%	② 20%	③ 23%	④ 18%	⑤ 22%

③ 소득대체율이란 연금에 가입하여 보험료를 납부한 경우 본인 가입기간 중 평균소득과 대비하여 받을 수 있는 연금액의 지급수준을 말한다. 소득대체율은 평균소득과 가입기간에 따라 달라진다. 기본연금액 산정식에서 1.2는 연금급여의 소득대체율을 만들어주는 상수를 의미한다. 이 값이 클수록 연금급여의 소득대체율이 높음을 의미한다. 이 문제에서는 "가입기간 중 평균소득"에 해당하는 금액을 "B"로 보고 계산한다. 따라서 소득대체율(%) = 연금액(월) ÷ B × 100이 된다.
20년 가입자의 기본연금액은 초과 가입월수(n)가 0이므로 1.2(100 + 100) × 1 = 240만원이다. 그런데 240만원은 1년 동안 지급하는 금액이므로 월 기본연금액은 20만원이 된다. 가입 기간 동안 B가 100만원인 사람이 20년 가입 시 월 기본연금액이 20만원이라면 소득대체율은 20%(= 20 ÷ 100 × 100)이다.
40년 가입자의 기본연금액은 초과 가입월수(n)가 240개월이므로 1.2(100 + 100) × 2 = 480만원이다. 마찬가지로 480만원은 1년 동안 지급하는 금액이므로 월 기본연금액은 40만원이 된다. 가입 기간 동안 B가 100만원인 사람이 40년 가입 시 월 기본연금액이 40만원이라면 소득대체율은 40%(= 40 ÷ 100 × 100)이다.

다음 내용이 왜 틀렸는지를 확인해보자

`20-06-03`

01 국민연금의 연금크레딧제도 중 가장 최근에 시행된 것은 **출산크레딧**이다.

> 출산크레딧과 군복무크레딧은 2008년부터, 실업크레딧은 2016년부터 시행되고 있다.

`16-06-21`

02 출산크레딧은 **3명 이상의 자녀가 있을 때부터 가능**하다.

> 출산크레딧은 2명 이상의 자녀가 있을 때부터 가능하다.

---

03 분할연금은 가입기간 중 **혼인기간이 3년 이상**인 노령연금수급권자의 이혼한 배우자가 60세 이상이 된 경우에 받을 수 있다.

> 분할연금은 가입기간 중 혼인기간이 5년 이상인 노령연금수급권자의 이혼한 배우자가 60세 이상이 된 경우에 받을 수 있다.

---

04 별정우체국법을 적용받는 별정우체국 직원도 국민연금의 가입대상이 된다.

> 국내에 거주하는 국민으로서 18세 이상 60세 미만인 자는 국민연금 가입대상이 된다. 다만, 공무원연금법, 군인연금법, 사립학교교직원 연금법 및 별정우체국법을 적용받는 공무원, 군인, 교직원 및 별정우체국 직원 등은 제외한다.

---

05 유족연금은 유족의 범위에 해당하는 모든 이에게 유족연금을 지급한다.

> 유족연금은 유족의 범위에 해당하는 배우자, 자녀, 부모, 손자녀, 조부모 순위 중 최우선 순위자에게 유족연금을 지급한다.

빈칸에 들어갈 알맞은 말을 채워보자

17-06-08
01 자녀가 두 명인 경우에는 (   )개월을 가입기간으로 추가 산입한다.

02 우리나라의 국민연금 재정운영방식은 (   )이다.

03 국민연금제도는 국가 위탁관리 형태의 법인체인 (   )이 운영하고 있다.

04 사업장가입자의 보험료율은 (   )%이며, 근로자와 사용자가 각각 절반씩 부담한다.

15-06-05
05 (   )은/는 그 이상의 소득에 대해서는 더 이상 보험료가 부과되지 않는 소득의 경계선을 의미한다.

 답 **01** 12 **02** 수정적립방식 **03** 국민연금공단 **04** 9.0 **05** 소득상한선

다음 내용이 옳은지 그른지 판단해보자

01 연금급여는 기본연금액과 부양가족연금액을 합산한 금액으로 받는다.

13-06-22
02 우리나라는 소규모 사업을 운영하는 사업주와 소속 근로자의 국민연금 보험료의 일부를 국가에서 지원하는 두루누리 사회보험제도가 있다.

03 군복무크레딧제도는 병역의무를 이행한 자(현역병, 공익근무요원)에게 12개월을 추가 가입기간으로 인정해주는 제도이다.

04 한사람에게 둘 이상의 국민연금 급여가 발생한 경우 무조건 하나만 지급받는다.

05 국민연금공단은 가입자에 대한 기록의 관리 및 유지, 연금보험료의 부과, 급여의 결정 및 지급 등의 업무를 한다.

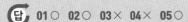 **답** **01** ○ **02** ○ **03** × **04** × **05** ○

해설 **03** 군복무크레딧제도는 병역의무를 이행한 자(현역병, 공익근무요원)에게 6개월을 추가 가입기간으로 인정해주는 제도이다.
04 한사람에게 둘 이상의 국민연금 급여가 발생한 경우 원칙적으로 선택한 하나만 지급받을 수 있으나, 일정한 경우에는 선택하지 않은 급여의 일부를 지급받을 수 있다.

182 기초연금제도

강의 QR코드

1회독	2회독	3회독
월 일	월 일	월 일

최근 10년간 **1문항** 출제

복습 **1** **이론요약**

지급대상

- 65세 이상인 사람으로서 **소득인정액이 선정기준액 이하인 사람**에게 지급한다.
- 보건복지부장관은 선정기준액을 정하는 경우 65세 이상인 사람 중 기초연금 수급자가 **100분의 70 수준**이 되도록 한다.
- 공무원, 사립학교교직원, 군인, 별정우체국직원 등 직역연금 수급권자 및 그 배우자는 기초연금 수급대상에서 제외한다.

기본개념

사회복지정책론
pp.206~

기초연금액의 산정 및 감액

- 기준연금액 산정: 국민연금을 받지 않고 있는 자(무연금자), 국민연금 월 급여액이 기준연금액의 150% 이하인 자, 국민연금의 유족연금이나 장애연금을 받고 있는 자, 장애인연금 수급권자 및 국민기초생활보장 수급권자
- 기준연금액 산정 대상에 해당하지 않는 자: (기준연금액−2/3×A급여액) + 부가연금액
- 기초연금액의 감액: 부부가 모두 기초연금을 받는 경우 각각의 **기초연금액에서 20%를 감액하여 지급**한다.

기출문장 CHECK

01 (18-06-25) 기초연금제도는 무기여방식의 노후 소득보장제도이다.

02 (09-06-27) 우리나라 기초연금의 대상자는 자산과 소득을 모두 고려하여 선정한다.

03 (08-06-25) 부부가 모두 기초연금을 받는 경우 각각의 기초연금액에서 20%를 감액하여 지급한다.

04 (07-06-26) 기초연금은 65세 이상이고 소득인정액이 선정기준액 이하인 노인에게 지급한다.

05 (06-06-27) 기초연금제도는 노인에게 안정적인 소득기반을 제공함으로써 노인의 생활안정을 지원하고 복지를 증진함을 목적으로 한다.

복습
2 기출확인

대표기출 확인하기

18-06-25　　난이도 ★★☆

기초연금제도에 관한 설명으로 옳은 것은?

① 65세 이상 모든 고령자에게 제공하는 사회수당이다.
② 무기여방식의 노후 소득보장제도이다.
③ 기초연금액의 산정 시 국민연금급여액을 고려하지 않는다.
④ 기초연금액은 가구유형, 소득과 상관없이 동일하다.
⑤ 기초연금의 수급권자가 사망하면 유족급여를 지급한다.

 알짜확인

• 기초연금제도와 관련된 주요 내용을 파악해야 한다.

답 ②

응시생들의 선택

① 10%	② 56%	③ 3%	④ 3%	⑤ 28%

① 65세 이상인 사람으로서 소득인정액이 선정기준액(보건복지부장관이 정하여 고시하는 금액) 이하인 사람에게 지급하는 공공부조이다.
③ 기초연금 수급권자에 대한 기초연금의 금액(기초연금액)은 기준연금액과 국민연금 급여액등을 고려하여 산정한다.
④ 기초연금액은 가구유형(단독가구, 부부가구)과 소득인정액 수준(선정기준 100분의 70)에 따라 다르다.
⑤ 기초연금의 수급권자가 사망해도 별도의 유족급여는 지급되지 않는다. 다만, 그 기초연금 수급자에게 지급되지 아니한 기초연금액이 있는 경우에는 그 기초연금 수급자의 사망 당시 생계를 같이 한 부양의무자는 미지급 기초연금을 청구할 수 있다.

덧붙임

주로 기초연금제도의 전반적인 내용을 묻는 문제가 출제되었다. 9회 시험 이후 한동안 출제되지 않다가 18회 시험에서 등장하였다. <사회복지법제론>의 기초연금법에 관한 문제는 매년 출제되고 있으므로 함께 정리해두면 효과적일 것이다.

관련기출 더 보기

09-06-27　　난이도 ★☆☆

우리나라 기초연금에 관한 설명으로 옳지 않은 것은?

① 노인에게 기초연금을 지급하여 안정적인 소득기반을 제공함으로써 노인의 생활안정을 지원하고 복지를 증진하기 위함이다.
② 재원은 보험료로 충당한다.
③ 대상자는 자산과 소득을 모두 고려하여 선정한다.
④ 65세 이상으로 소득인정액이 선정기준액 이하인 노인을 수급자로 선정한다.
⑤ 기준연금액은 기초연금액 산정의 기준이 되는 금액이며, 기초연금수급권자에게 지급되는 최대 금액을 의미한다.

답 ②

응시생들의 선택

① 2%	② 79%	③ 3%	④ 5%	⑤ 11%

② 기초연금제도의 재원은 일반조세로 충당한다.

08-06-25　　난이도 ★☆☆

우리나라 기초연금에 대한 설명으로 옳은 것은?

① 선정기준액은 65세 이상인 사람 중 수급권자가 100분의 80 수준이 되도록 한다.
② 기여연금이다.
③ 수급자 선정 시 소득인정액 개념을 사용한다.
④ 국민기초생활보장 수급자는 기초연금 수급권이 없다.
⑤ 본인 및 배우자가 모두 연금을 지급받을 경우 각각 연금액의 50%를 감액하여 지급한다.

답 ③

응시생들의 선택

① 7%	② 10%	③ 72%	④ 8%	⑤ 3%

① 선정기준액은 65세 이상인 사람 중 기초연금 수급자가 100분의 70 수준이 되도록 한다.
② 보험료 납부 없이 자산조사에 의해 지급되는 무기여 연금이다.
④ 국민기초생활보장 수급자도 기초연금 수급권이 있다.
⑤ 부부가 모두 기초연금을 받는 경우 각각의 기초연금액에서 20%를 감액하여 지급한다.

복습 3 정답훈련

다음 내용이 왜 틀렸는지를 확인해보자

---

01 공무원연금 수급권자도 기초연금을 받을 수 있다.

> 공무원연금 등 직역연금 수급권자 및 그 배우자는 기초연금 수급대상에서 제외한다.

`09-06-27`

02 <u>부가연금액</u>은 기초연금액 산정의 기준이 되는 금액이며, 기초연금 수급권자에게 지급되는 최대 금액이기도 하다.

> 기준연금액은 기초연금액 산정의 기준이 되는 금액이며, 기초연금 수급권자에게 지급되는 최대 금액이기도 하다.

`08-06-25`

03 부부가 모두 기초연금을 받는 경우 각각의 <u>기초연금액에서 30%를 감액</u>하여 지급한다.

> 부부가 모두 기초연금을 받는 경우 각각의 기초연금액에서 20%를 감액하여 지급한다.

`08-06-25`

04 보건복지부장관은 선정기준액을 정하는 경우 65세 이상인 사람 중 기초연금 수급자가 <u>100분의 80 수준</u>이 되도록 한다.

> 보건복지부장관은 선정기준액을 정하는 경우 65세 이상인 사람 중 기초연금 수급자가 100분의 70 수준이 되도록 한다.

`07-06-26`

05 기초연금의 지급대상은 65세 이상인 사람으로서 <u>최저생계비가 선정기준액 이하</u>여야 한다.

> 기초연금의 지급대상은 65세 이상인 사람으로서 소득인정액이 선정기준액 이하여야 한다.

빈칸에 들어갈 알맞은 말을 채워보자

18-06-25
01 기초연금은 보험료 납부조건 없이 소득자산조사에 의해 지급되는 ( )이다.

02 ( )은/는 기준연금액의 50%에 해당하는 금액을 말한다.

03 기초연금의 연령 요건은 ( )세 이상이어야 한다.

 답 **01** 무기여 연금 **02** 부가연금액 **03** 65

다음 내용이 옳은지 그른지 판단해보자

01 장애인연금 수급권자 중 기초연금 지급대상자에게는 장애인연금 기초급여를 지급하지 않는다.

09-06-27
02 기초연금의 재원은 사회보험료로 충당한다.

03 국민연금 급여액등이란 국민연금 수급권자 및 연계노령연금 수급권자가 매월 지급 받을 수 있는 급여액 중 부양가족연금액을 제외한 금액을 의미한다.

 **답** **01** ○ **02** × **03** ○

해설 **02** 기초연금제도의 재원은 일반조세로 충당한다.

8장

국민건강보장제도의 이해

국민건강보험제도의 특징, 노인장기요양보험제도의 특징 등을 다룬다.

10년간 출제분포도

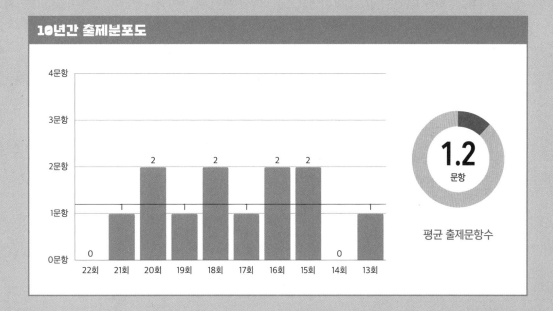

평균 출제문항수

183 국민건강보험제도

강의 QR코드

최근 10년간 **7문항** 출제

1회독 월 일 → 2회독 월 일 → 3회독 월 일

이론요약

건강보험제도의 역사

- 1997년 12월 31일 국민의료보험법 제정
- 1998년 10월 1일 조합주의 방식에서 통합주의 방식으로 변경(1단계 통합: 공무원·사립학교 교직원공단과 227개 지역의료보험조합 통합 – 국민의료보험관리공단 출범)
- 1999년 2월 8일 국민건강보험법 제정
- 2000년 7월 1일 국민건강보험법 시행(2단계 통합: 국민의료보험관리공단과 직장조합 통합 – 국민건강보험공단 출범)
- 2001년 7월 1일 5인 미만 사업장근로자 직장가입자 편입
- 2003년 7월 1일 지역·직장 재정 통합 운영(3단계 통합 – 재정통합)

기본개념
사회복지정책론
pp.212~

건강보험의 보험자와 적용대상

- 보건복지부장관이 관장하고 보험자는 국민건강보험공단으로 한다.
- 국내에 거주하는 국민은 건강보험의 가입자 또는 피부양자가 된다. 여기서 피부양자는 '직장가입자의 배우자, 직장가입자의 직계존속(배우자의 직계존속을 포함), 직장가입자의 직계비속(배우자의 직계비속을 포함)과 그 배우자, 직장가입자의 형제·자매'의 어느 하나에 해당하는 사람 중 직장가입자에게 주로 생계를 의존하는 사람으로서 소득 및 재산이 보건복지부령으로 정하는 기준 이하에 해당하는 사람을 말한다.
- 의료급여수급권자, 유공자 등 의료보호대상자는 적용대상에서 제외된다.
- 가입자는 직장가입자 및 지역가입자로 구분하며, 공무원 및 교직원도 직장가입자에 해당한다.

보험료

- 지역가입자: (소득월액 × 보험료율) + (재산보험료 부과점수 × 부과점수당 금액)
- 직장가입자: 보수월액보험료 = 보수월액 × 보험료율, 보수 외 소득월액보험료 = [(연간 '보수 외 소득' – 2,000만원(공제금액)) × 1/12] × 소득평가율 × 보험료율
- 보험료 경감: 섬·벽지·농어촌 등의 지역에 거주하는 자, 65세 이상인 자, 등록 장애인, 국가유공자, 휴직자, 그 밖에 생활이 어렵거나 천재지변 등의 사유로 보험료의 경감이 필요한 자는 보험료를 경감해주고 있다.

급여의 종류

- 요양급여: 가입자 및 피부양자의 질병·부상·출산 등에 대하여 **진찰·검사, 약제·치료재료의 지급, 처치·수술 및 그 밖의 치료, 예방·재활, 입원, 간호, 이송**에 대한 의료서비스를 실시한다. 요양급여(간호 및 이송은 제외)는 '의료법에 따라 개설된 의료기관, 약사법에 따라 등록된 약국, 약사법에 따라 설립된 한국희귀·필수의약품센터, 지역보건법에 따른 보건소·보건의료원 및 보건지소, 농어촌 등 보건의료를 위한 특별조치법에 따라 설치된 보건진료소 등'의 요양기관에서 행한다.
- 건강검진: 일반건강검진, 암검진, 영유아건강검진 등으로 구분하여 실시한다.
- 요양비: 가입자 및 피부양자가 긴급한 경우, 기타 부득이한 사유로 인하여 요양기관과 유사한 기능을 수행하는 기관으로서 보건복지부령이 정하는 기관에서 질병·부상·출산 등에 대하여 요양을 받거나 요양기관 외의 장소에서 출산을 한 때에는 그 요양급여에 상당하는 금액을 그 가입자 또는 피부양자에게 요양비로 지급한다.
- 장애인 보조기기 급여비: 장애인복지법에 의하여 등록된 장애인인 가입자 및 피부양자가 보조기기를 구입할 경우, 구입금액의 일부를 현금급여로 지급한다.
- 부가급여(임신·출산 진료비 지원): 임신부의 본인부담금을 경감하여 출산의욕을 고취하고 건강한 태아의 분만과 산모의 건강관리를 위하여 임신 및 출산과 관련된 진료비를 전자바우처로 일부 지원한다.

건강보험의 관리운영체계

▶ 국민건강보험공단

- 건강보험의 운영은 재정과 관리를 담당하는 건강보험공단을 통해 중앙집중관리 방식으로 운영되고 있다.
- 건강보험공단은 가입자와 피부양자가 의료기관을 이용한 후 의료기관에서 청구된 요양급여에 대해 산하의 건강보험심사평가원을 통해 요양급여비용의 적절성을 심사하고, 청구된 요양급여액(의료서비스에 대한 비용 중 본인부담액 이외의 금액)을 지급한다.

▶ 건강보험심사평가원

요양기관으로부터 청구된 요양급여 비용을 심사하고 요양급여의 적정성을 평가한다.

▶ 건강보험정책심의위원회

요양급여의 기준, 요양급여 비용에 관한 사항, 직장가입자의 보험료율, 지역가입자의 보험료 부과점수당 금액, 그밖에 건강보험에 관한 주요 사항들을 심의·의결하기 위하여 보건복지부장관 소속하에 건강보험정책심의위원회를 둔다.

▶ 국민건강보험종합계획의 수립

보건복지부장관은 건강보험의 건전한 운영을 위하여 건강보험정책심의위원회의 심의를 거쳐 5년마다 국민건강보험종합계획을 수립하여야 한다.

진료비 지불방식

- 행위별 수가제: 환자에게 제공한 모든 의료서비스를 **항목별로 계산하여 진료비를 책정**한다. 의료행위가 많이 이루어질수록 의료기관의 수입이 늘어나게 되며, 과잉진료의 가능성이 크다.
- 포괄수가제: 행위별 수가제에 비해 과잉진료를 방지하는 진료비 절감효과가 크며, 우리나라는 **행위별 수가제를 기본으로 하면서 포괄수가제의 적용도 확대**하고 있다.
- 인두제: 주로 주치의제도 아래에서 의사에게 등록된 사람 수에 따라 일정금액을 보상하는 방식이다. 비용이 저렴하면서도 예방과 건강증진에 관심을 기울이게 할 수 있다는 장점이 있으나, 환자의 선택권 제한이나 과소 진료의 가능성도 있다.
- 총액계약제: 보험자와 의료기관의 연합체(의료공급자) 간에 연간 진료비 총액을 계약하고 그 총액 범위 내에서 의료서비스를 제공하도록 하는 방식이다. 의료비 절감효과가 크지만, 과소 진료의 가능성이 있다.

01 (2l-06-09) 행위별 수가제는 과잉진료 및 신의료기술의 지나친 적용으로 국민의료비가 증가할 가능성이 크다.

02 (20-06-04) 포괄수가제를 적용함으로써 환자의 본인부담금이 감소할 수 있다.

03 (19-06-24) 직장가입자의 보수월액 보험료는 보수월액에 보험료율을 곱하여 얻은 금액이다.

04 (18-06-20) 직장가입자의 보수월액은 직장가입자가 지급받는 보수를 기준으로 하여 산정한다.

05 (16-06-20) 우리나라의 국민건강보험제도는 직종조합, 지역조합 등이 통합되어 운영되고 있다.

06 (15-06-22) 섬 · 벽지 · 농어촌 등 대통령령이 정하는 지역에 거주하는 자는 국민건강보험료 경감대상자이다.

07 (13-06-21) 국민건강보험제도의 보험자는 국민건강보험공단으로 한다.

08 (12-06-23) 우리나라 국민건강보험제도의 진료비 지불방식은 행위별 수가제를 기본으로 하고 있다.

09 (ll-06-22) 국민건강보험제도는 지역가입자와 직장가입자의 보험료 산정방식이 다르다.

10 (10-06-30) 건강보험의 요양급여와 노인장기요양보험의 요양급여는 급여내용이 다르다.

11 (09-06-22) 건강보험제도의 본인부담금은 의료서비스 수요자의 도덕적 해이를 감소시킬 수 있다.

12 (09-06-30) 건강보험 가입자가 업무상 질병 · 부상이 아닌 일반적인 질병 · 부상으로 인하여 치료를 받는 동안 상실되는 소득을 현금으로 보전하는 급여는 상병수당이다.

13 (08-06-26) 건강보험심사평가원은 요양급여의 적정성 심사 · 평가업무를 수행한다.

14 (07-06-22) 국민건강보험은 단기보험으로 보험료율이 매해 조정된다.

15 (04-06-23) 건강보험 운영에 있어서 통합주의 방식은 행정비용을 절감할 수 있다는 장점이 있다.

16 (02-06-16) 우리나라의 건강보험은 통합주의 방식으로 운영되고 있다.

기출확인

대표기출 확인하기

21-06-09 난이도 ★★☆

우리나라 의료보장제도(국민건강보험, 의료급여)에서 시행하고 있는 것 중 의료비 절감효과와 관련이 가장 적은 것은?

① 포괄수가제
② 의료급여 사례관리제도
③ 건강보험급여 심사평가제도
④ 행위별 수가제
⑤ 본인일부부담금

 알짜확인

• 국민건강보험제도와 관련된 주요 내용을 파악해야 한다.

답 ④

응시생들의 선택

① 13%	② 10%	③ 7%	④ 61%	⑤ 9%

④ 행위별 수가제는 환자에게 제공한 모든 의료서비스를 항목별로 계산하여 진료비를 책정하는 방식이다. 환자에게 많은 진료를 제공하면 할수록 의사 또는 의료기관의 수입이 증가하게 되어 과잉진료 등을 초래할 우려가 있다. 과잉진료 및 신의료기술의 지나친 적용으로 국민의료비가 증가할 가능성이 크다.

덧붙임

주로 국민건강보험제도의 전반적인 내용을 묻는 문제가 출제되고 있다. 구체적으로 살펴보면 건강보험제도의 적용대상, 보험료, 진료비 지불방식, 급여 등의 내용을 다루고 있다. 최근 시험에서는 경감대상자, 본인부담상한액, 급여의 제한, 진료비 지불방식 등 세부적인 내용도 출제되고 있으므로 반드시 제도의 전반적인 사항을 꼼꼼하게 정리해야 한다.

관련기출 더 보기

20-06-04 난이도 ★☆☆

진료비 지불방식 중 행위별 수가제와 포괄수가제에 관한 설명으로 옳은 것을 모두 고른 것은?

ㄱ. 행위별 수가제는 의료기관의 과잉진료를 유도할 수 있다.
ㄴ. 행위별 수가제에서는 의료진의 진료행위에 대한 자율성이 확보된다.
ㄷ. 포괄수가제는 주로 발생빈도가 높은 질병군에 적용한다.
ㄹ. 포괄수가제를 적용함으로써 환자의 본인부담금이 감소할 수 있다.

① ㄱ
② ㄱ, ㄷ
③ ㄱ, ㄴ, ㄷ
④ ㄴ, ㄷ, ㄹ
⑤ ㄱ, ㄴ, ㄷ, ㄹ

답 ⑤

응시생들의 선택

① 3%	② 7%	③ 9%	④ 9%	⑤ 72%

⑤ 행위별 수가제는 환자에게 제공한 모든 의료서비스를 항목별로 계산하여 진료비를 책정하는 방식이다. 환자에게 많은 진료를 제공하면 할수록 의사 또는 의료기관의 수입이 증가하게 되어 과잉진료 등을 초래할 우려가 있으며, 과잉진료 및 신의료기술의 지나친 적용으로 국민의료비가 증가할 가능성이 크다.
포괄수가제는 보통 발생빈도가 높은 질병군에 대해 환자의 입원 일수와 중증도(심한 정도)에 따라 미리 정해진 표준화된 진료비(본인부담 포함)를 의료기관에 지급하는 방식을 통칭한다. 포괄수가제는 행위별 수가제에 비해 과잉진료와 의료서비스 오남용을 억제하는 효과가 있다.

난이도 ★★☆

국민건강보험제도에 관한 설명으로 옳은 것은?

① 본인의 의사에 따라 임의가입할 수 있다.
② 조합방식 의료보험제도가 통합방식으로 전환되어 국민건강보험제도로 변경되었다.
③ 건강보험료는 수직적 소득재분배 기능을 하지 않는다.
④ 국민건강보험의 보험자는 보건복지부이다.
⑤ 직장가입자의 보수월액 보험료는 평균보수월액에 보험료율을 곱하여 얻은 금액이다.

답 ②

✅ 응시생들의 선택

① 9%	② 46%	③ 5%	④ 6%	⑤ 34%

① 국민건강보험은 강제가입을 원칙으로 한다.
③ 건강보험료의 납부 측면에서 소득에 따라 정률제로 건강보험료를 납부하고 있으므로 수직적 소득재분배 기능을 갖고 있다고 할 수 있다.
④ 국민건강보험의 보험자는 국민건강보험공단이다.
⑤ 직장가입자의 보수월액 보험료는 보수월액에 보험료율을 곱하여 얻은 금액이다.

난이도 ★★☆

우리나라 국민건강보험제도에 관한 설명으로 옳지 않은 것은?

① 진료비 지불방식은 행위별 수가제를 기본으로 하고 있다.
② 국민건강보험공단은 요양기관으로부터 청구된 요양급여 비용을 심사하고 요양급여의 적정성을 평가한다.
③ 조합방식이 아닌 통합방식으로 운영되고 있다.
④ 직장가입자의 보험료에는 상·하한선이 있다.
⑤ 국내에서 업무에 종사하는 직장가입자 보험료율은 1천분의 80 범위 안에서 정한다.

답 ②

✅ 응시생들의 선택

① 14%	② 40%	③ 8%	④ 7%	⑤ 31%

② 건강보험심사평가원은 요양기관으로부터 청구된 요양급여 비용을 심사하고 요양급여의 적정성을 평가한다.

난이도 ★★★

국민건강보험료 경감대상자를 모두 고른 것은?

ㄱ. 휴직자
ㄴ. 60세인 자
ㄷ. 장애인복지법에 따라 등록한 장애인
ㄹ. 섬·벽지·농어촌 등 대통령령이 정하는 지역에 거주하는 자

① ㄱ
② ㄴ, ㄷ
③ ㄷ, ㄹ
④ ㄱ, ㄷ, ㄹ
⑤ ㄱ, ㄴ, ㄷ, ㄹ

답 ④

✅ 응시생들의 선택

① 5%	② 21%	③ 39%	④ 23%	⑤ 12%

④ ㄴ. 경감대상자는 65세 이상인 자이다.

난이도 ★★☆

국민건강보험제도에 관한 설명으로 옳지 않은 것은?

① 타 법령에 의한 의료급여(보호) 대상을 제외한 전 국민을 적용대상으로 한다.
② 지역가입자와 직장가입자의 보험료 산정방식이 다르다.
③ 주된 진료비 지불방식은 행위별수가제와 포괄수가제이다.
④ 본인부담금과 비급여 항목이 있다.
⑤ 요양급여비용은 보건복지부장관이 정한다.

답 ⑤

✅ 응시생들의 선택

① 13%	② 8%	③ 11%	④ 7%	⑤ 62%

⑤ 요양급여비용은 공단의 이사장과 의약계를 대표하는 사람들의 계약으로 정하며 계약기간은 1년이다.

다음 내용이 왜 틀렸는지를 확인해보자

15-06-22

01 60세인 자는 국민건강보험료 경감대상자에 해당한다.

> 국민건강보험료 경감대상자는 65세 이상이어야 한다.

13-06-21

02 국민건강보험제도의 적용대상은 **국내·외에 거주하는 모든 국민**이다.

> 국민건강보험제도의 적용대상은 국내에 거주하는 국민이다. 국내에 거주하는 국민은 건강보험의 가입자 또는 피부양자가 된다.

03 국민건강보험의 요양급여에는 **간호 및 이송에 대한 의료서비스는 포함되지 않는다.**

> 요양급여란 가입자 및 피부양자의 질병·부상·출산 등에 대하여 '진찰·검사, 약제·치료재료의 지급, 처치·수술 및 그 밖의 치료, 예방·재활, 입원, 간호, 이송'에 대한 의료서비스를 실시하는 것을 말한다.

04 건강보험의 운영은 재정과 관리를 담당하는 **건강보험심사평가원**을 통해 중앙집중관리 방식으로 운영되고 있다.

> 건강보험의 운영은 재정과 관리를 담당하는 국민건강보험공단을 통해 중앙집중관리 방식으로 운영되고 있다.

08-06-26

05 **국민건강보험공단**의 주요 업무는 요양급여의 적정성을 심사·평가하는 것이다.

> 요양급여의 적정성을 심사·평가하는 곳은 건강보험심사평가원이다.

06 직장가입자의 보험료는 사용자와 근로자가 50%씩 부담하며, **지역가입자는 개개인별로 부과**한다.

> 직장가입자의 보험료는 사용자와 근로자가 50%씩 부담하며, 지역가입자는 세대별로 부과한다.

빈칸에 들어갈 알맞은 말을 채워보자

[19-06-24]
01 건강보험 사업은 보건복지부장관이 관장하며, 건강보험의 보험자는 (   )(으)로 한다.

[12-06-23]
02 우리나라 국민건강보험제도의 진료비 지불방식은 (   )을/를 기본으로 하고 있다.

03 지역가입자의 보험료 부과점수는 지역가입자의 (   )을/를 기준으로 선정한다.

04 우리나라 건강보험은 하나의 공단으로 모두 통합되어 (   ) 방식으로 운영되고 있다.

[09-06-30]
05 건강보험 가입자가 업무상 질병·부상이 아닌 일반적인 질병·부상으로 인하여 치료를 받는 동안 상실되는 소득을 현금으로 보전하는 급여는 (   )이다.

 답 01 국민건강보험공단 **02** 행위별 수가제 **03** 소득 및 재산 **04** 통합주의 **05** 상병수당

다음 내용이 옳은지 그른지 판단해보자

[20-06-04]
01 포괄수가제는 주로 발생빈도가 낮은 질병군에 적용한다.

[13-06-21]
02 사립학교 교원의 보험료는 가입자가 50%, 사용자가 30%, 국가가 20%를 각각 부담한다.

03 약사법에 따라 등록된 약국은 요양급여를 제공하는 요양기관에 해당한다.

04 요양급여를 받는 자는 본인부담금이 없다.

05 행위별 수가제는 포괄수가제에 비해 과잉진료와 의료서비스 오남용을 억제하는 효과가 있는 것으로 알려져 있다.

답 01 ✕ **02** ○ **03** ○ **04** ✕ **05** ✕

(해설) **01** 포괄수가제는 주로 발생빈도가 높은 질병군에 적용한다.
04 요양급여를 받는 자는 그 비용의 일부를 본인이 부담한다.
05 포괄수가제는 행위별 수가제에 비해 과잉진료와 의료서비스 오남용을 억제하는 효과가 있는 것으로 알려져 있다.

184 노인장기요양보험제도

강의 QR코드

★★★
최근 10년간 **5문항** 출제

복습 1 **이론요약**

신청대상 및 장기요양인정

- 소득수준과 상관없이 노인장기요양보험 가입자(국민건강보험 가입자와 동일)와 그 피부양자, 의료급여 수급권자로서 **65세 이상 노인과 65세 미만 노인성 질병이 있는 자는 신청**할 수 있다.
- 노인장기요양보험 가입자 및 그 피부양자나 의료급여 수급권자 누구나 장기요양급여를 받을 수 있는 것은 아니며, **일정한 절차에 따라 장기요양급여를 받을 수 있는 권리(수급권)가 부여되는데, 이를 장기요양인정이라고 한다.**
- **장기요양인정 유효기간은 최소 1년 이상으로서 대통령령으로 정한다.** 대통령령(시행령 제8조)에 따르면 장기요양인정 유효기간은 2년으로 한다.

기본개념

강의로 배우는 **기본개념**

사회복지정책론 pp.224~

급여

- 재가급여(방문요양, 방문목욕, 방문간호, 주·야간보호, 단기보호, 기타 재가급여), 시설급여, 특별현금급여(가족요양비, 특례요양비, 요양병원간병비)가 있다.
- 수급자는 장기요양인정서와 개인별장기요양이용계획서가 도달한 날부터 장기요양급여를 받을 수 있다.
- 수급자는 재가급여, 시설급여 및 특별현금급여를 중복하여 받을 수 없다.
- 재가급여 수급자의 경우에는 동일한 시간에 방문요양, 방문목욕, 방문간호, 주·야간보호 또는 단기보호 급여를 2가지 이상 받을 수 없다.

장기요양기관

- 재가급여 또는 시설급여를 제공하는 장기요양기관을 운영하려는 자는 보건복지부령으로 정하는 장기요양에 필요한 시설 및 인력을 갖추어 소재지를 관할 구역으로 하는 특별자치시장·특별자치도지사·시장·군수·구청장으로부터 지정을 받아야 한다.
- 장기요양기관으로 지정을 받을 수 있는 시설은 **노인복지법에 따른 노인복지시설 중 노인의료복지시설(노인요양시설, 노인요양공동생활가정) 및 재가노인복지시설(방문요양서비스, 주·야간보호서비스, 단기보호서비스, 방문 목욕서비스 등을 제공하는 것이 목적인 시설)로** 한다.
- 장기요양기관의 장은 지정의 유효기간이 끝난 후에도 계속하여 그 지정을 유지하려는 경우에는 소재지를 관할구역으

로 하는 특별자치시장·특별자치도지사·시장·군수·구청장에게 지정 유효기간이 끝나기 90일 전까지 지정 갱신을 신청하여야 한다.

- 장기요양기관의 장은 폐업하거나 휴업하고자 하는 경우 폐업이나 휴업 예정일 전 30일까지 특별자치시장·특별자치도지사·시장·군수·구청장에게 신고하여야 하며, 신고를 받은 특별자치시장·특별자치도지사·시장·군수·구청장은 지체 없이 신고 명세를 공단에 통보하여야 한다.

재원조달방식

- 장기요양보험사업은 **보건복지부장관이 관장**하며, **보험자는 건강보험공단**으로 한다.
- 노인장기요양보험의 가입자는 국민건강보험 가입자와 동일하며, **장기요양보험료는 건강보험료와 통합하여 징수**한다. 이 경우 공단은 장기요양보험료와 건강보험료를 구분하여 고지하여야 한다.
- 국민건강보험공단은 통합 징수한 **장기요양보험료와 건강보험료를 각각의 독립회계로 관리**하여야 한다.
- 장기요양급여(특별현금급여는 제외)를 받는 자는 대통령령으로 정하는 바에 따라 **비용의 일부를 본인이 부담한다(재가급여 15%, 시설급여 20%)**. 이 경우 장기요양급여를 받는 수급자의 장기요양등급, 이용하는 장기요양급여의 종류 및 수준 등에 따라 본인부담의 수준을 달리 정할 수 있다.
- '국민기초생활보장법에 따른 의료급여 수급자를 제외한 의료급여법에 따른 수급권자, 소득·재산 등이 보건복지가족부장관이 정하여 고시하는 일정 금액 이하인 자(다만, 도서·벽지·농어촌 등의 지역에 거주하는 자에 대하여 따로 금액을 정할 수 있음), 천재지변 등 보건복지가족부령으로 정하는 사유로 인하여 생계가 곤란한 자'에 대하여는 본인부담금의 100분의 60을 감경한다.
- **국민기초생활보장법에 따른 의료급여 수급자는 본인부담금이 없다.**

기출문장 CHECK

01 (20-06-05) 65세 이상의 노인은 소득수준과 상관없이 적용대상자이다.

02 (18-06-24) 통합 징수한 장기요양보험료와 건강보험료를 각각의 독립회계로 관리하여야 한다.

03 (17-06-22) 노인요양시설, 주·야간보호시설, 단기보호시설, 노인요양공동생활가정 등은 노인장기요양보험의 급여를 제공하는 장기요양 기관에 해당한다.

04 (16-06-22) 보험료는 건강보험료와 통합하여 징수하되, 각각 구분하여 고지해야 하고 통합 징수한 보험료를 각각의 독립회계로 관리한다.

05 (15-06-21) 노인장기요양보험에서는 재가급여를 시설급여에 우선한다.

06 (11-06-21) 장기요양인정의 유효기간은 최소 1년 이상으로 한다.

07 (09-06-23) 급여의 종류는 크게 재가급여, 시설급여, 특별현금급여로 나눌 수 있다.

08 (07-06-20) 노인장기요양보험제도는 신청을 하면 등급심사를 거쳐 급여를 받을 수 있다.

기출확인

대표기출 확인하기

20-06-05 난이도 ★★☆

우리나라의 노인장기요양보험에 관한 설명으로 옳지 않은 것은?

① 가족의 부담을 덜어줌으로써 국민의 삶의 질을 향상하는 것을 목적으로 한다.
② 노인장기요양보험기금과 국민건강보험기금은 통합하여 관리한다.
③ 노인장기요양보험료는 국민건강보험료와 통합하여 징수한다.
④ 65세 이상의 노인은 소득수준과 상관없이 적용대상자이다.
⑤ 재가급여를 시설급여에 우선하여 제공하여야 한다.

 알짜확인

• 노인장기요양보험제도와 관련된 주요 내용을 파악해야 한다.

답 ②

응시생들의 선택

① 1%	② 60%	③ 9%	④ 22%	⑤ 8%

② 노인장기요양보험과 국민건강보험은 기금방식이 아니다. 노인장기요양보험료는 국민건강보험료와 통합하여 징수하는데, 이 경우 국민건강보험공단은 노인장기요양보험료와 국민건강보험료를 구분하여 고지하여야 한다. 이렇게 통합 징수한 장기요양보험료와 건강보험료는 각각의 독립회계로 관리하여야 한다.

덧붙임

주로 노인장기요양보험제도의 전반적인 내용을 묻는 문제가 출제되었다. 한동안 출제되지 않다가 최근 시험에서 다시 출제되고 있다. <사회복지법제론>의 노인장기요양보험법과 함께 살펴보면 좀 더 효율적으로 이해할 수 있을 것이다.

관련기출 더 보기

18-06-24 난이도 ★☆☆

노인장기요양보험제도에 관한 설명으로 옳은 것은?

① 장기요양보험사업의 보험자는 보건복지부장관이다.
② 등급판정에 따른 장기요양인정의 유효기간은 최소 6개월 이상으로서 대통령령으로 정한다.
③ 통합 징수한 장기요양보험료와 건강보험료를 각각의 독립회계로 관리하여야 한다.
④ 재가 급여비용은 수급자가 해당 장기요양급여 비용의 100분의 20을 부담한다.
⑤ 수급자는 시설급여와 특별현금급여를 중복하여 받을 수 있다.

답 ③

응시생들의 선택

① 7%	② 6%	③ 72%	④ 12%	⑤ 3%

① 장기요양보험사업의 보험자는 건강보험공단이다.
② 장기요양인정 유효기간은 최소 1년 이상으로서 대통령령으로 정한다. 대통령령(시행령 제8조)에 따르면 장기요양인정 유효기간은 2년으로 한다.
④ 재가 급여비용은 수급자가 해당 장기요양급여 비용의 100분의 15를 부담한다.
⑤ 수급자는 시설급여와 특별현금급여를 중복하여 받을 수 없다.

노인장기요양보험의 급여를 제공하는 장기요양기관이 아닌 것은?

① 노인요양시설
② 주·야간보호시설
③ 노인요양병원
④ 단기보호시설
⑤ 노인요양공동생활가정

답 ③

✅ 응시생들의 선택

① 2%	② 10%	③ 50%	④ 25%	⑤ 13%

③ 노인요양병원은 장기요양기관에 해당하지 않는다. 노인장기요양보험법 시행규칙(장기요양기관의 지정기준 등)에 따르면 장기요양기관으로 지정을 받기 위해서는 노인복지법에 따른 재가노인복지시설(방문요양서비스, 주·야간보호서비스, 단기보호서비스, 방문목욕서비스 등을 제공하는 시설), 노인의료복지시설(노인요양시설, 노인요양공동생활가정)로서 시설 및 인력을 갖추어야 한다.

우리나라의 노인장기요양보험제도에 관한 설명으로 옳은 것은?

① 단기보호는 시설급여에 해당한다.
② 가족에게 요양을 받을 때 지원되는 현금급여가 있다.
③ 보험료는 건강보험료와 분리하여 징수한다.
④ 장기요양인정의 유효기간은 3개월 이상으로 한다.
⑤ 보험료율은 보건복지부령으로 정한다.

답 ②

✅ 응시생들의 선택

① 11%	② 62%	③ 14%	④ 4%	⑤ 9%

① 단기보호는 재가급여에 해당한다.
③ 보험료는 건강보험료와 통합하여 징수하되, 각각 구분하여 고지해야 하고 통합 징수한 보험료를 각각의 독립회계로 관리한다.
④ 장기요양인정 유효기간은 최소 1년 이상으로서 대통령령으로 정한다. 대통령령(시행령 제8조)에 따르면 장기요양인정 유효기간은 2년으로 한다.
⑤ 보험료율은 장기요양위원회의 심의를 거쳐 대통령령으로 정한다.

노인장기요양보험의 급여에 관한 설명으로 옳은 것을 모두 고른 것은?

> ㄱ. 시설급여 제공기관에는 노인의료복지시설인 노인전문요양병원이 포함된다.
> ㄴ. 노인장기요양보험에서는 재가급여를 시설급여에 우선한다.
> ㄷ. 재가급여에는 방문요양, 방문목욕 등이 있다.
> ㄹ. 특별현금급여에는 가족요양비 등이 있다.

① ㄱ, ㄹ
② ㄴ, ㄹ
③ ㄱ, ㄴ, ㄷ
④ ㄴ, ㄷ, ㄹ
⑤ ㄱ, ㄴ, ㄷ, ㄹ

답 ④

✅ 응시생들의 선택

① 3%	② 1%	③ 12%	④ 27%	⑤ 57%

④ ㄱ. 노인전문요양병원은 노인의료복지시설에 포함되지 않는다. 노인의료복지시설에는 노인요양시설, 노인요양공동생활가정이 있다.

노인장기요양보험제도에 관한 설명으로 옳지 않은 것은?

① 단기보호는 시설급여에 속한다.
② 장기요양인정의 유효기간은 최소 1년 이상으로 한다.
③ 노인요양공동생활가정도 시설급여를 제공할 수 있다.
④ 장기요양기관을 운영하려는 자는 보건복지부령으로 정하는 장기요양에 필요한 시설 및 인력을 갖추어 소재지를 관할 구역으로 하는 특별자치시장·특별자치도지사·시장·군수·구청장으로부터 지정을 받아야 한다.
⑤ 65세 이상의 노인 또는 65세 미만으로 특정 노인성 질병을 가진 자로 6개월 이상 장기요양을 요하는 자가 대상이 된다.

답 ①

✅ 응시생들의 선택

① 25%	② 13%	③ 11%	④ 41%	⑤ 11%

① 단기보호는 재가급여에 해당한다.

다음 내용이 왜 틀렸는지를 확인해보자

01 노인장기요양보험 수급자는 **재가급여, 시설급여 및 특별현금급여를 중복하여 받을 수 있다.**

> 노인장기요양보험 수급자는 재가급여, 시설급여 및 특별현금급여를 중복하여 받을 수 없다.

`16-06-22`

02 장기요양인정의 유효기간은 **최소 3개월 이상**으로 한다.

> 장기요양인정 유효기간은 최소 1년 이상으로서 대통령령으로 정한다. 대통령령(시행령 제8조)에 따르면 장기요양인정 유효기간은 2년으로 한다.

`09-06-23`

03 재가급여는 해당 장기요양급여 비용의 **100분의 20을 수급자가 부담**한다.

> 재가급여는 해당 장기요양급여 비용의 100분의 15를 수급자가 부담한다.

04 **방문요양**은 수급자를 하루 중 일정한 시간 동안 장기요양기관에 보호하여 신체활동 지원 및 심신기능의 유지·향상을 위한 교육·훈련 등을 제공하는 것이다.

> 수급자를 하루 중 일정한 시간 동안 장기요양기관에 보호하여 신체활동 지원 및 심신기능의 유지·향상을 위한 교육·훈련 등을 제공하는 것은 주·야간보호이다. 방문요양은 장기요양요원이 수급자의 가정 등을 방문하여 신체활동 및 가사활동 등을 지원하는 것이다.

`07-06-20`

05 노인장기요양보험의 보험료는 **건강보험료와 구분하여 고지하고 회계 관리는 함께 한다.**

> 건강보험공단은 장기요양보험료와 건강보험료를 통합 징수하되, 보험료는 각각 독립회계로 관리한다.

06 국민기초생활보장법에 따른 의료급여 수급자를 제외한 의료급여법에 따른 수급권자는 **본인부담금의 100분의 70을 감경**한다.

> 국민기초생활보장법에 따른 의료급여 수급자를 제외한 의료급여법에 따른 수급권자는 본인부담금의 100분의 60을 감경한다.

빈칸에 들어갈 알맞은 말을 채워보자

01 17-06-22
장기요양기관으로 지정을 받기 위해서는 노인복지법에 따른 재가노인복지시설, ( )(으)로서 시설 및 인력을 갖추어야 한다.

02 16-06-22
노인장기요양보험제도의 단기보호는 ( )에 해당한다.

03 장기요양요원이 목욕설비를 갖춘 장비를 이용하여 수급자의 가정 등을 방문하여 목욕을 제공하는 급여를 ( )(이)라 한다.

04 특별현금급여에는 가족요양비, 특례요양비, 요양병원간병비가 있으며, 현재는 ( )만 시행된다.

05 16-06-22
장기요양보험료율은 ( )의 심의를 거쳐 대통령령으로 정한다.

 답 **01** 노인의료복지시설 **02** 재가급여 **03** 방문목욕 **04** 가족요양비 **05** 장기요양위원회

다음 내용이 옳은지 그른지 판단해보자

01 국민기초생활보장법에 따른 의료급여 수급자는 본인부담금이 없다.

02 20-06-05
노인장기요양보험에서는 시설급여를 재가급여에 우선한다.

03 18-06-24
장기요양보험사업의 보험자는 건강보험공단으로 한다.

04 11-06-21
노인장기요양보험제도는 65세 이상의 노인만 대상이 된다.

05 수급자는 장기요양인정서와 개인별장기요양이용계획서가 도달한 날부터 장기요양급여를 받을 수 있다.

답 **01**○ **02**× **03**○ **04**× **05**○

해설 **02** 노인장기요양보험에서는 재가급여를 시설급여에 우선한다.
04 65세 이상의 노인 또는 65세 미만으로 특정 노인성 질병을 가진 자가 대상이 된다.

9장

산업재해보상보험제도의 이해

이 장에서는

산업재해보상보험제도의 특징을 다룬다.

10년간 출제분포도

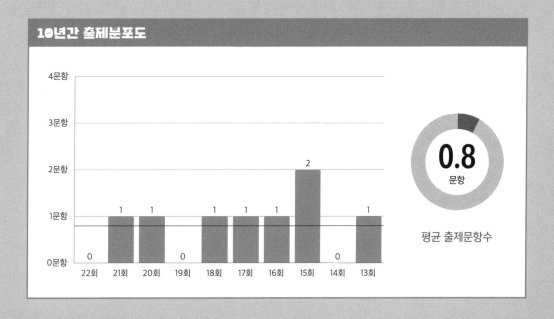

평균 출제문항수

0.8
문항

185 산업재해보상보험제도

1회독	2회독	3회독
월 일	월 일	월 일

★★★
최근 10년간 **8문항** 출제

복습 1 이론요약

주요 특성

- 산재보험은 <u>우리나라의 사회보험 중에서 가장 먼저 시행</u>(1963년 법 제정, 1964년 제도 시행)되었다.
- 근로자의 업무상 재해에 대하여 사용자에게는 과실의 유무를 불문하는 **무과실책임주의**이다.
- 보험 사업에 소요되는 재원인 보험료는 원칙적으로 **사업주가 전액 부담**한다.
- 산재보험의 가입대상은 근로자를 사용하는 모든 사업이며 적용단위는 사업 또는 사업장이다.

기본개념

기본개념

사회복지정책론
pp.234~

급여 및 적용

- 급여의 종류: <u>요양급여, 휴업급여, 장해급여, 간병급여, 유족급여, 상병보상연금, 장례비, 직업재활급여</u>
- 적용대상: 근로자를 사용하는 모든 사업이 가입대상이며, 적용단위는 사업 또는 사업장이다.
- 당연가입사업: 사업이 개시되어 적용요건을 충족하게 되었을 때 사업주의 의사와는 관계없이 자동적으로 보험관계가 성립하는 사업이다. 적용제외 사업을 제외한 근로자를 1인 이상 사용하는 모든 사업 또는 사업장이다.
- 임의가입사업: 당연가입대상 사업이 아닌 사업이다. 보험가입여부가 사업주의 자유의사에 일임되어 있는 사업이다.
- 보험가입자: 산재보험은 사업주만 보험가입자이다. 산재보험에서는 피보험자의 개념을 별도로 규정하고 있지 않다.
- 급여의 지급: 보험급여는 지급 결정일로부터 14일 이내에 지급하여야 한다.

업무상의 재해

▶ **업무상 사고**
- 근로자가 근로계약에 따른 업무나 그에 따르는 행위를 하던 중 발생한 사고
- 사업주가 제공한 시설물 등을 이용하던 중 그 시설물 등의 결함이나 관리소홀로 발생한 사고
- 사업주가 주관하거나 사업주의 지시에 따라 참여한 행사나 행사준비 중에 발생한 사고
- 휴게시간 중 사업주의 지배관리하에 있다고 볼 수 있는 행위로 발생한 사고
- 그 밖에 업무와 관련하여 발생한 사고

▶ 업무상 질병
- 업무수행 과정에서 물리적 인자(因子), 화학물질, 분진, 병원체, 신체에 부담을 주는 업무 등 근로자의 건강에 장해를 일으킬 수 있는 요인을 취급하거나 그에 노출되어 발생한 질병
- 업무상 부상이 원인이 되어 발생한 질병
- 근로기준법에 따른 직장 내 괴롭힘, 고객의 폭언 등으로 인한 업무상 정신적 스트레스가 원인이 되어 발생한 질병
- 그 밖에 업무와 관련하여 발생한 질병

▶ 출퇴근 재해
- 사업주가 제공한 교통수단이나 그에 준하는 교통수단을 이용하는 등 사업주의 지배관리하에서 출퇴근하는 중 발생한 사고
- 그 밖에 통상적인 경로와 방법으로 출퇴근하는 중 발생한 사고

근로복지공단
- 고용노동부 장관의 위탁을 받아 산업재해보상보험의 목적을 달성하기 위하여 근로복지공단을 설립하여 운영하고 있으며, 근로복지공단은 법인으로 한다.
- 근로복지공단의 업무: 보험가입자와 수급권자에 관한 기록의 관리·유지, 보험료징수법에 따른 보험료와 그 밖의 징수금의 징수, 보험급여의 결정과 지급, 보험급여 결정 등에 관한 심사 청구의 심리·결정, 산업재해보상보험 시설의 설치·운영, 업무상 재해를 입은 근로자 등의 진료·요양 및 재활, 재활 보조기구의 연구개발·검정 및 보급, 보험급여 결정 및 지급을 위한 업무상 질병 관련 연구, 근로자 등의 건강을 유지·증진하기 위하여 필요한 건강진단 등 예방 사업, 근로자의 복지 증진을 위한 사업, 그 밖에 정부로부터 위탁받은 사업

산재보험 관련 이론
- 최소사회비용이론: 산재보험 가입과 보상급여 지급으로 민사상 재판비용·시간·노력절감이 가능하다면 책임을 묻지 않는다는 것
- 원인주의이론: 산재로 인정받기 위해서는 업무기인성과 업무수행성이라는 두 가지 요건(원인) 모두를 충족시켜야 한다는 것
- 사회협약이론: 확실하고 신속한 산재보상을 보장받는다면 근로자는 민사배상을 포기할 수 있고 사업주는 자신의 과실이 없어도 배상할 수 있다는 것
- 직업위험이론: 자본주의 체제에서 산재는 필연적인 현상이며, 산재비용은 생산비용 일부이기 때문에 과실 여부에 관계없이 지급되어야 한다는 것

01 (21-06-14) 우리나라 고용보험과 산업재해보상보험은 소득활동 중 발생할 수 있는 소득상실 위험에 대한 사회안전망이라는 공통점을 가지고 있다.

02 (20-06-09) 산업재해보상보험제도의 급여에는 '요양급여, 휴업급여, 장해급여, 간병급여, 유족급여, 상병보상연금, 장례비, 직업재활급여'가 있다.

03 (18-06-17) 업무상의 재해란 업무상의 사유에 따른 근로자의 부상 · 질병 · 장해 또는 사망을 말한다.

04 (17-06-05) 우리나라 산업재해보상보험제도에서 업무상 재해의 인정 기준으로는 출퇴근 재해, 업무상 질병, 업무상 사고 등이 있다.

05 (16-06-23) 산업재해보상보험제도의 도입에 관한 이론에는 사회비용최소화이론, 원인주의이론, 사회적 타협이론, 산업위험이론 등이 있다.

06 (15-06-04) 산업재해보상보험에서는 근로자의 과실 여부에 상관없이 산재사고에 대한 보상이 이루어진다.

07 (15-06-23) 장해급여는 등급에 따라 연금이나 일시금으로 지급된다.

08 (13-06-25) 산업재해보상보험제도의 보험료는 사업주가 전액 부담한다.

09 (11-06-24) 산업재해보상보험법상 근로자란 근로기준법에 의한 근로자를 말한다.

10 (10-06-09) 산재보험의 보험료는 보수총액에 근거하여 산정한다.

11 (09-06-26) 우리나라 산업재해보상보험은 무과실책임주의 원칙에 입각한 제도이다.

12 (07-06-24) 산업재해보상보험은 최소사회비용이론, 원인주의이론, 사회협약이론, 직업위험이론 등과 관련이 있다.

13 (06-06-28) 산업재해보상보험은 자진신고, 자진납부를 원칙으로 한다.

14 (03-06-27) 산재보험은 우리나라 최초의 사회보험이다.

복습 2 기출확인

대표기출 확인하기

21-06-14 난이도 ★★☆

우리나라 고용보험과 산업재해보상보험에 관한 설명으로 옳은 것은?

① 소득활동 중 발생할 수 있는 소득상실 위험에 대한 사회안전망이라는 공통점을 가지고 있다.
② 구직급여는 구직활동 여부와 관계없이 지급된다.
③ 고용형태 및 근로시간에 관계없이 모든 근로자는 두 보험의 적용을 받는다.
④ 장해급여는 산업재해를 입은 모든 근로자에게 지급된다.
⑤ 두 보험의 가입자 보험료율은 동일하다.

 알짜확인

• 산업재해보상보험제도와 관련된 주요 내용을 파악해야 한다.

답 ①

✓ 응시생들의 선택

① 83%	② 1%	③ 5%	④ 8%	⑤ 3%

② 구직급여는 재취업을 위한 노력을 적극적으로 하는 등 구직활동을 해야 지급된다.
③ 고용보험과 산업재해보상보험은 소정근로시간(취업규칙)을 준수해야 적용받을 수 있다.
④ 장해급여는 근로자가 업무상의 사유에 의하여 부상을 당하거나 질병에 걸려 치유 후 신체 등에 장해가 있는 경우에 당해 근로자에게 지급한다.
⑤ 고용보험과 산업재해보상보험의 보험료율은 서로 다르다.

➕ 덧붙임

산업재해보상보험제도의 전반적인 내용이 모두 다뤄지고 있다. 특히, 산업재해보상보험제도의 업무상 재해의 인정 기준, 산업재해보상보험제도의 급여 종류 등의 내용은 단독문제 혹은 문제의 선택지로 빠짐없이 출제되고 있다. 제도의 전반적인 내용이 두루 출제되기 때문에 꼼꼼하게 정리하지 않으면 정답을 고르는 데 헷갈릴 수 있다.

관련기출 더 보기

20-06-09 난이도 ★★★

우리나라 산업재해보상보험의 급여가 아닌 것은?

① 요양급여
② 상병수당
③ 유족급여
④ 장례비
⑤ 직업재활급여

답 ②

✓ 응시생들의 선택

① 10%	② 30%	③ 4%	④ 20%	⑤ 36%

② 산업재해보상보험제도의 급여에는 '요양급여, 휴업급여, 장해급여, 간병급여, 유족급여, 상병보상연금, 장례비, 직업재활급여'가 있다.

18-06-17 난이도 ★☆☆

산업재해보상보험제도에 관한 설명으로 옳지 않은 것은?

① 근로복지공단은 보험급여를 결정하고 지급한다.
② 업무상의 재해란 업무상의 사유에 따른 근로자의 부상·질병·장해 또는 사망을 말한다.
③ 직장 내 괴롭힘, 고객의 폭언 등으로 인한 업무상 정신적 스트레스가 원인이 되어 발생한 질병은 업무상 재해로 인정되지 않는다.
④ 업무상 질병의 인정 여부를 심의하기 위하여 근로복지공단 소속 기관에 업무상질병판정위원회를 둔다.
⑤ 국민건강보험공단이 보험료를 징수한다.

답 ③

✓ 응시생들의 선택

① 3%	② 1%	③ 78%	④ 4%	⑤ 14%

③ 근로기준법에 따른 직장 내 괴롭힘, 고객의 폭언 등으로 인한 업무상 정신적 스트레스가 원인이 되어 발생한 질병은 업무상 질병으로 본다.

우리나라 산업재해보상보험제도에서 업무상 재해의 인정 기준을 모두 고른 것은?

| ㄱ. 출퇴근 재해 | ㄴ. 업무상 질병 |
| ㄷ. 업무상 사고 | ㄹ. 장애등급 |

① ㄴ, ㄹ
② ㄱ, ㄴ, ㄷ
③ ㄱ, ㄷ, ㄹ
④ ㄴ, ㄷ, ㄹ
⑤ ㄱ, ㄴ, ㄷ, ㄹ

답 ②

✅ **응시생들의 선택**

① 1%	② 82%	③ 2%	④ 5%	⑤ 10%

② 산업재해보상보험법에 따르면 근로자가 업무상 사고, 업무상 질병, 출퇴근 재해에 해당하는 사유로 부상·질병 또는 장애가 발생하거나 사망하면 업무상의 재해로 본다. 다만, 업무와 재해 사이에 상당인과관계가 없는 경우에는 그러하지 아니하다.

산업재해보상보험제도의 도입에 관한 이론을 모두 고른 것은?

| ㄱ. 배상책임이론 | ㄴ. 사회적 타협이론 |
| ㄷ. 산업위험이론 | ㄹ. 사회비용최소화이론 |

① ㄱ, ㄷ
② ㄴ, ㄹ
③ ㄱ, ㄴ, ㄹ
④ ㄱ, ㄷ, ㄹ
⑤ ㄴ, ㄷ, ㄹ

답 ⑤

✅ **응시생들의 선택**

① 50%	② 1%	③ 6%	④ 30%	⑤ 13%

⑤ **산업재해보상보험제도의 도입에 관한 이론**
- 사회비용최소화이론: 산재보험 가입과 보상급여 지급으로 민사상 재판비용·시간·노력절감이 가능하다면 책임을 묻지 않는다는 것
- 원인주의이론: 산재로 인정받기 위해서는 업무기인성과 업무수행성이라는 2가지 요건(원인) 모두를 충족시켜야한다는 것
- 사회적 타협이론: 확실하고 신속한 산업재해 보상을 보장받는다면 근로자는 민사배상을 포기할 수 있고 사업주는 자신의 과실이 없어도 배상할 수 있다는 것
- 산업위험이론: 자본주의 체제에서 산업재해는 필연적인 현상이며, 산업재해 비용은 생산비용 일부이기 때문에 과실 여부에 관계없이 지급되어야 한다는 것

우리나라의 산업재해보상보험에 관한 설명으로 옳은 것은?

① 장해급여는 등급에 따라 연금이나 일시금으로 지급된다.
② 업무와 재해 사이의 인과관계와 상관없이 보상한다.
③ 산업재해보상보험 급여수급권은 퇴직하면 소멸한다.
④ 산업재해보상보험은 보건복지부장관이 관장한다.
⑤ 각종 민간 사회단체는 산업재해보상보험의 임의적용사업장으로 분류된다.

답 ①

✅ **응시생들의 선택**

① 53%	② 10%	③ 19%	④ 5%	⑤ 13%

② 업무와 재해 사이의 인과관계를 고려하여 보상한다.
③ 산업재해보상보험 급여수급권은 퇴직하여도 소멸되지 않는다.
④ 산업재해보상보험은 고용노동부장관이 관장한다.
⑤ 각종 민간 사회단체도 산업재해보상보험의 당연적용 사업장이다.

산업재해보상보험제도에 관한 설명으로 옳은 것은?

① 보험료 부담은 사용자와 근로자가 각각 절반씩 부담한다.
② 5인 이상 근로자를 사용하는 모든 사업장을 대상으로 한다.
③ 급여의 종류로는 요양급여, 구직급여 및 간병급여 등이 있다.
④ 근로자의 고의·과실에 의해 발생한 부상·질병·장애도 업무상의 재해에 포함된다.
⑤ 60세 이상인 부모 또는 조부모는 유족보상연금의 수급자 격자가 될 수 있다.

답 ⑤

✅ **응시생들의 선택**

① 5%	② 14%	③ 9%	④ 46%	⑤ 27%

① 보험료는 사업주가 전액 부담한다.
② (적용제외 사업을 제외하고) 근로자를 1명 이상 사용하는 모든 사업 또는 사업장은 당연가입대상에 해당한다.
③ 급여의 종류로는 요양급여, 휴업급여, 장해급여, 간병급여, 유족급여, 상병보상연금, 장례비, 직업재활급여가 있다. 구직급여는 고용보험의 급여의 종류에 해당한다.
④ 근로자의 고의·자해행위나 범죄행위 또는 그것이 원인이 되어 발생한 부상·질병·장해 또는 사망은 업무상의 재해로 보지 않는다.

다음 내용이 왜 틀렸는지를 확인해보자

16-06-23

01 산업재해보상보험제도의 도입에 관한 이론 중 **사회협약이론**은 산재로 인정받기 위해서는 업무기인성과 업무수행성이라는 2가지 요건 모두를 충족시켜야 한다는 것이다.

> 산업재해보상보험제도의 도입에 관한 이론 중 원인주의이론은 산재로 인정받기 위해서는 업무기인성과 업무수행성이라는 2가지 요건 모두를 충족시켜야 한다는 것이다.

02 부상 또는 질병이 **3일 이내의 요양으로 치유될 수 있는 때에도 요양급여를 지급한다.**

> 부상 또는 질병이 3일 이내의 요양으로 치유될 수 있는 때에는 요양급여를 지급하지 아니한다.

15-06-23

03 산업재해보상보험의 급여수급권은 **퇴직하면 소멸**된다.

> 산업재해보상보험의 급여수급권은 퇴직하여도 소멸되지 않는다.

10-06-09

04 산업재해보상보험의 **피보험자는 근로자**이다.

> 산업재해보상보험은 사업주만 보험가입자가 되며 피보험자의 개념을 별도로 규정하고 있지 않다.

05 고용노동부 장관의 위탁을 받아 산업재해보상보험의 목적을 달성하기 위하여 **산업재해보상보험공단**을 설립하여 운영하고 있다.

> 고용노동부 장관의 위탁을 받아 산업재해보상보험의 목적을 달성하기 위하여 근로복지공단을 설립하여 운영하고 있다.

06 보험급여는 지급 결정일로부터 **7일 이내에 지급**하여야 한다.

> 보험급여는 지급 결정일로부터 14일 이내에 지급하여야 한다.

빈칸에 들어갈 알맞은 말을 채워보자

17-06-05

01 근로자가 업무상 사고, 업무상 질병, 출퇴근 재해에 해당하는 사유로 부상·질병 또는 장해가 발생하거나 사망하면 (   )(으)로 본다.

15-06-04

02 우리나라 산업재해보상보험제도의 보험료는 개산보험료와 (   )을/를 활용하여 산정한다.

15-06-23

03 산업재해보상보험은 (   )이 관장한다.

04 (   )은/는 근로자가 업무상의 사유에 의하여 부상을 당하거나 질병에 걸린 경우에 당해 근로자에게 지급하는 것이다.

05 산재보험의 보험료 징수업무(고지·수납 및 체납관리)는 (   )에서 수행한다.

 답 **01** 업무상의 재해   **02** 확정보험료   **03** 고용노동부장관   **04** 요양급여   **05** 국민건강보험공단

다음 내용이 옳은지 그른지 판단해보자

01 산재보험의 보험료는 사업주가 전액 부담한다.

02 산업재해보상보험은 우리나라 최초의 사회보험이다.

20-06-09

03 급여의 종류로는 요양급여, 상병수당, 유족급여, 장례비, 직업재활급여 등이 있다.

10-06-09

04 산업재해보상보험의 보험료는 통상임금에 근거하여 산정한다.

05 요양급여를 신청한 사람은 공단이 요양급여에 관한 결정을 하기 전에는 국민건강보험의 요양급여 또는 의료급여를 받을 수 있다.

답 **01**○   **02**○   **03**×   **04**×   **05**○

(해설) **03** 급여의 종류로는 요양급여, 휴업급여, 장해급여, 간병급여, 유족급여, 상병보상연금, 장례비, 직업재활급여가 있다.
04 산업재해보상보험의 보험료는 보수총액에 근거하여 산정한다.

10장

고용보험제도의 이해

이 장에서는

고용보험제도의 특징을 다룬다.

10년간 출제분포도

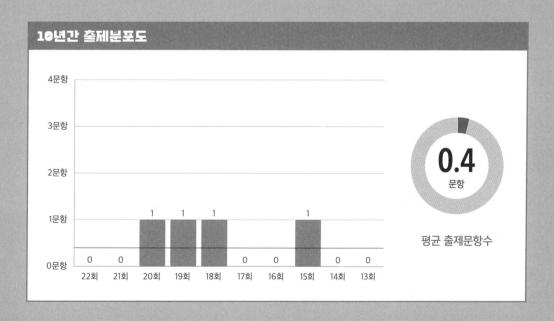

0.4
문항

평균 출제문항수

186 고용보험제도

강의 QR코드

1회독	2회독	3회독
월 일	월 일	월 일

최근 10년간 **4문항** 출제

복습 1 이론요약

가입대상

- 고용보험의 가입대상은 근로자를 사용하는 모든 사업이며, 적용단위는 사업 또는 사업장이다.
- 당연가입사업: 적용제외 사업을 제외한 근로자를 1인 이상 사용하는 모든 사업 또는 사업장이다.
- 고용보험은 **사업주와 근로자 모두가 보험가입자**이다. 근로자는 보험가입자가 되는 동시에 피보험자(자영 업자도 피보험자에 해당)가 된다.

기본개념

사회복지정책론
pp.248~

고용보험 사업과 급여

- 실업급여사업: **구직급여, 취업촉진 수당(조기재취업 수당, 직업능력개발 수당, 광역구직활동비, 이주비), 기타 연장급여(훈련연장급여, 개별연장급여, 특별연장급여), 상병급여(질병 및 부상에 대해 구직급여 대신 지급)**가 있다.
- 모성보호급여: **육아휴직 급여, 출산전후휴가 급여, 육아기 근로시간 단축급여**가 있다.
- 고용안정사업: 고용조정 지원, 고용창출 지원, 고용촉진 지원, 고용촉진시설 지원, 건설근로자 고용안정 지원이 있다.
- 직업능력개발사업: 직업능력개발을 위한 사업주 지원, 직업능력개발을 위한 근로자 지원이 있다.

보험료

- 고용보험의 보험료율은 보험수지의 추이와 경제상황 등을 고려하여 고용안정·직업능력개발사업의 보험료율 및 실업급여의 보험료율로 구분하고 결정한다.
- 실업급여 사업에 해당하는 보험료는 사업주와 근로자가 각각 50%씩 부담하며, 고용안정·직업능력개발 사업에 해당하는 보험료는 사업주가 전액 부담한다.

01 (20-06-06) 실업 신고를 한 이후에 질병·부상 또는 출산으로 취업이 불가능하여 구직활동을 할 수 없는 경우 상병급여를 지급할 수 있다.

02 (19-06-22) 고용보험제도의 보험가입자는 사업주와 근로자 모두 포함한다.

03 (18-06-21) 실업급여를 받을 권리는 양도 또는 압류하거나 담보로 제공할 수 없다.

04 (15-06-24) 구직급여를 받기 위해서는 재취업을 위해 적극적으로 노력하여야 한다.

05 (12-06-25) 구직급여의 소정급여일수는 보험가입기간과 연령에 따라 120일에서 270일까지이다.

06 (07-06-23) 구직급여의 대기기간은 7일이다.

07 (06-06-29) 구직급여를 지급받기 위해서는 직업안정기관에 신고해야 한다.

08 (02-06-17) 고용보험제도의 실업급여에는 구직급여, 취업촉진 수당, 연장급여 등이 있다.

대표기출 확인하기

20-06-06
난이도 ★★☆

우리나라의 고용보험에 관한 설명으로 옳은 것을 모두 고른 것은?

ㄱ. 직업능력개발 훈련을 실시하는 사업주를 지원할 수 있다.
ㄴ. 예술인은 고용보험 가입대상이 아니다.
ㄷ. 실업 신고를 한 이후에 질병·부상 또는 출산으로 취업이 불가능하여 구직활동을 할 수 없는 경우 상병급여를 지급할 수 있다.
ㄹ. 고용안정 및 직업능력개발 사업의 보험료는 사업주와 근로자가 공동으로 부담한다.

① ㄱ, ㄴ
② ㄱ, ㄷ
③ ㄷ, ㄹ
④ ㄴ, ㄷ, ㄹ
⑤ ㄱ, ㄴ, ㄷ, ㄹ

▶ 알짜확인

• 고용보험제도와 관련된 주요 내용을 파악해야 한다.

답 ②

✓ 응시생들의 선택

① 19%	② 53%	③ 11%	④ 2%	⑤ 15%

② ㄴ. 고용보험법에서는 예술인 피보험자에 대한 고용보험 특례에 관한 조항을 신설하여 예술인도 고용보험의 가입대상이라는 것을 명시하고 있다.
　ㄹ. 고용안정 및 직업능력개발 사업의 보험료는 사업주가 전액 부담한다.

➕ 덧붙임

고용보험제도에 관한 문제는 출제비중이 높지 않다. <사회복지정책론>에서의 출제비중은 낮더라도 <사회복지법제론>에서는 고용보험법에 관한 문제가 매년 1문제 이상 반드시 출제되는 중요한 영역인 만큼 보험료, 급여 등 전반적인 내용을 꼼꼼하게 정리해 둘 필요가 있다.

관련기출 더 보기

19-06-22
난이도 ★☆☆

고용보험제도에 관한 설명으로 옳은 것은?

① 고용보험료는 고용보험위원회에서 부과·징수한다.
② 고용보험의 가입대상은 모든 국민과 국내에 거주하는 외국인이다.
③ 고용보험 구직급여는 30일 동안의 구직기간에는 지급되지 않는다.
④ 보험가입자는 사업주와 근로자 모두 포함한다.
⑤ 고용보험의 재원은 사용자가 단독으로 부담한다.

답 ④

✓ 응시생들의 선택

① 4%	② 10%	③ 6%	④ 71%	⑤ 9%

① 고용보험료는 국민건강보험공단에서 부과·징수한다.
② 외국인근로자의 고용 등에 관한 법률의 적용을 받는 외국인근로자에게만 이 법을 적용한다.
③ 실업의 신고일부터 계산하기 시작하여 7일간은 대기기간으로 보아 구직급여를 지급하지 아니한다.
⑤ 실업급여 사업에 해당하는 보험료는 사업주와 근로자가 각각 50%씩 부담, 고용안정·직업능력개발사업에 해당하는 보험료는 사업주가 전액 부담한다.

15-06-24
난이도 ★★★

우리나라 자영업자의 고용보험에 관한 설명으로 옳지 않은 것은?

① 본인의 희망에 따라 가입이 가능하다.
② 구직급여를 받기 위해서는 재취업을 위해 적극적으로 노력하여야 한다.
③ 자영업자도 직업능력개발훈련을 받을 수 있다.
④ 구직급여는 90~240일까지 받을 수 있다.
⑤ 보험료를 체납한 사람에게는 실업급여를 지급하지 아니할 수 있다.

답 ④

✓ 응시생들의 선택

① 25%	② 12%	③ 15%	④ 32%	⑤ 16%

④ 자영업자의 구직급여는 120~210일까지 받을 수 있다.

다음 내용이 왜 틀렸는지를 확인해보자

01 구직급여는 이직일 이전 18개월간 **피보험 단위기간이 합산하여 160일 이상**이어야 한다.

> 구직급여는 이직일 이전 18개월간 피보험 단위기간이 합산하여 180일 이상이어야 한다.

`20-06-06`

02 고용안정 및 직업능력개발 사업의 보험료는 **사업주와 근로자가 공동으로 부담**한다.

> 고용안정 및 직업능력개발 사업의 보험료는 사업주가 전액 부담한다.

03 육아휴직은 **자녀의 수와 관계 없이 가구당 1년 사용이 가능**하다.

> 육아휴직은 자녀 1명당 1년 사용가능하므로 자녀가 2명이면 각각 1년씩 2년 사용 가능하다.

04 **고용보험공단**은 고용보험 가입, 보험사무조합 인가 등을 담당한다.

> 근로복지공단은 고용보험 가입, 보험사무조합 인가 등을 담당한다.

`07-06-23`

05 구직급여는 실업의 신고일로부터 계산해서 실업의 인정을 받은 **3일간은 대기기간**으로 기본급여를 지급하지 않는다.

> 구직급여는 실업의 신고일로부터 계산해서 실업의 인정을 받은 7일간은 대기기간으로 기본급여를 지급하지 않는다.

빈칸에 들어갈 알맞은 말을 채워보자

18-06-21
01 육아휴직 급여는 육아휴직 시작일을 기준으로 한 월 통상임금의 100분의 (   )에 해당하는 금액을 월별 지급액으로 한다.

15-06-24
02 자영업자의 구직급여는 (   )일까지 받을 수 있다.

03 취업촉진 수당에는 조기재취업 수당, 직업능력개발 수당, 광역구직활동비, (   )가 있다.

04 임신 중인 여성에 대해 고용주는 출산전후를 통하여 90일의 보호휴가를 주되, 반드시 출산 후에 (   ) 일 이상이 확보되도록 부여하여야 한다.

답 **01** 80   **02** 120~210   **03** 이주비   **04** 45

다음 내용이 옳은지 그른지 판단해보자

12-06-25
01 육아휴직 급여의 육아휴직대상자는 남녀근로자 모두 해당한다.

02 보건복지부장관은 보험사업에 필요한 재원을 충당하기 위해 고용보험기금을 설치한다.

03 취업촉진 수당은 구직급여와는 별도로 실업자들이 좀 더 빨리 재취업할 수 있도록 유인하기 위한 추가급여의 성격이다.

답 **01** ○   **02** ×   **03** ○

해설 **02** 고용노동부장관은 보험사업에 필요한 재원을 충당하기 위해 고용보험기금을 설치한다.

11 장

빈곤과 공공부조제도

이 장에서는

빈곤의 개념과 측정, 소득불평등의 개념과 측정, 공공부조제도의 특징 등을 다룬다.

10년간 출제분포도

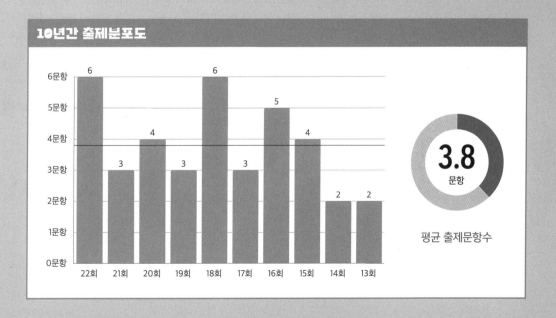

평균 출제문항수

187 빈곤과 소득불평등

강의 QR코드

1 회독	2 회독	3 회독
월 일	월 일	월 일

최근 10년간 **14문항** 출제 ★★★

이론요약

빈곤의 개념

▶ **절대적 빈곤**
- 빈곤을 최소한의 생존수준에 미치지 못하는 상태, 즉 먹을 것과 안전한 물과 집, 신체적 건강과 같은 기본적인 욕구를 충족하지 못하는 상태로 개념화하는 것이다.
- **라운트리 방식(전물량방식)**: 생활에 필수적인 품목의 최저 수준을 정하고 이를 화폐가치로 환산해 빈곤선을 구하는 방식이다.
- **오르샨스키 방식(반물량방식)**: 미국의 3인 이상 가구의 엥겔계수(엥겔지수, 가구소득 또는 가구지출 중 식료품비가 차지하는 비중. 국가, 시대, 소득수준에 따라 달라짐)가 대개 3분의 1이라는 점에 착안해서 최저한의 식료품비를 계산한 후 여기에 3(엥겔계수의 역)을 곱해 빈곤선을 계산하는 방식이다.

기본개념
사회복지정책론
pp.260~

▶ **상대적 빈곤**
- 어떤 사회의 평균적인 소득수준, 생활수준과 밀접한 관련이 있다. 사회의 불평등 수준에 큰 영향을 받는다.
- 절대적 빈곤의 문제는 경제 발전에 의해 일정 부분 완화될 수도 있지만, 상대적 빈곤의 문제는 **불평등과 상대적 박탈감과 밀접한 관련**을 가지고 있다.
- 상대적 빈곤선은 보통 박탈지표방식과 소득과 지출을 이용한 상대적 추정방식으로 측정한다.

▶ **주관적 빈곤**
- 적절한 생활수준을 유지하기 위해 필요한 소득수준에 대한 **개인들의 평가에 근거하여 빈곤을 정의**하는 것을 의미한다.
- 네덜란드 라이덴 대학의 학자들에 의해 개발(라이덴 방식)되었다.

▶ **사회적 배제**
- 빈곤의 역동성과 동태적인 과정에 초점을 맞춘다.
- 소득의 문제에 국한되지 않는 다차원적인 불리함을 의미한다.

빈곤의 측정
- 빈곤율: 빈곤선을 기준으로 빈곤가구와 비빈곤가구를 구분하고 빈곤가구에 사는 개인의 수를 구하여 전체 인구에

서 차지하는 비율을 통해 측정하는 방법이다. 빈곤율은 빈곤층의 규모를 보여줄 수 있지만, 빈곤층의 소득이 빈곤선에 비해 부족한 정도를 보여주지는 않는다.

- 빈곤갭: 빈곤층의 소득을 모두 **빈곤선 수준까지 끌어올리기 위해서 어느 정도의 소득이 필요한가를 보여주는 방법**이다. 보통 이 빈곤갭을 GNP(혹은 GDP) 대비 비율로 나타내는 것이 일반적이다. 빈곤갭은 빈곤율처럼 빈곤층의 규모를 보여주지는 못한다. 또한 빈곤율과 빈곤갭 모두 빈곤층 내부에서의 소득의 이전이나 분배 상태를 보여주지 못한다.
- 센(Sen)의 빈곤지표: 빈곤율, 빈곤갭, 상대적 불평등 세 가지 측면을 모두 고려한다.

소득불평등의 측정

- 10분위 분배율: **하위 40% 가구의 소득 합 / 상위 20% 가구의 소득 합**이다. 수치가 클수록 소득 격차가 작은 것이며, 수치가 작을수록 소득 격차가 큰 것이다.
- 5분위 분배율: **상위 20% 가구의 소득 합 / 하위 20% 가구의 소득 합**이다. 수치가 클수록 소득 격차가 큰 것이며, 수치가 작을수록 소득 격차가 작은 것이다.
- 지니계수: **0과 1 사이의 값을 가지며, 1에 가까울수록 불평등**한 상태이다.

01 (22-06-10) 반물량 방식은 엥겔계수를 활용하여 빈곤선을 추정한다.

02 (22-06-11) 사회적 배제는 개인과 집단의 박탈과 불평등을 유발하는 다양한 영역을 포괄한다.

03 (21-06-15) 중위소득의 일정 비율, 타운센드(Townsend) 방식은 상대적 빈곤선을 측정하는 방식이다.

04 (20-06-21) 지니계수는 불평등도가 증가할수록 수치가 커져 가장 불평등한 상태는 1이다.

05 (19-06-08) 기초생활보장제도의 수급자 선정기준은 상대적 빈곤 개념을 반영하고 있다.

06 (18-06-03) 완전 평등사회에서 로렌즈곡선은 45° 각도의 직선과 일치한다.

07 (18-06-05) 최저생계비를 계측하여 빈곤선을 설정하는 방식은 절대적 빈곤개념을 적용한 것이다.

08 (18-06-08) 사회적 배재의 개념은 특정 집단이 경험하는 배제는 정태적 사건이 아니라 동태적 과정으로 본다.

09 (17-06-19) 빈곤율은 빈곤인구가 전체 인구에서 차지하는 비율로 정의된다.

10 (16-06-06) 상대적 빈곤은 박탈지표방식과 소득·지출을 이용한 상대적 추정방식으로 측정할 수 있다.

11 (16-06-07) 로렌즈 곡선(Lorenz curve)이 45°선과 일치하면 소득 분포가 완전히 균등하다.

12 (15-06-11) 지니계수는 그 값이 클수록 더 불평등한 수준을 의미한다.

13 (12-06-03) 10분위 분배율이 작을수록 소득 격차가 크고 불평등하다고 볼 수 있으며, 클수록 소득 격차가 작아서 평등하다고 볼 수 있다.

14 (11-06-25) OECD에서는 국가 간 비교를 위해 주로 상대적 빈곤 개념을 사용한다.

15 (11-06-26) 소득 1분위와 10분위의 소득비율로 소득불평등을 측정하기도 한다.

16 (10-06-26) 상대적 빈곤은 한 사회의 평균적인 생활수준과 비교하여 빈곤을 규정하는 것으로 그 사회의 불평등 정도와 관계가 깊다.

17 (09-06-28) 빈곤률은 빈곤층의 규모를 나타내고 빈곤갭은 빈곤의 심도를 나타낸다.

18 (08-06-27) 라운트리는 마켓바스켓방식으로 빈곤을 측정하였다.

19 (08-06-28) 로렌즈 곡선이 아래로 더 볼록해 질수록 불평등도가 높아진다.

20 (06-06-22) 사회적 배제는 빈곤을 포함한 다차원적인 불리함을 의미한다.

21 (05-06-24) 라운트리 방식, 오르샨스키 방식은 절대적 빈곤개념을 측정하는 방식이다.

22 (04-06-26) 최저생계비 측정방식에는 전물량 방식, 라이덴 방식, 가계지출 방식, 오르샨스키 방식 등이 있다.

23 (03-06-25) 지니계수, 로렌츠 곡선 등은 사회의 불평등 정도를 측정할 때 사용한다.

24 (02-06-18) 엥겔계수를 이용하여 최저생계비를 산출하는 방식은 반물량 방식이다.

대표기출 확인하기

22-06-10
난이도 ★★☆

빈곤과 소득불평등의 측정에 관한 설명으로 옳은 것은?

① 반물량 방식은 엥겔계수를 활용하여 빈곤선을 추정한다.
② 상대적 빈곤은 생존에 필요한 생활수준이 최소한의 수준에 도달하지 못한 상태를 말한다.
③ 라이덴 방식은 객관적 평가에 기초하여 빈곤선을 측정한다.
④ 빈곤율은 빈곤층의 소득을 빈곤선 수준으로 끌어올리는 데 필요한 총소득을 나타낸다.
⑤ 지니계수가 1일 경우는 완전 평등한 분배상태를 의미한다.

> **알짜확인**
>
> • 빈곤의 개념과 측정방법을 이해해야 한다.
> • 소득불평등의 개념과 소득불평등을 측정하기 위한 방법들을 이해해야 한다.

답 ①

✔ 응시생들의 선택

① 64%	② 9%	③ 10%	④ 7%	⑤ 10%

② 생존에 필요한 생활수준이 최소한의 수준에 도달하지 못한 상태를 말하는 것은 절대적 빈곤이다. 상대적 빈곤은 어떤 사회의 평균적인 소득수준, 생활수준과 밀접한 관련이 있으며, 사회의 불평등 수준에 큰 영향을 받는다.
③ 라이덴 방식은 주관적 평가에 기초하여 빈곤 여부를 결정한다.
④ 빈곤층의 소득을 빈곤선 수준으로 끌어올리는 데 필요한 총소득을 나타내는 것은 빈곤갭이다. 빈곤율은 빈곤선을 기준으로 빈곤가구와 비빈곤가구를 구분하고 빈곤가구에 사는 개인의 수를 구하여 전체 인구에서 차지하는 비율을 통해 측정하는 방법이다.
⑤ 지니계수가 1이면 완전 불평등한 분배, 0이면 완전 평등한 분배 상태를 나타낸다.

> **덧붙임**
>
> 빈곤 개념과 측정과 관련해서는 절대적 빈곤과 상대적 빈곤 개념의 차이, 빈곤 측정 방식의 종류, 빈곤갭과 빈곤율의 차이 등과 관련한 내용이 출제되었다. 주로 빈곤의 전반적인 사항을 묻는 문제 형태로 출제되므로 빈곤의 개념과 측정의 모든 내용을 꼼꼼하게 정리해두어야 한다.

관련기출 더 보기

22-06-11
난이도 ★★★

사회적 배제의 특성에 관한 설명으로 옳지 않은 것은?

① 문제의 초점을 소득의 결핍으로 제한한다.
② 빈곤에 대해 다차원적으로 접근하는 개념이다.
③ 빈곤의 역동성과 동태적 과정을 강조한다.
④ 개인과 집단의 박탈과 불평등을 유발하는 다양한 영역을 포괄한다.
⑤ 사회적 관계망으로부터의 단절 문제를 제기한다.

답 ①

✔ 응시생들의 선택

① 74%	② 10%	③ 7%	④ 2%	⑤ 7%

① 사회적 배제는 기존의 빈곤 개념과 비교했을때, 빈곤의 역동성과 동태적인 과정에 초점을 맞추며, 소득의 문제에 국한되지 않는 다차원적인 불리함을 의미하며, 사회적 관계에서의 배제에도 관심을 기울이고 있다.

21-06-15
난이도 ★★★

다음 중 상대적 빈곤선을 설정(측정)하는 방식으로 옳은 것을 모두 고른 것은?

ㄱ. 중위소득의 일정 비율	ㄴ. 라이덴 방식
ㄷ. 반물량 방식	ㄹ. 라운트리 방식
ㅁ. 타운센드 방식	

① ㄱ, ㄴ
② ㄱ, ㅁ
③ ㄴ, ㅁ
④ ㄷ, ㄹ
⑤ ㄱ, ㄷ, ㄹ

답 ②

✔ 응시생들의 선택

① 12%	② 29%	③ 10%	④ 17%	⑤ 32%

② ㄴ. 라이덴 방식은 주관적 빈곤을 측정하는 방식이다.
　ㄷ. 반물량 방식은 절대적 빈곤을 측정하는 방식으로서 오르샨스키 방식이라고도 한다.
　ㄹ. 라운트리 방식은 절대적 빈곤을 측정하는 방식으로서 전물량 방식이라고도 한다.

난이도 ★★☆

소득불평등과 빈곤 측정에 관한 설명으로 옳은 것을 모두 고른 것은?

> ㄱ. 로렌츠곡선의 가로축은 소득을 기준으로 하위에서 상위 순서로 모든 인구의 누적 분포를 표시한다.
> ㄴ. 지니계수는 불평등도가 증가할수록 수치가 커져 가장 불평등한 상태는 1이다.
> ㄷ. 빈곤율은 모든 빈곤층의 소득을 빈곤선 수준으로 끌어올리는 데에 필요한 총소득으로 빈곤의 심도를 나타낸다.
> ㄹ. 5분위 배율에서는 수치가 작을수록 평등한 상태를 나타낸다.

① ㄱ, ㄴ   ② ㄱ, ㄷ
③ ㄴ, ㄷ   ④ ㄱ, ㄴ, ㄹ
⑤ ㄱ, ㄷ, ㄹ

답 ④

응시생들의 선택

① 11%	② 7%	③ 9%	④ 65%	⑤ 8%

④ ㄷ. 모든 빈곤층의 소득을 빈곤선 수준까지 끌어올리기 위해서 어느 정도의 소득이 필요한가를 보여주는 방법은 빈곤갭이다.

난이도 ★★☆

빈곤의 기준을 정하는 방법에 관한 설명으로 옳은 것은?

① 전(全)물량 방식은 식료품비를 계산하고 엥겔수의 역을 곱해서 빈곤선을 기준으로 측정하는 방식이다.
② 기초생활보장제도의 수급자 선정기준은 상대적 빈곤 개념을 반영하고 있다.
③ 라이덴 방식은 상대적 빈곤 측정방식이다.
④ 반물량 방식은 소득분배 분포상에서 하위 10%나 20%를 빈곤한 사람들로 간주한다.
⑤ 중위소득 또는 평균소득을 근거로 빈곤선을 측정하는 것은 절대적 빈곤 측정방식이다.

답 ②

응시생들의 선택

① 10%	② 60%	③ 11%	④ 2%	⑤ 17%

① 반물량 방식에 관한 설명이다.
③ 라이덴 방식은 주관적 빈곤을 측정하는 대표적인 방식이다.
④ 반물량 방식은 식료품비의 비중에 의해 빈곤선을 측정하는 방식이다.
⑤ 상대적 빈곤 측정방식에 관한 설명이다.

난이도 ★★☆

사회적 배제의 개념적 특성에 관한 설명으로 옳지 않은 것은?

① 개인과 집단의 다차원적 불이익에 초점을 두고, 다층적 대책을 촉구한다.
② 특정 집단이 경험하는 배제는 정태적 사건이 아니라 동태적 과정으로 본다.
③ 사회적 배제 개념은 열등처우의 원칙으로부터 등장하였다.
④ 소득의 결핍 그 자체보다 다양한 배제 행위가 발생하는 과정에 초점을 둔다.
⑤ 사회적 관계망으로부터의 단절과 차별 문제를 제기한다.

답 ③

응시생들의 선택

① 7%	② 20%	③ 60%	④ 9%	⑤ 4%

③ 사회적 배제의 개념은 열등처우의 원칙이 적용되는 소득빈곤의 개념을 넘어서는 다차원적인 불이익을 포괄하는 개념으로서 소득의 문제에 국한되지 않는 다차원적인 불리함을 의미하며, 사회적 관계에서의 다양한 권리, 기회, 자원으로부터 체계적으로 배재되어 있는 상태이다.

난이도 ★☆☆

빈곤 또는 불평등의 측정에 관한 설명으로 옳지 않은 것은?

① 로렌즈곡선은 가로축에는 소득이 낮은 인구로부터 가장 높은 순으로 비율을 누적하여 표시하고, 세로축에는 각 인구의 소득수준을 누적한 비율을 표시한 후 그 대응점을 나타낸 곡선이다.
② 지니계수가 1에 가까울수록 평등한 상태를 의미한다.
③ 10분위 분배율에서는 수치가 클수록 평등한 상태를 의미한다.
④ 5분위 분배율에서는 수치가 작을수록 평등한 상태를 의미한다.
⑤ 빈곤율은 빈곤인구가 전체 인구에서 차지하는 비율로 정의된다.

답 ②

응시생들의 선택

① 6%	② 73%	③ 11%	④ 6%	⑤ 4%

② 지니계수는 1이면 완전 불평등한 분배, 0이면 완전 평등한 분배 상태를 나타낸다. 따라서 지니계수가 1에 가까울수록 불평등한 상태를 의미한다.

소득불평등에 관한 설명으로 옳은 것을 모두 고른 것은?

> ㄱ. 10분위 분배율은 그 비율이 낮을수록 소득분배가 평등하다.
> ㄴ. 지니계수가 0.3에서 0.4로 상승했다면 소득불평등이 완화된 것이다.
> ㄷ. 5분위 배율은 상위 20%의 소득을 하위 20%의 소득으로 나눈 비율이다.
> ㄹ. 로렌즈 곡선(Lorenz curve)이 45°선과 일치하면 소득분포가 완전히 균등하다.

① ㄱ, ㄴ　　　　　② ㄴ, ㄷ
③ ㄷ, ㄹ　　　　　④ ㄱ, ㄴ, ㄷ
⑤ ㄱ, ㄴ, ㄹ

답 ③

✅ 응시생들의 선택

① 4%	② 7%	③ 66%	④ 9%	⑤ 14%

③ ㄱ. 10분위 분배율은 비율이 높을수록 소득 격차가 작은 것이며, 비율이 낮을수록 소득 격차가 큰 것이다. 따라서 그 비율이 높을수록 소득분배가 평등하다.
ㄴ. 지니계수는 0과 1사이의 값을 가지며, 그 값이 1에 가까울수록 불평등도가 높다는 것을 의미한다. 따라서 0.3에서 0.4로 상승했다면 소득불평등이 심화된 것이다.

➕ 덧붙임

소득불평등과 관련해서는 지니계수, 5분위 분배율, 10분위 분배율 등 전반적인 내용을 묻는 문제가 주로 출제되었다. 특히 5분위 분배율과 10분위 분배율은 계산형 문제와 같은 고난이도 문제가 출제된 바 있으므로 이에 대비해야 한다.

소득빈곤 및 소득불평등의 측정에 관한 설명으로 옳지 않은 것은?

① 지니계수는 그 값이 클수록 더 불평등한 수준을 의미한다.
② 상대적 빈곤은 소득불평등과 관계가 있다.
③ 소득빈곤의 측정만으로 삶의 다양한 문제를 모두 포착하기는 어렵다.
④ 소득불평등 수준이 같은 국가라도 계층이동성의 수준이 상이할 수 있다.
⑤ 로렌즈 곡선에서 수직선은 모든 개인이 동일한 수준의 소득을 가지고 있다는 것을 의미한다.

답 ⑤

✅ 응시생들의 선택

① 9%	② 12%	③ 2%	④ 4%	⑤ 73%

⑤ 로렌즈 곡선에서 수직선은 한 개인이 국민소득 전부를 가지고 있고, 나머지 사람의 소득이 모두 0인 경우를 의미하며, 이것을 완전불평등선이라고 한다.

우리나라의 소득불평등에 관한 설명으로 옳지 않은 것은?

① 소득불평등을 측정하는 지니계수는 로렌즈(Lorenz) 곡선에서 도출된다.
② 소득 1분위와 10분위의 소득비율로 소득불평등을 측정하기도 한다.
③ 1997년 외환위기 이전에 비해 소득불평등이 심화되었다.
④ 공적 이전소득의 소득불평등 완화효과는 OECD 평균 수준이다.
⑤ 비정규직 고용의 증가는 일반적으로 불평등을 심화시킨다.

답 ④

✅ 응시생들의 선택

① 5%	② 35%	③ 6%	④ 48%	⑤ 6%

④ 정부의 소득재분배 정책의 효과를 평가하기 위하여 조세와 공적 이전 전의 소득분배상태와 이전 후의 소득분배상태를 비교하는 방법이 활용된다. 이러한 방법에 의해 진행한 국제비교 연구에 의하면 한국의 공적 소득지원 이후의 소득불평등 완화효과는 OECD 국가 중에서 낮은 편에 머무르고 있는 상태이다.

빈곤 및 불평등에 관한 설명으로 옳은 것을 모두 고른 것은?

ㄱ. 로렌즈 곡선은 완전평등선에서 아래쪽으로 볼록할수록 평등함을 나타낸다.
ㄴ. 시장소득 기준 지니계수와 가처분소득 기준 지니계수의 차이는 간접세의 재분배효과를 의미한다.
ㄷ. 빈곤갭(poverty gap)이란 빈곤층의 소득을 빈곤선까지 상향시키는 데 필요한 총비용을 말하는 것으로 빈곤한 사람의 규모를 나타낸다.
ㄹ. 상대적 빈곤은 한 사회의 평균적인 생활수준과 비교하여 빈곤을 규정하는 것으로 그 사회의 불평등 정도와 관계가 깊다.

① ㄱ, ㄴ, ㄷ　　　　② ㄱ, ㄷ
③ ㄴ, ㄹ　　　　④ ㄹ
⑤ ㄱ, ㄴ, ㄷ, ㄹ

답 ④

✔ 응시생들의 선택

| ① 6% | ② 8% | ③ 40% | ④ 32% | ⑤ 14% |

④ ㄱ. 소득불평등도가 높을수록 곡선이 아래로 더욱 볼록해지고 타원형의 음영부분은 더욱 커진다.
ㄴ. 시장소득 기준 지니계수와 가처분소득 기준 지니계수에 차이가 있다면 이것은 납세의무자가 직접 세금을 납부하는 직접세의 재분배효과를 나타낼 가능성이 크다.
ㄷ. 빈곤갭은 빈곤선 이하에 있는 사람들의 소득을 모두 빈곤선 수준까지 끌어올리기 위해서 필요한 총비용을 나타낸다.

다음은 어느 사회의 10분위별 소득총액분포를 나타낸 것이다. 이 사회의 5분위 분배율은? (단, 소수점 셋째 자리에서 반올림)

소득분위	1	2	3	4	5	6	7	8	9	10
분위별 소득총액(억)	20	40	50	60	90	105	115	135	175	194

① 0.16　　　　② 2.16
③ 3.25　　　　④ 6.15
⑤ 9.70

답 ④

✔ 응시생들의 선택

| ① 4% | ② 23% | ③ 19% | ④ 32% | ⑤ 22% |

④ 5분위 분배율은 통상적으로 상위 20% 가구의 소득합을 하위 20% 가구의 소득합으로 나눈 값으로 정의되며, 지니계수, 10분위 분배율과 함께 소득불평등 수준을 보여주는 대표적인 지표이다. 따라서 상위 20%인 소득분위 9와 10의 소득총액 369를 하위 20%인 소득분위 1과 2의 소득총액 60으로 나눈 값인 6.15가 5분위 분배율 값이 된다.

절대적 빈곤개념을 측정하는 것으로 옳은 것은?

ㄱ. 라운트리 방식
ㄴ. 라이덴 방식
ㄷ. 오르샨스키 방식
ㄹ. 지니계수

① ㄱ, ㄴ, ㄷ　　　　② ㄱ, ㄷ
③ ㄴ, ㄹ　　　　④ ㄹ
⑤ ㄱ, ㄴ, ㄷ, ㄹ

답 ②

✔ 응시생들의 선택

| ① 7% | ② 88% | ③ 2% | ④ 1% | ⑤ 2% |

② ㄴ. 라이덴 방식은 주관적 빈곤을 측정하는 방식이다.
ㄹ. 지니계수는 소득분배와 불평등정도를 나타내는 방식이다.

다음 내용이 왜 틀렸는지를 확인해보자

20-06-21

01 지니계수는 <u>불평등도가 증가할수록 수치가 작아지기 때문에 가장 불평등한 상태는 0</u>이다.

> 지니계수는 0과 1사이의 값을 가지며, 불평등도가 증가할수록 수치가 커져 가장 불평등한 상태는 1이다.

12-06-03

02 10분위 분배율 비율이 높을수록 <u>소득분배가 불평등</u>하다.

> 10분위 분배율은 비율이 높을수록 소득 격차가 작은 것이며, 비율이 낮을수록 소득 격차가 큰 것이다. 따라서 그 비율이 높을수록 소득분배가 평등하다.

03 <u>절대적 빈곤</u>은 어떤 사회의 평균적인 소득수준, 생활수준과 밀접한 관련이 있다.

> 어떤 사회의 평균적인 소득수준, 생활수준과 밀접한 관련이 있는 것은 상대적 빈곤이다.

11-06-25

04 OECD에서는 국가 간 비교를 위해 주로 <u>절대적 빈곤 개념을 사용</u>한다.

> OECD에서는 국가 간 비교를 위해 주로 상대적 빈곤 개념을 사용한다.

09-06-28

05 빈곤갭은 <u>빈곤층의 규모</u>를 나타내고, 빈곤율은 <u>빈곤의 심도</u>를 나타낸다.

> 빈곤율은 빈곤층의 규모를 나타내고, 빈곤갭은 빈곤의 심도를 나타낸다.

06 <u>5분위 분배율</u>은 소득이 낮은 하위 40% 가구의 소득 합을 소득이 가장 높은 상위 20% 가구의 소득 합으로 나눈 것이다.

> 소득이 낮은 하위 40% 가구의 소득 합을 소득이 가장 높은 상위 20% 가구의 소득 합으로 나눈 것은 10분위 분배율이다. 5분위 분배율은 소득이 가장 높은 상위 20% 가구의 소득 합을 소득이 낮은 하위 20% 가구의 소득 합으로 나눈 것이다.

빈칸에 들어갈 알맞은 말을 채워보자

17-06-19
01 (   )은/는 빈곤인구가 전체 인구에서 차지하는 비율로 정의된다.

16-06-06
02 (   )은/는 박탈지표방식과 소득·지출을 이용한 상대적 추정방식으로 측정할 수 있다.

11-06-25
03 우리나라의 국민기초생활보장제도는 (   ) 개념을 도입했다.

04 인간 생활에 필수적인 모든 품목에 대하여 최저한의 수준을 정하고 화폐가치로 환산하여 빈곤선을 측정하는 라운 트리의 빈곤 측정 방식을 (   )(이)라고 한다.

05 주관적 빈곤을 측정하는 대표적인 방식으로 (   )이 있다.

06 (   )은/는 빈곤층의 소득을 모두 빈곤선 수준까지 끌어올리기 위해서 어느 정도의 소득이 필요한가를 보여주는 방법이다.

06-06-22
07 (   )은/는 빈곤의 결과뿐만 아니라 원인과 과정에 이르는 총괄적인 고찰을 시도하며, 이를 극복하기 위해서는 민주적인 참여도 중요하다.

08 빈곤율, 빈곤갭, 상대적 불평등의 세 가지 측면을 모두 고려하여 빈곤정도를 측정하기 위해 개발한 빈곤지표를 (   )(이)라 한다.

 답 **01** 빈곤율 **02** 상대적 빈곤 **03** 상대적 빈곤 **04** 전물량 방식 **05** 라이덴 방식 **06** 빈곤갭 **07** 사회적 배제 **08** 센 지표

다음 내용이 옳은지 그른지 판단해보자

01 `21-06-15` 라이덴 방식, 라운트리 방식, 타운센드 방식은 상대적 빈곤선을 측정하는 방식이다. ◎ ⊗

02 `10-06-26` 로렌즈 곡선은 완전평등선에서 아래쪽으로 볼록할수록 평등함을 나타낸다. ◎ ⊗

03 5분위 분배율은 수치가 클수록 소득 격차가 큰 것이며, 수치가 작을수록 소득 격차가 작은 것이다. ◎ ⊗

04 `02-06-18` 엥겔계수를 이용하여 최저생계비를 산출하는 방식은 전물량 방식이다. ◎ ⊗

05 사회적 배제는 복지권리, 고용에 대한 접근성, 교육, 차별문제, 사회적 관계망, 사회참여능력, 정치생활 통합정도에 초점을 맞춘다. ◎ ⊗

06 소득불평등의 개념은 소득 수준의 격차, 소득 전체의 분포와 관련이 있다. ◎ ⊗

07 라운트리는 식료품비에 1/3의 역수인 3을 곱하여 빈곤선을 계측하였다. ◎ ⊗

08 상대적 빈곤은 사회의 불평등 수준에 큰 영향을 받는다. ◎ ⊗

09 사회적 배제는 소득의 문제에 국한되지 않는 다차원적인 불리함을 의미한다. ◎ ⊗

10 빈곤율과 빈곤갭 모두 빈곤층 내부에서의 소득의 이전이나 분배 상태를 보여주지 못한다. ◎ ⊗

답 01× 02× 03○ 04× 05○ 06○ 07× 08○ 09○ 10○

해설 **01** 라이덴 방식은 주관적 빈곤을 측정하는 방식이고, 라운트리 방식은 절대적 빈곤을 측정하는 방식이다.
02 소득불평등도가 높을수록 곡선이 아래로 더욱 볼록해지고 타원형의 음영부분은 더욱 커진다.
04 엥겔계수를 이용하여 최저생계비를 산출하는 방식은 반물량 방식이다.
07 오르산스키는 식료품비에 1/3의 역수인 3을 곱하여 빈곤선을 계측하였으며, 이를 엥겔방식 혹은 반물량 방식이라 한다.

188 공공부조제도

강의 QR코드

1회독	2회독	3회독
월 일	월 일	월 일

최근 10년간 **24문항** 출제

1 이론요약

공공부조의 특징

- 프로그램의 주체, 그리고 재원(일반예산)을 공공기관이 담당한다.
- 법적으로는 모든 국민이 보호의 대상이지만, 실제로는 빈곤선 이하의 생활이 어려운 사람이 주 대상이다.
- 자산조사 또는 소득조사를 통해 선별하며, 규제적인 성격도 있다.
- 혜택은 본인의 의사에 반하여 강제적으로 제공될 수 없다.
- 대상자의 욕구나 근로능력 조건, 가족 상황 등에 따라 처우가 달라질 수 있다.
- 적극적 측면을 가지고 있어 근로능력이 있는 경우 자활을 위한 프로그램을 운영한다.

기본개념

사회복지정책론
pp.270~

공공부조의 장·단점

▶ **공공부조의 장점**
- 다른 제도에 비해 상대적으로 **수직적 재분배 효과가 크게 나타난다.**
- 제한된 예산으로 좁은 범위의 대상(저소득층)을 위해 집중적으로 활용할 수 있다는 점에서 **목표효율성(= 대상효율성)이 높다**고 볼 수 있다.

▶ **공공부조의 단점**
- 수급자격을 결정하기 위한 자산조사를 실시하는데 **행정비용이 많이 소요**될 수 있다.
- 수급자의 근로의욕을 저하시킬 수 있다.
- 수급자에게 **낙인감이나 수치심을 줄 수 있다.**
- 제도의 적용대상이 제한적이기 때문에 정치적 지지가 줄어드는 경향이 있다.

국민기초생활보장제도

▶ **수급자 선정기준**
수급자 선정을 위한 **기준은 기준 중위소득을 적용**하며, 급여별 선정기준을 중위소득(모든 가구를 소득 순으로 순위를 매겼을 때, 가운데를 차지한 가구의 소득)과 연동한다.

▶ **급여의 기준 등**
- 보장의 단위: **가구를 단위로 하여 급여를 지급하는 것을 원칙**으로 하나 필요하다고 인정되는 경우 개인을 단위로 급

여를 행할 수 있다.
- 급여의 보호: 수급자에 대한 급여는 정당한 사유 없이 이를 불리하게 변경할 수 없다. 수급자에게 지급 된 수급품과 이를 받을 권리는 압류할 수 없다.
- 급여의 기본원칙: **최저생활 보장의 원칙, 보충급여의 원칙, 자립지원의 원칙, 개별성의 원칙, 가족부양 우선의 원칙, 타급여 우선의 원칙, 보편성의 원칙** 등이 있다.

▶ **급여의 종류**
- 생계급여: 수급권자는 그 소득인정액이 생계급여 선정기준 이하인 사람으로 하며, 이 경우 생계급여 선정기준은 기준 중위소득의 100분의 30 이상으로 한다(**현재 제도상 생계급여 수급권자: 기준 중위소득의 32% 이하인 사람**).
- 주거급여: 수급권자는 그 소득인정액이 주거급여 선정기준 이하인 사람으로 하며, 이 경우 주거급여 선정기준은 기준 중위소득의 100분의 43 이상으로 한다(**현재 제도상 주거급여 수급권자: 기준 중위소득의 48% 이하인 사람**). 주거급여에 관하여 필요한 사항은 따로 법률(주거급여법)에서 정한다.
- 의료급여: 수급권자는 부양의무자가 없거나, 부양의무자가 있어도 부양능력이 없거나 부양을 받을 수 없는 사람으로서 그 소득인정액이 의료급여 선정기준 이하인 사람으로 하며, 이 경우 의료급여 선정기준은 기준 중위소득의 100분의 40 이상으로 한다(**현재 제도상 의료급여 수급권자: 기준 중위소득의 40% 이하인 사람**). 의료급여에 필요한 사항은 따로 법률(의료급여법)에서 정한다.
- 교육급여: 수급권자는 그 소득인정액이 교육급여 선정기준 이하인 사람으로 하며, 이 경우 교육급여 선정기준은 기준 중위소득의 100분의 50 이상으로 한다(**현재 제도상 교육급여 수급권자: 기준 중위소득의 50% 이하인 사람**).
- 해산급여: 생계급여, 주거급여, 의료급여 중 하나 이상의 급여를 받는 수급자에게 조산이나 분만 전과 분만 후에 필요한 조치와 보호를 실시하는 것이다.
- 장제급여: 생계급여, 주거급여, 의료급여 중 하나 이상의 급여를 받는 수급자가 사망한 경우 사체의 검안·운반·화장 또는 매장, 그 밖의 장제조치를 하는 것이다.
- 자활급여: 수급자의 자활을 돕기 위하여 실시하는 급여이다.

자활사업
- 자활사업은 국민기초생활보장법에 따른 근로능력이 있는 근로빈곤층에게 자활할 수 있도록 일자리 제공 및 자활능력 배양을 목적으로 시행하고 있는 보건복지부 주관 사업이다.
- 자활기업: 수급자 및 차상위자가 상호 협력하여 조합 또는 공동 사업자 등의 형태로 저소득층 의 일자리 창출 및 탈빈곤을 위한 자활사업을 운영하는 업체
- 자활근로사업: 국민기초생활보장법에 의한 저소득층에게 자활을 위한 근로의 기회를 제공하여 자활기반을 조성하는 사업
- 자산형성지원사업: 근로빈곤층의 근로유인 제고 및 탈빈곤을 위한 물적 기반 마련을 위해 자산 형성을 지원하기 위한 사업으로 희망키움통장(Ⅰ), 희망키움통장(Ⅱ), 내일키움통장, 청년희망 키움통장 등을 운영
- 지역자활센터: 근로능력 있는 저소득층에게 집중적이고 체계적인 자활지원서비스를 제공함 으로써 자활의욕 고취 및 자립능력 향상을 지원

근로장려세제
- 근로장려세제는 2008년 1월부터 시행되었고, 최초 지급은 2009년 9월부터 시작되었다. 시행은 국세청에서 담당한다.
- 열심히 일은 하지만 소득이 적어 생활이 어려운 근로자 또는 사업자(전문직 제외)가구에 대하여 가구원 구성과 총급여액 등에 따라 산정된 근로장려금을 지급함으로써 근로를 장려하고 실질소득을 지원하는 근로연계형 소득지원제도이다.
- 근로장려금은 가구단위로 소득기준과 재산기준을 모두 충족하는 경우에 받을 수 있다.

의료급여제도

▶ 급여 내용

수급권자의 질병·부상·출산 등에 대해 '진찰·검사, 약제·치료재료의 지급, 처치·수술과 그 밖의 치료, 예방·재활, 입원, 간호, 이송과 그 밖의 의료목적의 달성을 위한 조치' 등을 실시한다.

▶ 수급권자

- 국민기초생활보장법에 따른 의료급여 수급자
- 재해구호법에 따른 이재민으로서 보건복지부장관이 의료급여가 필요하다고 인정한 사람
- 의사상자 등 예우 및 지원에 관한 법률에 따라 의료급여를 받는 사람
- 입양특례법에 따라 국내에 입양된 18세 미만의 아동
- 독립유공자예우에 관한 법률, 국가유공자 등 예우 및 지원에 관한 법률 및 보훈보상대상자 지원에 관한 법률의 적용을 받고 있는 사람과 그 가족으로서 국가보훈부장관이 의료급여가 필요하다고 추천한 사람 중에서 보건복지부장관이 의료급여가 필요하다고 인정한 사람
- 무형유산의 보전 및 진흥에 관한 법률에 따라 지정된 국가무형유산의 보유자(명예보유자를 포함)와 그 가족으로서 국가유산청장이 의료급여가 필요하다고 추천한 사람 중에서 보건복지부장관이 의료급여가 필요하다고 인정한 사람
- 북한이탈주민의 보호 및 정착지원에 관한 법률의 적용을 받고 있는 사람과 그 가족으로서 보건복지부장관이 의료급여가 필요하다고 인정한 사람
- 5·18민주화운동 관련자 보상 등에 관한 법률에 따라 보상금등을 받은 사람과 그 가족으로서 보건복지부장관이 의료급여가 필요하다고 인정한 사람
- 노숙인 등의 복지 및 자립지원에 관한 법률에 따른 노숙인 등으로서 보건복지부장관이 의료급여가 필요하다고 인정한 사람
- 그 밖에 생활유지 능력이 없거나 생활이 어려운 사람으로서 대통령령으로 정하는 사람

긴급복지지원제도

▶ 위기상황

- 주소득자의 사망, 가출, 행방불명, 구금시설 수용 등 사유로 소득 상실
- 중한 질병 또는 부상을 당한 경우
- 가구구성원으로부터 방임 또는 유기되거나 학대 등을 당한 경우
- 가정폭력 또는 가구원으로부터 성폭력을 당한 경우
- 화재 또는 자연재해 등으로 인하여 거주하는 주택 또는 건물에서 생활하기 곤란한 경우
- 주소득자 또는 부소득자의 휴업, 폐업 또는 사업장의 화재 등으로 인하여 실질적인 영업이 곤란하게 된 경우
- 주소득자 또는 부소득자의 실직으로 소득을 상실한 경우
- 보건복지부령에 따라 지자체 조례로 정한 사유가 발생한 경우[소득활동 미미(가구원 간호·간병·양육), 기초수급 중지·미결정, 수도·가스 중단, 사회보험료·주택임차료 체납 등]
- 그 밖에 보건복지부장관이 정하여 고시하는 경우

▶ 지원내용

- 금전 또는 현물 등의 직접 지원: 생계지원, 의료지원, 주거지원, 사회복지시설 이용지원, 교육지원, 그 밖의 지원
- 민간기관·단체와의 연계 등의 지원: 대한적십자사, 사회복지공동모금회 등의 사회복지기관·단체로의 연계 지원, 상담·정보제공 등 그 밖의 지원

01 (22-06-20) 국민기초생활보장제도 급여 신청은 신청주의와 직권주의를 병행하고 있다.

02 (22-06-23) 우리나라 근로장려세제의 근로장려금 모형은 점증구간, 평탄구간, 점감구간으로 되어 있다.

03 (21-06-11) 국민기초생활보장제도의 기준 중위소득은 2015년 이후 지속적으로 인상되었다.

04 (20-06-08) 의료급여제도의 의료급여 수급권자는 1종과 2종으로 구분한다.

05 (20-06-10) 국민기초생활보장제도에서의 "보장기관"은 국민기초생활보장법에 따른 급여를 실시하는 국가 또는 지방자치단체를 말한다.

06 (19-06-16) 자활급여는 근로능력이 있는 국민기초생활보장 수급자의 자활을 위한 각종 지원을 제공하는 급여이다.

07 (19-06-18) 긴급복지지원제도의 긴급지원은 위기상황에 처한 사람에게 일시적으로 신속하게 지원하는 것을 기본원칙으로 한다.

08 (18-06-18) 국민기초생활보장제도는 보충성의 원칙에 기반하고 있다.

09 (18-06-22) 근로장려금은 근로소득 외에 재산보유상태 등을 반영하여 지급한다.

10 (17-06-07) 장애인연금은 장애로 인하여 생활이 어려운 중증장애인을 대상으로 하는 공공부조제도이다.

11 (17-06-20) 국민기초생활보장제도의 주거급여는 국토교통부가 주관한다.

12 (16-06-17) 공공부조는 사회보험에 비해 높은 비용효과성을 갖는다.

13 (16-06-18) 의료급여는 국가가 진료비를 지원하는 공공부조제도이며 본인부담금이 있다.

14 (16-06-19) 우리나라의 근로장려세제의 신청방식은 신청주의로만 설계되어 있다.

15 (15-06-06) 국민기초생활보장제도의 선정기준으로 기준 중위소득을 활용한다.

16 (15-06-12) 공공부조는 자산조사를 거쳐 대상을 선정한다.

17 (15-06-13) 생계급여, 주거급여, 의료급여, 교육급여는 모두 빈곤층을 대상으로 하는 국민기초생활보장제도의 급여이다.

18 (14-06-24) 생계급여와 의료급여의 소관부처는 보건복지부이다.

19 (14-06-25) 우리나라 자활사업 중 희망키움통장(Ⅰ)은 일하는 기초수급자를 위한 자산형성지원 사업이다.

20 (13-06-23) 우리나라의 근로연계복지정책은 수급자의 근로유인을 강화하는 것이 목적이다.

21 (13-06-24) 국민기초생활보장제도는 급여별로 선정 기준이 달라 생계급여의 대상이 아니어도 교육급여를 받을 수 있다.

22 (12-06-20) 근로장려세제의 주무 부처는 기획재정부이며 근로장려세제 시행은 국세청에서 담당한다.

23 (11-06-23) 국민기초생활보장제도는 현금급여 우선의 원칙을 따른다.

24 (11-06-30) 자활사업 지원체계에는 지역자활센터, 광역자활센터, 한국자활복지개발원, 자활기금, 자활기관협의체 등이 있다.

25 (09-06-29) 자활사업의 생산품은 시장영역 혹은 공공영역에서 소비된다.

26 (08-06-29) 국민기초생활보장제도는 조건부 수급제도를 운영하고 있다.

27 (07-06-29) 공공부조는 타급여 우선의 원칙, 보충급여의 원칙, 개별성의 원칙 등을 기본원리로 한다.

28 (06-06-23) 의료급여 1종, 2종 수급권자의 본인부담금은 차등 적용한다.

29 (05-06-26) 최저생계비는 소득인정액과 비교하여 수급자를 선정하고 급여를 지급하는 기준이 된다.

30 (04-06-24) 근로소득 보전세제(Earned Income Tax Credit; EITC)는 근로빈곤 계층의 빈곤감소와 근로 동기의 유인을 목적으로 하는 제도이다.

31 (04-06-27) 한국의 공공부조제도는 보충성의 원리에 의해 급여가 차등 지급된다.

32 (04-06-28) 공공부조의 수급자 요건을 파악하기 위해 자산조사, 전문가의 의견을 기준으로 삼는다.

33 (03-06-23) 생활보호제도가 국민기초생활보장제도로 바뀌면서 주거급여가 신설되었다.

34 (02-06-19) 의료급여의 재원은 일반조세이다.

35 (01-06-08) 공공부조는 자산조사를 통해 대상자를 선별한다.

대표기출 확인하기

22-06-20 난이도 ★★☆

우리나라 공공부조제도에 관한 설명으로 옳지 않은 것은?

① 긴급복지지원제도는 현금급여와 민간기관 연계 등의 지원을 제공한다.
② 국민기초생활보장제도 부양의무자 기준은 복지사각지대 해소를 위해 단계적으로 완화되고 있다.
③ 긴급복지지원제도는 단기 지원의 원칙, 선심사 후지원의 원칙, 다른 법률 지원 우선의 원칙이 적용된다.
④ 의료급여 수급권자에는 「입양특례법」에 따라 국내 입양된 18세 미만의 아동이 포함된다.
⑤ 국민기초생활보장제도 급여 신청은 신청주의와 직권주의를 병행하고 있다.

> ▶ 알짜확인
> • 공공부조의 주요 특징과 장단점을 이해해야 한다.
> • 공공부조제도(국민기초생활보장제도, 근로장려세제 등)의 주요 특징을 이해해야 한다.

답 ③

✔ 응시생들의 선택

① 5%	② 4%	③ 66%	④ 7%	⑤ 18%

③ 긴급복지지원제도는 단기 지원의 원칙(위기상황에 처한 사람에게 일시적으로 신속하게 지원), 선지원 후처리 원칙(현장확인을 통해 긴급한 지원의 필요성이 판단되면 우선 지원을 신속하게 실시하고 나중에 지원의 적정성을 심사), 다른 법률 지원 우선의 원칙(다른 법률에 의하여 긴급지원의 내용과 동일한 내용의 구호·보호나 지원을 받고 있는 경우에는 긴급지원을 하지 않음)이 적용된다.

➕ 덧붙임

국민기초생활보장제도의 특징은 거의 매년 출제되는 내용이므로 반드시 꼼꼼하게 정리해야 한다. 최근 시험에서는 공공부조의 특성, 근로연계복지정책, 긴급복지지원제도, 의료급여제도에 관한 문제도 출제되었다.

관련기출 더 보기

22-06-23 난이도 ★★☆

우리나라 근로장려세제(EITC)에 관한 설명으로 옳지 않은 것은?

① 소득재분배 효과를 기대할 수 있다.
② 근로능력이 있는 저소득층의 근로유인을 제고한다.
③ 소득과 재산보유상태 등을 반영하여 지급한다.
④ 근로장려금 모형은 점증구간, 평탄구간, 점감구간으로 되어 있다.
⑤ 사업자는 근로장려금을 받을 수 없다.

답 ⑤

✔ 응시생들의 선택

① 6%	② 7%	③ 9%	④ 15%	⑤ 63%

⑤ 사업자도 근로장려금을 받을 수 있다. 근로장려금은 일은 하지만 소득이 적어 생활이 어려운 근로자, 사업자(전문직 제외) 가구에 대하여 가구원 구성과 근로소득, 사업소득 또는 종교인소득에 따라 산정된 근로장려금을 지급함으로써 근로를 장려하고 실질소득을 지원하는 근로연계형 소득지원 제도이다.

21-06-11 난이도 ★★★

최근 10년간 국민기초생활보장제도의 변화에 관한 설명으로 옳은 것을 모두 고른 것은?

> ㄱ. 수급자격 중 부양의무자 기준은 완화되었다.
> ㄴ. 기준 중위소득은 2015년 이후 지속적으로 인상되었다.
> ㄷ. 교육급여가 신설되었다.
> ㄹ. 근로능력평가 방식이 변화되었다.

① ㄱ, ㄴ   ② ㄱ, ㄷ
③ ㄱ, ㄹ   ④ ㄴ, ㄹ
⑤ ㄱ, ㄴ, ㄹ

답 ⑤

✔ 응시생들의 선택

① 28%	② 19%	③ 9%	④ 7%	⑤ 37%

⑤ ㄷ. 교육급여는 국민기초생활보장제도로 개정되기 이전의 생활보호제도 때부터 존재한 급여(생활보호제도 당시의 명칭은 교육보호)이다.

조세특례제한법상의 '총급여액 등'을 기준으로 근로장려금 산정방식을 다음과 같이 설계하였다고 가정할 때, 총급여액 등에 따른 근로장려금 계산 결과로 옳지 않은 것은?

- 총급여액 등 1,000만원 미만: 근로장려금 = 총급여액 등×100분의 20
- 총급여액 등 1,000만원 이상 1,200만원 미만: 근로장려금 200만원
- 총급여액 등 1,200만원 이상 3,200만원 미만: 근로장려금 = 200만원 − (총급여액 등 − 1,200만원) × 100분의 10

※ 재산, 가구원 수, 부양아동 수, 소득의 종류 등 다른 조건은 일체 고려하지 않음

① 총급여액 등이 500만원일 때, 근로장려금 100만원
② 총급여액 등이 1,100만원일 때, 근로장려금 200만원
③ 총급여액 등이 1,800만원일 때, 근로장려금 150만원
④ 총급여액 등이 2,200만원일 때, 근로장려금 100만원
⑤ 총급여액 등이 2,700만원일 때, 근로장려금 50만원

답 ③

✔ 응시생들의 선택

① 6%	② 6%	③ 78%	④ 5%	⑤ 5%

③ 총급여액 등이 1,800만원이면 '총급여액 등 1,200만원 이상 3,200만원 미만'의 구간에 해당하므로 '근로장려금=200만원−(총급여액 등−1,200만원)×100분의 10'의 산정방식으로 계산이 된다. 따라서 "근로장려금=200만원−(1,800만원−1,200만원)×100분의 10"을 계산하면 근로장려금은 140만원이 된다.

➕ 덧붙임
근로장려금, 국민기초생활보장제도의 급여 등을 계산하는 계산형 문제가 종종 출제되고 있다. 계산형 문제는 제도상의 산출 내용(방식)을 이해해야만 풀 수 있는 문제로서 이 산출 내용에 주어진 수치를 대입해서 풀어야 한다.

우리나라의 의료급여에 관한 설명으로 옳지 않은 것은?

① 의료급여 수급권자는 1종과 2종으로 구분한다.
② 의료급여기금에는 지방자치단체의 출연금도 포함된다.
③ 의료급여 수급권자의 1촌 직계혈족 및 그 배우자는 원칙적으로 부양의무가 있다.
④ 국민기초생활보장제도 수급자 중 보장시설에서 급여를 받는 자는 2종 수급자로 구분된다.
⑤ 「약사법」에 따라 개설등록된 약국은 의료급여를 실시하는 의료기관이다.

답 ④

✔ 응시생들의 선택

① 1%	② 23%	③ 11%	④ 59%	⑤ 6%

④ 국민기초생활보장제도 수급자 중 보장시설에서 급여를 받는 자(국민기초생활보장 시설수급자)는 1종 의료급여 수급자에 해당한다.

우리나라의 국민기초생활보장제도에 관한 설명으로 옳은 것은?

① 의료급여 선정기준은 기준 중위소득의 100분의 50 이상으로 한다.
② 교육급여 선정기준은 기준 중위소득의 100분의 40 이상으로 한다.
③ "수급권자"란 「국민기초생활보장법」에 따른 급여를 받는 사람을 말한다.
④ 국민기초생활보장제도에서의 "보장기관"은 사회복지서비스를 제공하는 사회복지기관을 말한다.
⑤ 사회복지 전담공무원은 수급권자의 동의를 받아 수급권자에 대한 급여를 직권으로 신청할 수 있다.

답 ⑤

✔ 응시생들의 선택

① 2%	② 3%	③ 19%	④ 5%	⑤ 71%

① 의료급여 선정기준은 기준 중위소득의 100분의 40 이상으로 한다.
② 교육급여 선정기준은 기준 중위소득의 100분의 50 이상으로 한다.
③ "수급권자"란 국민기초생활보장법에 따른 급여를 받을 수 있는 자격을 가진 사람을 말한다.
④ 국민기초생활보장제도에서의 "보장기관"은 국민기초생활보장법에 따른 급여를 실시하는 국가 또는 지방자치단체를 말한다.

19-06-18 　난이도 ★☆☆

긴급복지지원제도에 관한 설명으로 옳지 않은 것은?

① 주소득자가 사망, 가출, 행방불명, 구금시설에 수용되는 등의 사유로 소득을 상실한 경우 긴급지원대상자가 될 수 있다.
② 긴급지원은 위기상황에 처한 사람에게 일시적으로 신속하게 지원하는 것을 기본원칙으로 한다.
③ 긴급지원의 종류에는 금전 또는 현물 등의 직접지원과 민간기관·단체와의 연계 등의 지원이 있다.
④ 사회복지사업법에 따른 사회복지시설의 종사자는 긴급지원을 요청할 수 있다.
⑤ 국민기초생활보장법에 따른 지원을 받고 있는 경우에 긴급복지지원법을 우선 적용한다.

답 ⑤

✅ **응시생들의 선택**

① 6%	② 2%	③ 7%	④ 13%	⑤ 72%

⑤ 재해구호법, 국민기초생활보장법, 의료급여법, 사회복지사업법, 가정폭력방지 및 피해자보호 등에 관한 법률, 성폭력방지 및 피해자보호 등에 관한 법률 등 다른 법률에 따라 이 법에 따른 지원 내용과 동일한 내용의 구호·보호 또는 지원을 받고 있는 경우에는 이 법에 따른 지원을 하지 아니한다.

18-06-18 　난이도 ★★☆

국민기초생활보장제도에 관한 설명으로 옳지 않은 것은?

① 국민기초생활보장제도는 보충성의 원칙에 기반하고 있다.
② 「북한이탈주민의 보호 및 정착지원에 관한 법률」상의 북한이탈주민과 그 가족은 의료급여 2종 수급권자에 속한다.
③ 급여는 개별가구 단위로 실시하되, 특히 필요하다고 인정하는 경우에는 개인 단위로 실시할 수 있다.
④ 수급권자와 그 친족, 그 밖의 관계인은 관할 시장·군수·구청장에게 수급권자에 대한 급여를 신청할 수 있다.
⑤ 생계급여는 수급자의 소득인정액 등을 고려하여 차등지급할 수 있다.

답 ②

✅ **응시생들의 선택**

① 9%	② 58%	③ 11%	④ 14%	⑤ 8%

② 북한이탈주민의 보호 및 정착지원에 관한 법률의 적용을 받고 있는 사람과 그 가족으로서 보건복지부장관이 의료급여가 필요하다고 인정한 사람은 의료급여 1종 수급권자에 속한다.

18-06-23 　난이도 ★★★

국민기초생활보장 대상 가구의 월 생계급여액은? (단, 다음에 제시된 2019년 기준으로 계산한다.)

- 전세주택에 거주하는 부부(45세, 42세)와 두 자녀(15세, 12세)로 구성된 가구로 소득인정액은 월 1,000,000원으로 평가됨(부양의무자는 없음)
- 2019년 생계급여 기준: 기준 중위소득의 30%
- 2019년 가구 규모별 기준 중위소득은 다음과 같이 가정함
  1인: 1,700,000원, 2인: 2,900,000원, 3인: 3,700,000원, 4인: 4,600,000원

① 0원
② 380,000원
③ 700,000원
④ 1,380,000원
⑤ 3,600,000원

답 ②

✅ **응시생들의 선택**

① 1%	② 19%	③ 12%	④ 47%	⑤ 21%

② 생계급여액은 2019년 생계급여 기준인 중위소득의 30%에 소득인정액(소득평가액+소득환산액)을 차감하여 정한다. 4인 가구의 기준 중위소득인 4,600,000원에서 30%는 1,380,000원이다. 이 1,380,000원에서 소득인정액인 1,000,000원을 공제하면 380,000원이 된다. 따라서 이 가구의 월 생계급여액은 380,000원이다.

17-06-07 　난이도 ★★☆

우리나라의 사회보장급여 중에서 공공부조에 해당되는 것은?

① 장애연금
② 장해연금
③ 장애인연금
④ 상병보상연금
⑤ 노령연금

답 ③

✅ **응시생들의 선택**

① 14%	② 7%	③ 44%	④ 5%	⑤ 30%

③ 장애인연금은 장애로 인하여 생활이 어려운 중증장애인을 대상으로 하는 공공부조제도로서 18세 이상의 중증장애인 중 소득인정액이 선정기준액 이하인 사람에게 지급한다.

사회보험과 비교할 때 공공부조가 갖는 장점은?

① 높은 비용효과성
② 근로동기의 강화
③ 재정 예측의 용이성
④ 수평적 재분배의 효과
⑤ 높은 수급률(take-up rate)

답 ①

✓ **응시생들의 선택**

① 46%	② 6%	③ 18%	④ 19%	⑤ 11%

① 공공부조는 다른 제도에 비해 상대적으로 수직적 재분배 효과가 크게 나타나며, 제한된 예산으로 좁은 범위 대상(저소득층)을 위해 집중적으로 활용할 수 있다는 점에서 비용효과성이 높다고 볼 수 있다.

우리나라의 국민기초생활보장제도에 관한 설명으로 옳은 것은?

① 의료급여는 국가가 진료비를 지원하는 공공부조제도로서 본인부담금이 없다.
② 희망키움통장과 내일키움통장은 자산형성지원사업이다.
③ 중위소득은 가구 경상소득 중간값에 전년도 대비 가구소득 증가율을 곱하여 산정한다.
④ 노숙인은 의료급여 2종 수급권자의 대상에 포함된다.
⑤ 생계급여, 의료급여, 주거급여, 교육급여는 부양의무자 기준이 적용된다.

답 ②

✓ **응시생들의 선택**

① 5%	② 57%	③ 10%	④ 4%	⑤ 24%

① 의료급여는 본인부담금이 있다.
③ 기준 중위소득은 통계청이 공표하는 통계자료의 가구 경상소득(근로소득, 사업소득, 재산소득, 이전소득을 합산한 소득) 중간값에 최근 가구소득 평균 증가율, 가구규모에 따른 소득수준의 차이 등을 반영하여 가구규모별로 산정한다.
④ 노숙인 등의 복지 및 자립지원에 관한 법률에 따른 노숙인 등으로서 보건복지부장관이 의료급여가 필요하다고 인정한 사람은 의료급여 1종 수급권자에 해당한다.
⑤ 의료급여만 부양의무자 기준이 적용된다. 생계급여, 주거급여, 교육급여는 부양의무자 기준이 적용되지 않는다.

국민기초생활보장제도의 특징으로 옳은 것은?

① 대상 가구당 행정관리비용이 사회보험보다 저렴하다.
② 재원은 기금에 의존한다.
③ 재원부담을 하는 자와 수급자가 동일하다.
④ 대상 선정에서 부양의무자 존재 여부는 고려되지 않는다.
⑤ 선정기준으로 기준 중위소득을 활용한다.

답 ⑤

✓ **응시생들의 선택**

① 7%	② 6%	③ 2%	④ 2%	⑤ 83%

① 수급자격을 결정하기 위한 자산조사를 실시하므로 행정관리비용이 사회보험보다 많이 소요된다.
② 재원은 공공재원(조세)에 의존한다.
③ 재원부담을 하는 자와 수급자가 다르다.
④ 대상 선정에서 부양의무자 기준이 적용된다.

우리나라의 사회복지정책 중 대상을 빈곤층으로 한정하는 정책이 아닌 것은?

① 보육급여
② 생계급여
③ 주거급여
④ 의료급여
⑤ 교육급여

답 ①

✓ **응시생들의 선택**

① 81%	② 1%	③ 2%	④ 9%	⑤ 7%

① 생계급여, 주거급여, 의료급여, 교육급여는 모두 빈곤층을 대상으로 하는 국민기초생활보장제도의 급여이다.

14-06-24 | 난이도 ★★★

우리나라 국민기초생활보장제도에 관한 설명으로 옳은 것을 모두 고른 것은?

> ㄱ. 교육급여는 교육부가 담당하고 자활급여는 고용노동부가 담당한다.
> ㄴ. 주거급여 지원대상은 중위소득 40% 이하이고 부양의무자 기준을 충족하는 가구이다.
> ㄷ. 2014년 12월 국민기초생활보장법 개정 이후의 부양의무자 기준이 법 개정 이전보다 강화되었다.
> ㄹ. 생계급여와 의료급여의 소관부처는 보건복지부이다.

① ㄱ, ㄴ, ㄷ   ② ㄱ, ㄷ
③ ㄴ, ㄹ   ④ ㄹ
⑤ ㄱ, ㄴ, ㄷ, ㄹ

답 ④

✔ 응시생들의 선택

① 9%	② 15%	③ 28%	④ 32%	⑤ 16%

④ ㄱ. 교육급여는 교육부가 주관하지만, 자활급여는 보건복지부가 주관한다.
   ㄴ. 현재 주거급여 지원대상은 기준 중위소득의 48% 이하인 사람이며, 부양의무자 기준은 폐지되었다.
   ㄷ. 소득평가액이 기준 중위소득 미만인 경우 부양능력이 없다고 보고, 부양능력이 미약한 경우에도 지원이 가능하도록 하는 등 부양의무자 기준을 완화하였다.

12-06-20 | 난이도 ★★★

우리나라의 근로장려세제에 관한 설명으로 옳지 않은 것은?

① 자녀수별로 급여액, 급여의 증가율, 급여의 감소율 등을 차등화하였다.
② 고용노동부가 주무 부처이다.
③ 저소득층의 소득증대와 근로유인을 목표로 한다.
④ 미국의 EITC 제도를 모델로 하였다.
⑤ 우리나라 근로장려세제의 모형은 점증구간·평탄구간·점감구간으로 되어 있다.

답 ②

✔ 응시생들의 선택

① 27%	② 27%	③ 7%	④ 12%	⑤ 27%

② 근로장려세제의 주무 부처는 기획재정부이며 근로장려세제 시행은 국세청에서 담당한다.

11-06-23 | 난이도 ★☆☆

국민기초생활보장제도의 원칙에 관한 설명으로 옳지 않은 것은?

① 가족부양 우선의 원칙
② 자립 조장의 원칙
③ 현물급여 우선의 원칙
④ 생존권 보장의 원칙
⑤ 보충성의 원칙

답 ③

✔ 응시생들의 선택

① 5%	② 10%	③ 73%	④ 5%	⑤ 6%

③ 국민기초생활보장제도는 현금급여 우선의 원칙을 따른다.

09-06-29 | 난이도 ★☆☆

우리나라의 자활사업에 관한 설명으로 옳지 않은 것은?

① 우리나라의 대표적인 노동연계복지 프로그램이다.
② 자활기업은 사회적 기업 창업을 전제로 한다.
③ 자활기업에는 차상위계층이 참여할 수 있다.
④ 지역자활센터는 자활사업 참여자들에 대한 관리, 교육, 사업의 운영 주체이다.
⑤ 자활사업의 생산품은 시장영역 혹은 공공영역에서 소비된다.

답 ②

✔ 응시생들의 선택

① 1%	② 84%	③ 8%	④ 2%	⑤ 5%

② 국민기초생활보장법에 의한 자활기업은 수급자 또는 저소득층이 상호 협력하여 조합 또는 공동사업자의 형태로 탈빈곤을 위해 자활사업을 운영하는 업체를 말한다. 자활기업을 기반으로 하여 사회적 기업으로 성장하는 경우가 많긴 하나, 사회적 기업 창업을 전제로 하는 것은 아니다.

다음 내용이 왜 틀렸는지를 확인해보자

16-06-19

01 우리나라의 근로장려세제 신청방식은 **신청주의와 직권주의가 혼용**되고 있다.

> 우리나라의 근로장려세제 신청방식은 신청주의로만 설계되어 있다.

14-06-24

02 교육급여는 교육부가 담당하고, 자활급여는 고용노동부가 담당한다.

> 교육급여는 교육부가 주관하지만, 자활급여는 보건복지부가 주관한다.

---

03 국민기초생활보장제도의 수급자 선정을 위한 기준은 **최저생계비를 적용**한다.

> 국민기초생활보장제도의 수급자 선정을 위한 기준은 기준 중위소득을 적용한다.

---

04 차상위계층이란 수급권자에 해당하지 아니하는 계층으로서 소득인정액이 **100분의 70 이하인 계층**을 말한다.

> 차상위계층이란 수급권자에 해당하지 아니하는 계층으로서 소득인정액이 100분의 50 이하인 계층을 말한다.

---

05 공공부조는 **목표효율성이 낮다는 단점**이 있다.

> 제한된 예산으로 좁은 범위의 대상을 위해 집중적으로 활용할 수 있다는 점에서 목표효율성(대상효율성)이 높다고 볼 수 있다.

07-06-29

06 **최저생활 보장의 원칙**이란 급여수준을 정함에 있어서 수급권자의 개별적 특수 상황을 최대한 반영하는 것이다.

> 급여수준을 정함에 있어서 수급권자의 개별적 특수 상황을 최대한 반영하는 것은 개별성의 원칙이다. 최저생활 보장의 원칙은 생활이 어려운 자에게 생계·주거·의료·교육·자활 등 필요한 급여를 행하여 이들의 최저생활을 보장해주는 것이다.

---

07 의료급여의 내용에 수급권자의 질병 · 부상 · 출산 등에 대한 **'약제 · 치료재료의 지급'은 포함되어 있지 않다.**

> 의료급여는 수급권자의 질병 · 부상 · 출산 등에 대해 '진찰 · 검사, 약제 · 치료재료의 지급, 처치 · 수술과 그 밖의 치료, 예방 · 재활, 입원, 간호, 이송과 그 밖의 의료목적의 달성을 위한 조치' 등을 실시한다.

08 긴급복지지원제도의 금전 또는 현물 등의 직접 지원에는 **'생계지원, 의료지원, 주거지원, 사회복지기관 · 단체로의 연계 지원, 교육지원, 그 밖의 지원'**이 있다.

> '사회복지기관 · 단체로의 연계 지원'은 민간기관 · 단체와의 연계 등의 지원에 해당한다. 금전 또는 현물 등의 직접 지원에는 '생계지원, 의료지원, 주거지원, 사회복지시설 이용지원, 교육지원, 그 밖의 지원'이 있다.

09 근로장려금의 시행은 **보건복지부에서 담당**한다.

> 근로장려금의 시행은 국세청에서 담당한다.

10 의료급여 선정기준은 기준 중위소득의 100분의 50 이상, 교육급여 선정기준은 기준 중위소득의 100분의 30 이상으로 한다.

> 의료급여 선정기준은 기준 중위소득의 100분의 40 이상, 교육급여 선정기준은 기준 중위소득의 100분의 50 이상으로 한다.

빈칸에 들어갈 알맞은 말을 채워보자

20-06-10
01 (　　　　　　　)(이)란 국민기초생활보장법에 따른 급여를 받을 수 있는 자격을 가진 사람을 말한다.

02 부양의무자는 수급권자를 부양할 책임이 있는 사람으로서 수급권자의 1촌의 (　　　　　　)을/를 말한다.

19-06-16
03 근로능력이 있는 국민기초생활보장 수급자의 자활을 위한 각종 지원을 제공하는 급여는 (　　　　)이다.

16-06-18
04 (　　　　　　)은/는 통계청이 공표하는 통계자료의 가구 경상소득 중간값에 최근 가구소득 평균 증가율, 가구규모에 따른 소득수준의 차이 등을 반영하여 가구규모별로 산정한다.

05 (　　　　　　)의 경우 자활에 필요한 사업에 참가할 것을 조건으로 생계급여를 실시한다.

12-06-20
06 우리나라의 근로장려세제는 미국의 (　　　　　)을/를 모델로 하였다.

07 (　　　　　　)은/는 근로능력이 있는 저소득층에게 자활할 수 있도록 일자리 제공 및 자활능력 배양을 목적으로 시행하고 있는 보건복지부 주관 사업이다.

08 (　　　　　　)의 원칙이란 급여수준을 생계·주거·의료·교육 급여액과 수급자의 소득인정액을 포함한 총금액이 최저생계비 이상이 되도록 지원하는 것이다.

09 근로장려금은 가구단위로 소득기준과 (　　　　　)을/를 모두 충족하는 경우에 받을 수 있다.

10 교육급여는 (　　　　　)의 소관으로 한다.

답 **01** 수급권자　**02** 직계혈족 및 그 배우자　**03** 자활급여　**04** 기준 중위소득　**05** 조건부수급자　**06** EITC 제도　**07** 자활사업
08 보충급여　**09** 재산기준　**10** 교육부장관

다음 내용이 옳은지 그른지 판단해보자

18-06-18
01 국민기초생활보장제도의 급여 신청에 있어서 수급권자와 그 친족, 그 밖의 관계인은 관할 시장·군수·구청장에게 수급권자에 대한 급여를 신청할 수 있다. ◎ ⊗

02 급여 신청자가 다른 법령에 의하여 보호를 받을 수 있는 경우에는 기초생활보장 급여에 우선하여 다른 법령에 의한 보호가 먼저 행해져야 한다. ◎ ⊗

17-06-07
03 장애인연금은 사회보험에 해당한다. ◎ ⊗

04 국민기초생활보장 급여는 가구를 단위로 하여 급여를 지급하는 것을 원칙으로 하나 필요하다고 인정되는 경우 개인을 단위로 급여를 행할 수 있다. ◎ ⊗

16-06-17
05 공공부조는 사회보험에 비해 수평적 재분배의 효과가 크게 나타난다. ◎ ⊗

16-06-19
06 근로장려세제는 2008년 1월부터 시행되었고, 최초 지급은 2009년 9월부터 시작되었다. ◎ ⊗

14-06-25
07 희망키움통장(Ⅰ)은 일하는 기초수급자를 위한 자산형성지원사업이다. ◎ ⊗

08 생계급여 최저보장수준은 생계급여와 소득인정액을 포함하여 생계급여 선정기준 이상이 되도록 하여야 한다. ◎ ⊗

09 소득인정액은 보장기관이 급여의 결정 및 실시 등에 사용하기 위하여 산출한 개별가구의 소득평가액과 재산의 소득환산액을 합산한 금액을 말한다. ◎ ⊗

10 공공부조는 인구학적 기준만 충족되면 제공되는 보편적인 성격을 갖는다. ◎ ⊗

답 **01**○ **02**○ **03**✕ **04**○ **05**✕ **06**○ **07**○ **08**○ **09**○ **10**✕

해설 **03** 장애인연금은 장애로 인하여 생활이 어려운 중증장애인을 대상으로 하는 공공부조제도이다.
05 공공부조는 다른 제도에 비해 상대적으로 수직적 재분배 효과가 크게 나타난다.
10 공공부조는 자산조사 또는 소득조사를 통해 선별하며, 규제적인 성격도 있다.